한국인의
사회
정체성

이 저서는 고려대학교 문과대학 박준구 기금의 인문교양총서 지원을 받아 저술됨

한국인의 사회 정체성

이명진

KU PRESS
고려대학교
출판문화원

책머리에

이 책은 한국인과 한국 사회의 특징을 분석하고 이를 종합하려는 노력의 일환이다. 특히 '사회 정체성'이라는 개념을 바탕으로 변화하는 한국 사회와 그 사회에서 살아오고 있는 한국인의 특징을 포착하고자 하였다. 사회과학 분야에서 사회 정체성이라는 개념은 한 사람의 평가가 단순하고 일시적인 개인의 느낌이나 편견에 불과한 것이 아니라 일종의 문화적 산물이라는 이론에 기반하고 있다. 즉 개인이 특정한 대상에 대해 갖는 느낌도 다른 사람과의 의견 교환과 상호작용을 통해 계속해서 조정되는 일종의 체계라는 것이다. 다시 말하자면, 어떤 사회에서 일반적인 개인이 갖는 사회 정체성이 그 사회 자체 혹은 그 사회의 문화를 반영한 것이라는 뜻이다. 심지어 이러한 사회 정체성 이론에 의하면 개인이나 한 사회의 일반적인 사람들이 가진 사회 정체성을 구체적으로 측정하고 비교할 수 있다. 따라서 일반적인 사회나 혹은 문화에 대한 논의처럼 다소 추상적이고 막연한 담론에 그치는 것이 아니라, 사회 정체성을 측정함으로써 한 사회나 그 사회의 문화적 특성을 객관적으로 분석할 수 있다. 더 나아가 여러 사회나 문화를 객관적으로 비교·분석하는 것도 가능하다.

물론 이 책에는 사회 정체성에 기반한 분석만 포함된 것은 아니다. 정치, 경제, 사회 등 다양한 부분에서 변화하는 한국 사회와 한국인의 특성을 분석하고자 하였다. 1부에서는 사회 정체성 개념과 이를 이용하여 가족과 직업에 대한 한국인의 생각을 소개하였다. 2부에서는 정치, 경제, 사회 분야에서 대표적인 한국인의 가치와 태도의 변화 양상을 살펴보았다. 3부에서는 다양한 가치와 태도의 변화가 어떠한 사회적 문제와 과제를 만들고 있는지를 논의하였다. 마지막으로 4부에는 이러한 문제를 극복하고 사회 통합을 지향하기 위해서 구체적으로 어떠한 방안이 있는지를 검토하였다.

사실 이러한 문제의식 혹은 연구 문제는 사회학 분야에서 새로운 것은 아니다. 마르크스, 베버, 뒤르켐 등 많은 사회학자의 연구도 '어떻게 사회 통합을 이룰 것인가'라는 문제의식에서 출발하고 있다. 사회는 끊임없이 변하고 기존 질서는 새로운 질서로 대체되어야 한다. 물론 어떠한 인위적인 개입 없이 사회를 그대로 둘 수도 있겠지만, 사회과학의 발달과 인간의 지식에 기반하여 좀 더 나은 사회를 지향하는 것은 21세기에서도 여전히 사회학자의 문제의식이면서 책무이다.

이 책에서 다루고 있는 여러 연구 결과는 결코 저자 개인의 역량에만 기인한 것은 아니다. 많은 부분이 여러 선생님과 선후배의 지적 자극과 공동연구의 결과이다. 특히 사회 정체성 개념과 감성 조절 이론에 기반한 연구는 아이오와대학교의 김재온 선생님과 이화여자대학교의 최샛별 선생님과 진행한 공동연구를 바탕으로 하고 있다. 다만 최종적인 책의 내용에 관해서는 저자의 책임이다. 그리고 일부 내용은 연구 논문의 형태로, 다른 부분은 연구 보고서의 형태로 이미 발표되었으나 전체적인 흐름과 주제를 연결하기 위하여 수정·보완하고 재구성한 결과이다.

처음 책을 기획할 때는 라이트와 로저스의 저서인 《American Society》처럼 한국인의 가치와 특성을 객관적인 자료를 통해 종합적으로 도출하려는 욕심이 있었다. 개별 전문 분야에서 한국인에 대한 분석 성과는 많다. 거의 관광 안내 책자에 가까운 목적을 갖는 일반 서적도 적지 않다. 그러나 한국 사회와 한국인의 현재 특성을 전체적으로 종합하고 요약하는 학술 저서는 그리 많지 않다고 생각한다. 저자는 한국 사회와 한국인의 현재에 대한 종합적인 분석 결과를 담고자 하였다. 그래서 여러 분야를 다루고자 노력하였으나, 최종 결과가 최선이라고 생각하지 않는다. 오히려 많은 연구를 같이 진행한 공동 연구자께 누를 끼치는 일도 될 수 있다고 생각한다. 향후 지속적인 연구를 통해 더욱 심도 있는 분석 결과를 충실하게 엮어낼 것을 다짐해 본다. 끝으로 이 책의 출판을 '박준구기금'을 통해 지원해 주신 박준구 회장님과 꼼꼼하게 책의 내용과 형식을 검토해 주신 고려대학교출판문화원 관계자께 감사드린다.

2021년 8월

이명진

차례

1부

한국인과 사회 정체성

1장 우리는 누구인가

"잘 알지만,
사실 잘 모르는 한국인"

1 한국 사회와 한국인

최근에 한국인들을 비유하자면 아마도 마라톤 평원에서 42.195km를 달려온 아테네 전사가 아닐까 싶다. 삶과 죽음이 갈리는 상황에서 앞뒤를 살필 겨를 없이 달려왔고, 이제는 지쳤지만 주위를 둘러볼 기회를 얻게 되었다. 그동안 우리는 일제 침략, 남북분단, 6·25전쟁, 경제 발전, 민주화 같은 엄청난 변화를 겪어왔다. 이 과정에서 우리에게는 살아남아야 하는 생존이 가장 절실한 문제였다. 제국주의 침략과 동족상잔의 비극 속에서도 살아남아야 했고, 경제적 번영을 위해 개인의 자유와 권리가 제한받기도 하였다.

무엇보다도 한국 사회의 경제적 급성장에 따라 한국인의 물질적 생활수준이 크게 향상되었다. 세계에서 가장 빈곤한 국가 중 하나였던 한국은 1960년대 이후 급격한 경제 발전을 통하여 2020년 국내총생산(GDP)을 기준으로 할 때 세계에서 10번째, 2019년 1인당 국민총소득(GNI per capita)

으로는 27위를 차지하게 되었다. 그동안 한국 사회는 많은 사람에게 자고 일어나면 더 나아지는 삶을 제공해 주었다. 1986년 아시안게임과 1988년 서울올림픽을 거쳐서 1996년 OECD 가입 무렵에는 곧 우리가 선진국의 관문을 곧 통과할 것이라는 희망을 주기도 하였다. 그러나 그동안 많은 사람에게 다양한 기회와 희망을 주었던 사회가 1997년 IMF를 기점으로 급격히 변화하였다. 이제 한국 사회는 많은 사람에게 '헬조선'으로 불릴 정도로 절망을 안겨주는 사회로 변화하였다. 심지어 젊은 세대들은 이전 세대가 당연하게 생각하였던 결혼이나 취업 같은 인생에서 중요한 기회를 갖지 못한다는 점에서 스스로를 '삼포세대'나 '오포세대'로 부르기도 한다.

정치 부문에서 민주주의의 발전도 경이롭다. 냉전 시대와 남북 대치라는 상황에도 불구하고 시민들의 적극적인 정치 참여를 통해 제도적인 측면에서 민주주의를 체계화하였다. 1987년 대통령 직선제 개헌 이후 한국 사회에서 민주주의는 하드웨어라는 측면에서 문제가 없는 것처럼 비춰져 왔다. 적어도 민주주의 제도와 체제의 형식은 유지되는 것으로 믿어왔다. 문제가 있더라도 시간이 지남에 따라 해결되고 있다고 여겨져 왔다. 그러나 일련의 사태와 시위 과정에서 나타난 것처럼, 그러한 낙관적인 상황이 계속 지속될지는 미지수이다. 마치 1997년 IMF 경제 위기 과정에서 드러난 한국 사회의 경제 현실처럼, 2016년 대통령 탄핵 과정에서 정치 현실이 그 민낯을 드러내게 되었다.

사회 부문의 변화도 특별하다. 전통적인 강한 가족주의와 가부장제를 기반으로 한 수직적인 농업사회에서 대부분 사람이 대도시에 살면서 다양한 가치관을 갖는 더욱 수평적인 정보사회로 변화하고 있다. 그 변화 속도도 빠르다. 농업사회, 산업사회, 정보사회로의 변화가 한 세대 혹은 두 세대 만에 이루어졌다. 인구 구조도 근본적으로 달라졌다. 높은 출산율로 인한 인적 자본에 대한 투자문제를 해결하기 위하여 국가적으로 강제적인 산아제한 정책을 폈지만, 최근에는 전 세계적으로 낮은 수준의 출산율로 인해 인구 감소를 걱정하는 사회로 변하였다. 이제 저출산 문제는 국가적 화두가 되어 이를 해결하기 위해 많은 정책적 노력과 예산이 투입되고 있다. 급격한 고령화는 한국 사회가 경험하고 있는 중요한 문제 가운데 하나이다. 한국 사회의 고령화 추세는 전 세계적으로 유례를 찾아보기 힘들 정도로 빠르다. 급증하는 노령인구의 증가는 각종 의료와 복지 예산의 급증으로 인한 사회문제를 일으키고 있다. 다문화 사회로의 변화도 주목할 만하다. 단일민족이라는 혈통을 기반으로 하는 한국인으로서의 전통적인 정체성이 흔들리고 있다. 결혼이민자나 이주노동자 혹은 유학생 등의 유입으로 체류 외국인의 수가 200만 명이 넘는 것으로 알려져 있다. 이들 중에 상당수가 한국인으로 귀화하거나 한국에 정주하고 있다. 이로 인해 그동안 오랫동안 한국 사회의 특징으로 언급되어 온 '단일민족'이라는 개념이 더 이상 의미를 갖기 어려워졌다.

그런데 한국 사회의 정치, 경제, 사회 분야의 이러한 '압축 성장(compressed development)' 혹은 '응축 성장(condensed development)' 과정을 통해서 한국인들은 적지 않은 혼란을 겪었다. 전통적 가치관이 붕괴하고, 서구로부터 제도와 함께 다양한 가치관이 유입되었다. 이러한 가치관과 문화적인 혼란은 많은 문제점을 불러일으키고 있다(홍승직 1969; 이영호 1975; 김태길 1997). 어떻게 보면 우리는 전환기에 살고 있다. 급속한 사회 변화는 개인의 가치와 행동에 큰 영향을 주게 된다. 한국은 1960년대 이후 급격한 사회변동을 겪으면서 정체성의 전환을 겪고 있다. 과거의 전통적 가치관과 사회적 행위 양식이 실행 의미를 상실하고, 사회적 역할과 행동방식이 재규정되고 있기 때문이다(김재은 1987; 공보처 1996). 특히 양적 성장이 어느 정도 마무리되고 과거를 돌이켜 보고, 현재와 미래에 대해 고민하기 시작하는 현재 시점에서는 더더욱 그러하다.

게다가 2020년 초부터 전 세계를 강타한 'COVID-19'라는 전 세계적 감염병 대유행에 따라 이런 혼란은 더욱 가중되고 있다. 정치·경제·사회 부문에서 전통적인 원리가 작동하지 않고 새로운 현상이 발생하고 있다. 경제의 기반이 무너지고 있지만 주식 시장이 활황을 보이고, 개인의 자유와 권리에 대한 요구와 공중보건의 필요성이 충돌하고 있다. 사회적 거리(사실은 물리적 거리)두기가 중요한 삶의 원칙이 됨에 따라 개인 사이에 관계의 변화가 일어나고 있다. 심지어 이러한 변화가 일시적인 것이 아니라, 지속적으로 자리 잡을 것이라는 예측도 있다.

이러한 변화는 기존의 공동체적 정체성과 이에 기반을 둔 사회적 유대의 의미를 감소시키며, 사회적 공감대의 약화를 가져온다. 이는 또한 의사소통을 방해하는 요인으로 작용하게 되며, 결국 사회 전반적으로 비효율성을 초래한다. 오늘날 한국 사회에서 나타나고 있는 정치적 대립, 노사 갈등, 지역 갈등 같은 많은 사회문제도 사실 정체성 혼란의 관점에서 파악될 수 있다.

이에 과연 우리는 누구인가를 묻지 않을 수 없게 되었다. 이러한 물음을 우리는 '사회 정체성(social identity)'의 문제라고 일컫는다. 사회 정체성이란 사람들이 다른 사람들과의 관계 속에서 자신들을 이해하고 자신들의 과거와 미래를 바라보는 다양한 방식이라고 정의할 수 있다(Wetherelle et al. 1990; Makie 1986; Peirce 1995). 사회 구성원들의 정체성은 한 사회의 문화적 특성과 성장을 반영한다. 한 사회에서 공유된 사회 정체성은 사회 구성원들의 행위를 좌우하게 되며, 정체성이 서로 다른 사람들의 행위 양식은

서로 다를 수밖에 없다.[1]

사회 정체성의 변화 그 자체가 부정적인 것은 아니다. 어떠한 사회적 대상에 대한 정체성은 개인적 수준에서든 사회적 수준에서든 일률적일 수 없다. 아울러 정태적이지도 않다. 세상은 끊임없이 변하고, 새로운 물질적 환경에 맞춰서 정체성을 포함한 의식 구조 또한 변화해야 하고, 변화할 수밖에 없다. 최근 우리 사회의 중요한 현상들을 보면, 기존의 단일한 가치관과 인식의 관점에서 파악할 수 없는 것들이 많아졌다. 사회가 다원화되고 다양한 형태의 집단들이 나타나면서, 계급이나 성을 기반으로 하는 기존의 일차원적 정체성이 변화되었다. 즉 경제적, 사회적, 정치적 능력의 차이, 그리고 새로운 상황에 따라 끊임없이 재규정되는 보다 복잡하고 다차원적인 사회 정체성으로 변화되고 있다.

문제는 사회 정체성의 변화 그 자체가 아니라, 정체성이 다차원적으로 변화되었음에도 우리가 여기에 효과적으로 대처하지 못하고 있다는 점이다. 그 저변에는 우리 스스로 이런 변화를 체계적으로 파악하지 못하고 있다는 현실이 있다. 현재 한국인의 사회 정체성은 어느 한 방향으로 특징짓기 어려운 여러 요소의 복합적인 혼재 상태라고 볼 수 있다. 농경 세대, 산업 세대, 정보 세대 등 인구집단 간에 가치의 다양성이 두드러지며, 가족주의와 개인주의, 평등주의와 이기주의 등 이질적인 가치 지향들이

---

1 사회 정체성은 사회의 문화적 성장이라는 측면에서도 강조된다. 빈곤으로부터의 탈출이 우선시되던 개발연대의 발전 개념은 주로 경제적·물질적 성장을 의미했다. 그러나 오늘날에는 발전 개념의 초점이 경제적 영역에서 사회적 영역으로, 그리고 문화적 영역으로 이행하고 있다. 서구 선진 사회의 경험을 보면, 경제적 성장 이후 문화적 성장이 중요하게 대두되었다. 21세기 사회에서 진정한 의미의 발전은 경제적 성장과 문화적 성장이 균형을 이룬 상태라고 할 수 있다. 문화적 성장의 개념 또한 변하고 있다. 과거에는 문화적 성장의 발전 모델이 곧 '서구화'를 의미했다. 하지만 21세기의 문화적 성장은 사회, 문화 공동체 특유의 가치와 의식을 강조한다(21세기위원회 1994).

때로는 서로 모순되는 방식으로 공존하고 있다.

사회 정체성은 지식정보사회의 도래를 맞아 더욱 중요시되고 있다. 디지털 경제에서는 물질적이고 유형적인 자본에 비해 지식, 문화적 정체성, 사회관계의 네트워크와 같은 무형적인 자본이 더욱 중요하게 여겨지기 때문이다. 사회 구성원들이 공유하는 사회 정체성과 의식은 그 사회가 처한 환경이나 역사의 산물인 동시에, 그 시대의 제도와 문화를 만들어가는 원동력이다(배규한 2000a). 그러므로 현재의 사회 구성원들의 사회 정체성을 알아보는 일은 그 구성원들의 미래의 사회적 행위 양식을 예측하고 설명하는 데 매우 중요한 자료가 된다.

사회 정체성에 관한 논의는 학술적인 면에서뿐만 아니라 정책적인 면에서도 대단히 중요하다. 그것은 한 사회에서 안정적으로 공유된 사회 정체성이 사회 구성원들의 연대에 이바지하기 때문이다. 사회 구성원들 간 서로에 대한 정보 부재나 행위의 불확실성은 사회적 불안감을 조성한다. 이를 해소하기 위해서는 감시, 통제, 규제 등의 이차적 사회적 비용이 소요된다. 반면에, 의식적이고, 감성적인 측면에서 공감대를 형성하고 있다고 믿는 사회 구성원들 간에는 자연스럽게 신뢰의 관계가 형성된다. 이렇게 형성된 신뢰는 통제와 정보 파악으로 소비되는 사회적 비용을 최소화할 수 있다(Allen and Wilder 1975; Mackie 1986; Wilder and Sapiro 1984; Mackie et al. 1990).

게다가 현재 국제 관계 속에서는 이러한 사회 정체성에 대한 이해가 더욱 중요시되고 있다. 대부분 사회가 세계화와 개방이라는 거대한 흐름을 맞이하고 있다. 하지만 그만큼 사회나 민족 사이에 갈등도 많아졌고 그 강도도 강해지고 있다. 사실 이러한 갈등의 이면에는 자신이나 다른 사회의 문화를 적절하게 이해하지 못하기 때문인 측면도 많다. 한 문화에서는 지극히 당연한 일이 다른 문화에서는 쉽게 받아들이지 못하는 것일 수도 있다. 예를 들면, 아이들이 귀엽다고 머리를 쓰다듬는 것이 어떤 문화권에서는 신성한 영혼을 오염시키는 일이기 때문에 큰 오해를 불러일으킬 수도 있다.

물론 표면적으로나 현상적으로 관찰하는 것은 그리 어려운 문제가 아니다. 많은 여행 경험이나 교류를 통해 다른 문화에 대한 이해를 넓힐 수 있다. 그런데 풍습이나 언어를 이해하는 것을 넘어서, 개별 문화의 잠재적인 구조와 차이에 대한 심층적인 이해가 더욱 필요하다. 이러한 근본적인 이유에 대한 이해와 분석이 없이는, 갈등과 충돌에 대한 접근도 표면적이거나 현상적인 것에 머물 가능성이 높다(Azar and Lerner 1981; Heise 2001; Lerner 1983; Heise 2001). 따라서 각 문화가 어떠한 면에서 보편적이거나 공통적인 차원을 공유하고, 어떠한 면에서 차이가 있는가를 연구하는 것이 필요하다.

2 구성과 자료

2.1 구성

그런데 문제는 한국인의 사회 정체성을 어떤 측면에서 어떤 방식으로 다룰 것인가이다. 이 책은 한국인의 사회 정체성의 기초가 되는 감성부터 시작해서 정치, 경제, 사회로 이어지는 일련의 부문에서 한국인의 정체성을 잘 드러내 주는 영역을 중심으로 살펴보고자 한다. 구체적으로 이 책은 11개 장으로 이루어져 있다.[2] 2장에서는 사회 정체성 연구의 대표적인 감성 조절 이론(Affective Control Theory)에 기반하여 한국인의 사회 정체성의 감성적 기초를 살펴본다. 특히 한국 사회의 근간을 이루어 왔던 가족과 사회 구조와 위계의 기반이 되는 직업에 대한 정체성을 중심으로 한국인이 바라보는 사회의 변화 양상을 살펴보고자 한다.

3장에서는 한국인의 민주주의에 대한 생각과 태도 그리고 참여를 중심으로 정치 부문의 현황을 다룬다. 우리는 제2차 세계대전 이후 신생 독립국의 민주주의 발전에 모범적인 사례를 제시할 정도로 민주주의 발전을 이룩하였다. 이러한 외부적인 평가에도 불구하고, 정작 우리 스스로는 민주주의를 어떻게 바라보고 실천하는지 점검할 필요가 있다.

4장에서는 기업과 시장에 대한 태도를 통해서 경제와 관련한 한국인의 특징을 검토한다. 일은 우리 삶의 근간을 이룬다. 더욱이 우리가 사는 자본주의 체제는 경쟁을 가정한 시장을 중심으로 형성된다. 시장의 주요 행위자가 바로 기업이다. 이러한 기업에 대한 평가를 구체적으로 살펴본다.

5장에서는 최근 급증하고 있는 1인 가구를 다룬다. 1인 가구의 급증은 한국인의 삶과 한국 사회의 변화를 보여주는 대표적인 사례이다. 전통적인 한국인의 삶이 집단주의 혹은 대가족의 가족주의를 기반으로 하였다면, 이제 많은 한국인은 핵가족을 넘어 혼자만의 삶을 영위하고 있다. 이러한 혼자만의 삶을 살아가는 사람들이 늘어가는 것이 어떠한 사회적 함의를 던져주고 있는가를 살펴보고자 한다.

6장에서는 다문화 사회로의 변화에 따른 한국인의 다문화 수용성과 소

---

2 우리 사회의 주요한 변화를 모니터링하는 역할을 하는 통계청의 사회조사에서는 우리 사회의 특징을 복지, 사회참여, 문화와 여가, 소득과 소비, 노동, 가족, 교육, 보건, 안전, 환경 등 모두 10개 분야로 나누어 살펴보고 있다(통계청 2018). 이러한 분류와 정확하게 일치하지는 않지만, 이 책에서 다루고 있는 한국인의 가치와 태도의 하위 영역과 거의 유사하다고 볼 수 있다.

수자에 대한 관용 정도를 다루고자 한다. 정주하는 외국인의 급증은 다양한 인종이나 민족과 함께 산 역사적 경험이 많지 않았던 한국인에게 또 다른 도전이다. 여러 인종적, 민족적, 종교적 배경을 가진 사람들과 살아가야 하는 우리의 생각은 어떠한가를 살펴보는 것은 중요한 함의를 갖는다.

7장에서는 전문가 신뢰와 사회 신뢰 문제를 다룬다. 한국 사회의 여러 문제 중 가장 주목할 만한 것이 낮은 수준의 공적 신뢰이다. 이러한 공적 신뢰의 현실에는 전문가에 대한 낮은 신뢰가 자리 잡고 있다. 특히 이러한 문제를 다루기 위해 우리 사회 직업 위세의 최상부를 차지하고 있는 사법 전문가들을 중심으로 이러한 공적 신뢰 문제를 다룬다.

8장에서는 21세기 한국인의 삶에 중요한 영향을 미치는 정보사회의 쟁점을 다룬다. 그중에서도 네트워크에 기반한 시민의 참여 및 행동과 관련 깊은 집단지성의 특징에 관해서 검토한다. 수평적 관계와 창발 효과를 특징으로 하는 집단지성에 대한 기대와 달리 최근에는 집단지성의 부정적인 측면도 자주 볼 수 있다. 이러한 집단지성이 갖는 문제와 이에 대한 사회적 대응을 다룬다.

9장에서는 세대 차이와 세대 갈등 문제를 다룬다. 단순한 생물학적 나이와 생애사 경험에 따른 차이를 넘어서, 현실에서 세대 사이의 갈등 양상이 벌어지고 있다. 이러한 문제의 구체적인 현황을 검토하고자 한다.

10장에서는 사회이동과 교육 분야를 다룬다. 그동안 한국 사회가 많은 발전을 해온 것은 사회의 역동성을 지켜왔기 때문이다. 그리고 이러한 역동성의 바탕에는 높은 수준의 사회이동 가능성이 있었다. 이러한 상황에서 개인은 노력을 통해 기회를 잡고 스스로 성장해 왔다. 교육은 이러한 과정에서 중요한 사다리 역할을 하였다. 과연 지금 교육이 이와 관련하여 어떠한 역할을 하는지를 사람들의 가치, 태도 그리고 행동을 통해 검토하고자 한다.

마지막 장인 11장에서는 이렇게 살펴본 한국인의 다양한 모습을 요약하고, 앞으로의 우리 사회의 모습을 다루고자 한다. 특히 다양한 유형의 차이와 갈등을 넘어서 사회 신뢰 향상과 사회 통합으로의 지향이라는 목표를 갖고, 한국인의 정체성을 한국 사회의 미래와 연결해 살펴보고자 한다.

2.2 자료

이 책에서 다루고 있는 한국인의 다양한 모습에 대한 논의는 다양한 각종 통계자료와 사회조사자료에 근거하고 있다. 특히, 여기에서 주로 사용된 사회조사자료의 종류와 특징은 〈표 1-1〉에 제시되어 있다.

먼저, 2장에서는 〈2002년 사회 정체성 조사〉가 사용되었다. 이 조사는 서울 시내 소재 4년제 대학의 재학생 500여 명을 대상으로 2002년 5월부터 7월까지 수행되었다. 이 조사의 대상은 대학생으로 한정되어 있는데, 기존 비교문화조사처럼 대학생과 같이 비교적 동질적인 고학력층은 사회 정체성에 관한 주관적 반응을 정확히 구분할 수 있다는 사실에 기반을 두고 있다(Osgood et al. 1975; 최샛별 외 2003).

3장에서는 〈세계 가치관 조사(World Value Survey)〉가 사용되었다. 이 조사는 세계 각국의 사회과학자들이 주축이 되어 각 국가 사람들의 삶과 가치가 어떻게 변화하고 있는가를 탐구하기 위해 시작되었다. 현재 〈세계 가치관 조사〉는 사회과학 분야에서 진행되고 있는 가장 규모가 큰 국제 비교 조사이다. 초창기에는 참여국이 약 40개국에 불과하였으나, 최근에는 약 80여 개국에 이르렀다. 개별 국가의 표본 수는 1,000여 명 내외로, 대체로 19세 이상 성인 응답자들을 대상으로 면접 조사가 진행된다. 제1차 조사는 1981-1984년 사이에 이루어졌다. 그 다음에는 1990-1994년, 1995-1998년, 1999-2004년, 2005-2009년, 2010-2014년, 2015-2018년 등 대략 5년 주기로 총 일곱 차례에 걸쳐 조사가 이루어져 왔다.

4장에서는 〈2012년 대기업 이미지 조사〉를 이용하였다. 이 조사는 한국리서치가 2012년 9월 서울 및 6대 광역시에 거주하는 성인남녀 1,319명을 대상으로 면접 조사를 통해 자료를 수집한 것이다. 이 연구의 모집단은 서울 및 6대 광역시(인천, 대전, 대구, 부산, 광주, 울산)에 거주하는 만 19세 이상 성인 남녀이다. 표본추출틀로 2012년 6월 1일을 기준으로 한 주민등록인구자료를 사용하였다. 표본추출은 지역의 성별, 연령별, 지역별 인구구성비에 따라 할당추출법을 이용하였다.[3]

5장에서는 〈2013년 사회관계에 대한 인식 및 실태조사〉를 주로 분석하였다. 2013년 한국리서치가 수행한 이 조사는 전국에 거주하는 만 19세 이상의 성인을 대상으로 하였다. 특히 이 자료는 1인 가구와 다인 가구를 비교하기 위하여, 2013년 현재 전체 인구의 약 25%에 이르는 1인 가구의 표집 비율을 50%로 하는 과표집(over sampling) 기법을 적용하였다. 전체 표본 수는 2,150명이다.

6장에서는 여성가족부의 〈다문화 수용성조사〉와 여러 가지 국제 비교 자료를 사용하였다. 〈다문화 수용성조사〉는 2012년, 2015년, 2018년 세 번에 걸쳐 실시되었다. 3번의 조사 모두 성인 남녀를 대상으로 진행된 전국 규모의 조사이다. 표본추출법으로 다단계층화표집(multi-stage stratified

---

3 일반적으로 전국 규모의 사회조사에서는 성, 나이, 지역 등 조사 대상의 특징을 반영하기 위해 확률(층화표집)에 기반을 두거나, 조사자가 조사 목적에 맞게 임의로(할당표집) 지정하여 표본을 선정한다.

표 1-1 조사 자료의 특성

조사 제목	조사 대상	수행 기관	조사 시기
가족 실태 조사	전국 성인	한국여성정책연구원	2005년
다문화 수용성 조사	전국 성인	한국여성정책연구원	2012년, 2015년, 2018년
대기업 이미지 조사	전국 성인	고려대 한국사회연구소	2012년
문화 생산과 소비의 사회적 지평 조사	수도권 성인	고려대 한국사회연구소	2010년
문화 생산과 소비의 사회적 지평 조사 인터뷰	12명 기혼 여성	고려대 한국사회연구소	2010년
문화 자본에 대한 인식 및 실태 조사	전국 성인	고려대 한국사회연구소	2011년
한국 사회 세대 특성 비교 조사	전국 성인	사회 통합위원회	2010년
사교육비 조사	전국 성인	통계청	2010년
사회 정체성 국제 비교 조사	서울 시내 4년제 대학 재학생	국민대 사회조사센터	2002년
사회 관계에 대한 인식 및 실태 조사	전국 성인	고려대 한국사회연구소	2013년
사회 통합 실태 조사	전국 성인	한국행정연구원	2016년
전관예우에 관한 조사	전국 성인	고려대 법학연구소	2018년
전문가 권위와 신뢰에 관한 조사	전국 성인	고려대 한국사회연구소	2016년
유로 바로미터 조사 (Eurobarometer, EB)	EU 회원국	EU	1989년
유럽 사회조사(European Social Survey, ESS)	30여 개국	네덜란드, 독일 등 7개국 기관	2002년, 2014년
국제 사회조사(International Social Science Program, ISSP)	43개국	ISSP 회원국	1995년, 2003년, 2013년
갤럽 세계 여론조사(Gallup World Poll, GWP)	40개국	각국의 Gallup 회원사	2012년–2014년
세계 부패 바로미터 조사 (Global Corruption Barometer, GCB)	119개국	Transparency International	2017년
세계 가치관 조사(World Value Survey, WVS)	90여 개국	World Value Survey 회원국	1990년–2018년

sampling) 방법을 사용하였다. 구체적으로 〈2018년 다문화 수용성 조사〉는 전국의 19–74세 연령 사이의 성인 남녀 4,000명을 대상으로 실시되었다. 조사 시점은 2018년 11월 2일부터 2018년 12월 15일까지 약 45일간이다. 〈2015년 다문화 수용성 조사〉는 2018년 조사와 마찬가지로 표본수는 4,000명에 이른다.

한편, 국제 비교를 위해서는 여러 가지 유형의 자료를 활용하였다. 국제 비교 자료는 개별 국가의 전체 인구를 포함하는 표집 방법을 사용할 뿐만 아니라, 직접적인 비교가 가능하도록 동일한 질문과 변수를 포함해야 한다. 이러한 목적에 맞고 이용이 가능한 국제조사로는 〈유로 바로미터 조사(Eurobarometer)〉, 〈유럽 사회조사(European Social Survey)〉, 〈국제 사회조사 프로그램(International Social Survey Program)〉, 〈세계 가치관 조사(World Value Survey)〉, 〈갤럽 세계 여론조사(Gallup World Poll)〉 등이 있다.

7장에서는 세 가지 종류의 자료를 사용하였다. 국제투명성 기구의 〈2017년 세계 부패 바로미터(The Global Corruption Barometer)〉 자료 중에서 사법 전문가 중에서 판사에 대한 부패 인식을 정리한 결과와 〈2016년 전문가 권위와 신뢰에 관한 조사〉에서 획득한 자료를 활용하였다. 그리고 사법 전문가에 관한 내용은 〈2018년 전관 예우에 관한 조사〉를 사용하였다. 〈2017년 세계 부패 바로미터〉는 부패에 대한 일반인들의 의식 수준을 조사한 자료로 구성되어 있는데, 2017년 조사의 경우 전 세계 199개국의 162,136명을 대상으로 2014년 3월부터 2017년 1월까지 이루어졌다(TI, 2017). 〈2016년 전문가 권위와 신뢰에 관한 조사〉는 2016년 4월 4일부터 5월 15일까지 진행되었다. 표집 방법은 지역별 조사구의 인구 분포를 기준으로 한 비례 할당법을 사용하였다. 조사 대상은 우리나라에 거주하는 만 19세 이상의 성인 남녀로 표본의 총사례는 모두 1,500명이다. 마지막으로 〈2018년 전관 예우에 관한 조사〉는 'PAPI(전통적 방식의 종이설문)'와 'CAPI(태블릿 PC를 활용한 개별 면접)'를 병행하여 응답자가 원하는 방식으로 조사하였다.

8장에서는 〈2010년 한국 사회 세대특성 비교조사〉를 사용하였다. 이 조사는 세대 사이 정치, 경제, 사회에 대한 의식, 세대별 국가정책에 대한 의식, 생활양식과 가치관을 살펴보기 위하여 실시되었다. 이 조사는 다단계층화법을 이용하여 제주를 포함한 전국 19세 이상 성인 1,500명을 표본으로 추출하였다. 구조화된 설문지를 이용한 가구 방문 면접 조사가 이루어졌다.

10장에서는 크게 네 가지 종류의 자료가 사용되었다. 첫 번째 자료는 한국여성정책연구원에서 수집한 〈2005년 가족 실태 조사〉이다. 이 조사는 2005년 10월 25일에서 12월 9일 사이에 전국 일반 가구의 만 15세 이상 가구원 전체를 대상으로 시행되었다. 최종 가구 수는 2,925가구(가구원 5,979명)이다. 두 번째 자료는 통계청이 실시한 〈2010년 사교육비 조사〉이다. 이 조사는 매년 2회 시행되며 표본은 전국 초·중·고 1,080개 학교의 학부모 약 46,000명과 전국 중·고 948개 학교의 학생 35,000명이다. 표본추출방법은 다단계층화추출법을 사용하였다. 세 번째 자료는 〈2010년 문화 생산과 소비의 사회적 지평 조사〉이다. 이 자료는 2010년 6월 2일에서 6월 28일 서울, 경기, 인천에 거주하고 있는 만 19세 이상 성인 남녀 705명을 대상으로 시행되었다. 이 조사의 실사는 한국리서치에 의해 수행되었다. 조사는 구조화된 설문지를 이용한 가구 방문조사 방식으로 진행되었다(이명진 외 2011). 마지막으로 〈문화 생산과 소비의 사회적 지평〉 연구단이 2010년 1월에서 2월 사이에 수집한 인터뷰 자료이다. 이 조사는 중상계급, 중간계급, 하류계급별로 결혼, 가족생활, 교육 등 다양한 분야에 대해서 12명의 기혼 여성을 대상으로 시행되었다. 2001년 1월부터 시험조사 대상자들을 섭외하고, 2월 3일부터 9일까지 심층 면접을 진행하였다. 심층 면접은 단독 혹은 집단 면접으로 진행되었는데, 소요시간은 전체 4–5시간 정도로 모든 내용을 녹취하였다.

2장 사회 정체성과 감성 판단

"우리는 어떤 기준으로 대상을 평가하는가?"

1 사회 정체성이란?

사회가 만들어지고 유지되기 위해서는 많은 사람이 비슷하게 생각하고 있어야 한다. 우리는 이러한 생각의 묶음을 '가치 체계'라고 하는데, 사회 정체성은 사회를 형성하고 유지하기 위한 가치 체계를 반영한다. 물론 이러한 가치 체계가 사람들 사이에 공유되기 위해서는 사람들 사이에 형성된 신뢰 관계가 필요하다. 다시 말하자면, 사회 구성원들이 사회 정체성을 공유하기 위해서는 최소한 선악에 관한 판단, 좋아하는 것과 싫어하는 것, 미추(美醜)에 대한 인식 등이 비슷해야 한다. 더불어 개인이 사회 구성원으로 어떻게 행동하는 것이 옳고 어떻게 행동하는 것이 잘못된 것인지에 대한 공감대가 형성되어 있어야 한다. 특히 삶의 목표와 의미를 같이 할 때 사람들은 서로 힘을 모으며 함께 살아갈 수 있다. 일관되고 안정된 사회 정체성이야말로 사회 구성원들에게 공동체 의식을 갖게 하는 근원이며, 사회에 질서를 부여해 주는 기반이 될 수 있다(배규한 2000b, 53-56).

실제로 한 사회에서 안정적으로 공유된 사회 정체성은 사회 구성원들의 연대에 긍정적인 효과를 낳게 한다고 알려져 있다. 사회 구성원들이 집단의 사회 정체성을 공유하고 있는 경우, 자신들을 다른 사람들과 유사한 존재로 인식하고 더욱 협동하려는 경향이 크다고 한다(Back 1951; Allen and Wilder 1975; Mackie 1986; Abrams et al. 1990). 그리고 사람들이 합의의 필요성을 보다 강하게 의식하게 되고(Deutsch and Gerard 1955; Mackie et al. 1992; Wilder 1990), 집단 내 커뮤니케이션의 활성화(Brock 1965; Mackie et al. 1990)와 다른 사람들의 행동양식과 태도에 맞추고자 하는 경향(French and Raven 1959; Wilder and Shapiro 1984)이 크다고 한다.

이러한 이유로 많은 연구자가 한 사회의 문화와 사회 정체성의 특징을 파악하기 위해 다양한 시도를 하고 있다. 역사 혹은 문화사를 포함한 인문학적 접근뿐만 아니라 인류학이나 심리학 같은 사회과학적 접근법을 사용하기도 한다. 특히 1960년대 이후 많은 주목을 받으면서 다양한 성과를 보이는 접근법이 사회심리학 분야의 사회 정체성 연구이다. 사실 사회 정체성 연구는 다른 사회의 문화를 일반인들도 비교적 간단하게 파악할 수 있도록 하는 것을 목표로 하는 미국 해군성의 연구 과제로부터 시작되었다. 다른 지역이나 나라에 대한 배경 지식이 거의 없는 상태에서 해군 병사들이 외국에 파병될 때 다양한 형태의 문화 사이의 충돌이 발생할 수 있다. 이러한 문제를 해결하기 위해 간단하고 객관적인 방법론에 기반을 둔 국제 비교 문화 연구가 진행되었다. 오스굿(Osgood)을 비롯한 일련의 사회심리학자들이 "모든 수병을 대사로 만들기 위해(to make every sailor an ambassador)"라는 구호에 맞춰 사회 정체성 연구를 수행하였다(Tjosvold 2017).

이러한 사회 정체성 연구는 크게 두 가지 특징을 보인다. 첫째, 사회 정체성 형성의 기반이 되는 감성을 보다 객관적으로 파악하려고 하였다.

즉, 한 사회에서 사회 정체성의 바탕이 되는 감성적 의미(affective meanings)를 과학적이고, 합리적으로 측정하려고 시도하였다. 그 바탕에는 사회 정체성의 고유한 특성이 있기 때문인데, 사회 정체성은 단순히 개인이 사회화를 통해 형성하는 직관적인 감성만을 의미하는 것은 아니다. 개인의 내적인 주관적인 감성을 뛰어넘어서 다른 사람들과 공유하는 측면이 존재한다. 감성이 주관적이면서 동시에 객관적이고 사회적이라고 보는 것이다. 이러한 의미에서 사회 정체성이 논리적이고 합리적으로 파악될 수 있다는 것이다.

사실 유럽에서 시작되고 미국에서 발달한 실증주의에 따르면, 객관적으로 측정할 수 있고 관찰 가능한 대상만을 과학적 탐구의 대상으로 간주하였다. 따라서 많은 사회과학자가 외부적으로 표현되고, 쉽게 측정이 가능한 인간의 행동이나 합리성에 기반을 둔 행동에 관해서 경험적이고 객관적인 연구를 하였다. 반면에 인간의 주관적 감성은 합리적으로 측정되거나 예측될 수 없는 것으로 여겨졌다. 이러한 맥락에서 그동안 사회 정체성이 과연 객관적인 사회과학 방법론으로 연구할 수 있는가에 대한 회의가 많았다. 그러나 일련의 사회 정체성 연구는 이러한 감성 연구의 한계를 극복할 수 있다는 것을 보여주었다(Osgood 1957; Osgood et al. 1962; Romney et al. 1986).

이렇게 발전한 최근 사회 정체성 연구는 크게 두 가지 측면에 초점을 맞추고 있다. 첫째, 감성을 어떻게 측정할 것인가에 대한 것이다. 사실 초기에는 문제를 둘러싼 여러 가지 논란이 존재하였다. 많은 학자는 사회 정체성이 헤아리거나 예측하기 어려운 인간의 감성적인 반응을 포함하고 있다는 점에서 사회 정체성을 객관적으로 측정하기 어렵다고 생각하였다. 그러나 사회 정체성이라는 개념 자체가 단순히 주관적인 개인의 감성만을 의미하는 것은 아니다. 여러 사람이 사회 정체성은 문화처럼 주관적이지만 많은 사람이 받아들이고 공유하는 것이라는 사실을 받아들이고 있다. 그리고 이 분야에서 다양하고 의미 있는 연구 결과가 축적됨에 따라 자연스럽게 객관적인 사회과학적인 논의가 될 수 있다는 일종의 교감이 형성되었다. 이에 따라 최근에는 논의의 초점이 사회 정체성 자체의 측정 가능성보다는 사회 정체성의 판단 기준으로 옮겨가고 있다.[1]

둘째, 사회 정체성 연구는 국제 비교 연구에 기반을 둔 경우가 많았다. 이는 사회 정체성이라는 개념이 문화와 밀접하게 관련되어 있기 때문이다. 문화라는 속성은 어떤 절대적인 기준으로 판단하기 어렵다. 많은 경우 상대적인 평가와 비교해야 하는 경우가 많다. 한 사회에서 독특한 것이라고 여겨지는 문화적 현상도 사실 다른 문화에서 쉽게 발견되는 일반적인 것일 수도 있다. 마찬가지로 어떤 사회에서 당연하다고 받아들여지는 어떤 문화적 현상이 다른 사회와 비교하였을 때, 명료하게 구별되는 독특한 것일 수도 있다.

이에 따라 국제학계에서는 이미 사회 정체성의 다문화 간 유사성과 차별성에 관한 비교사회연구가 활발하게 진행됐다. 과학기술 발전과 함께 정보화, 세계화가 급속히 진행되면서, 자기 문화뿐만 아니라 타 문화에 관한 관심이 증대하였고, 사회 정체성과 행동에 대한 연구 과정에서 문화적 유사성과 차별성에 관한 연구의 필요성이 주목받았기 때문이다(Osgood et al. 1975; Heise 1985; Heise 1987; Heise 1989).

여러 연구 중에서 가장 초기 연구로 주목할 만한 것은 오스굿 등(Osgood

---

1 다른 사회과학 분야에서도 문화에 대한 경험적인 분석의 가능성을 모색하고 있다. 예를 들면, 인류학자인 롬니 등(Romney et al. 1986)은 문화에 대한 응답자들의 지식을 수학적으로 분석하여 문화에 대한 경험적인 분석이 가능하다는 것을 보여주고 있다.

et al. 1975)의 사회심리학자들의 연구 결과이다. 이들은 미군이 군사와 비군사 활동을 하는 데 있어서 겪게 되는 문화적 장벽을 극복하기 위한 연구 과제를 진행하였다. 오스굿 등은 이 연구 과제를 통해 여러 문화 사이에는 표면적인 다양성에도 불구하고, 특정한 대상을 평가하는 공통적인 기준이 있다는 사실을 밝혔다. 이러한 기준을 사용하면 특별한 문화적 지식이나 경험 없이도 다른 문화의 핵심에 대해 이해를 할 수 있다는 것이다. 이를 통해 불필요한 충돌이나 갈등 상황을 피해갈 수 있다는 것이다.[2]

구체적으로 이들은 대규모 국제 비교 연구를 통해 40여 개 이상의 문화권에서 감성적 의미(affective meaning)가 의미분화척도(semantic differential scales)로 측정될 수 있다는 사실을 보여주었다. 특히 감성적 의미는 평가(evaluation), 권력(potency), 그리고 활동(activity)이라는 세 가지 보편적인 차원으로 간단하게 평가할 수 있다고 주장하였다.[3] 다시 말하자면, 개인이 어떤 대상을 평가할 때 세 가지 기준을 사용한다는 것이다. 여기서 평가의 차원은 도덕, 미적 감각, 기능, 쾌락, 또는 다른 표준 판단에 대한 찬성 또는 반대의 느낌과 관련된다. 권력의 차원은 물질적인 크기, 강제성, 힘, 사회적 권력, 중요성 등의 평가로 그 실체의 영향력과 관련된다. 활동의 차원은 행동의 경향, 속도, 지각이 있는 자극, 연령, 민감성 등의 판단으로 설명될 수 있는 실제의 자발성과 관련된다. 이 세 가지 차원은 모두 사회적 연구에 있어서 중요하다. 평가의 차원은 가치와 태도에 상응하고, 권력의 차원은 행동의 영향과 역할의 힘을 나타내며, 활동의 차원은 행동에서 개

2 미국 정부의 이러한 시도는 인공지능 시대에도 계속 이어지고 있다. 사실 애플사의 인공지능 개인 비서인 시리(siri)는 해외에서 미군이 작전을 펼칠 때, 신속하게 해당 지역의 지리적, 문화적 정보를 제공하려는 목적으로부터 출발하였다.

3 다만 한국 사회를 비롯해 평가 차원이 다른 사회에 비해 분화 정도가 높다는 점을 고려할 필요가 있다(최샛별 외 2002).

인의 경향과 정서적 활동의 수준을 평가한다(Osgood 1962; Osgood et al. 1975; Heise 2000; Heise 2001).

그다음으로 주목할 만한 연구는 미국 인디애나대학의 하이즈(Heise) 교수와 그의 동료들이 추진해 온 '마젤란 프로젝트(Magellan project)'이다. 이들 역시 사회적 정체성을 오스굿 등이 사용한 의미분화척도를 통해 측정하려고 하였다. 그리고 이렇게 측정된 자료를 다변량기법(multivariate analysis)으로 분석하여 사회 정체성을 포함한 주관적인 인식체계의 평가, 권력, 활동을 도출해 내었다. 최근에 이들은 이전 국제 비교 조사와는 달리 신속하고 경제적으로 조사를 진행하고 있다. 즉 인터넷에 기반을 둔 설문 조사를 통해서 사회 정체성에 관한 국제 자료를 수집하고 있다. 이들의 연구에 따르면, 세계 20여 개국이 넘는 나라들에서 이러한 주관적 인식체계의 세 가지 차원이 존재하고 있음을 보여주고 있다. 미국, 캐나다, 독일, 일본과 중국 등 10여 개국에서 이미 마젤란 프로젝트의 이론적 가설들과 문항을 이용한 직접적인 설문 조사 연구가 실행되었다. 일부 국가에서는 사회 정체성 조사 연구를 정기화하였다. 이러한 작업을 통해 축적된 자료는 사회 정체성에 관한 비교문화 연구에 널리 쓰이고 있으며, 비교연구 대상 지역 또한 확대되는 추세이다(Heise 1988; Shneider 1997; Heise 2001).

2 사회 정체성은 어떻게 형성되는가?

사회 정체성에 대한 체계적인 사회과학 이론은 1970년대 말 타지펠과 터너(Turner)에 의해서 비롯되었다. 이들의 사회 정체성 이론은 분류화(categorization), 정형화(identification)와 비교(comparison)라는 세 가지 핵심적인 요소를 포함한다. '분류화'라는 것은 개인이 특정한 대상을 이해하기 위해서 무엇보다도 유사한 것들끼리 모아서 다른 것들과 구별한다는 것이다. 예를 들면, 남성과 관련이 깊은 아버지, 삼촌, 외삼촌 등을 하나의 집단으로 본다면, 어머니, 이모, 외숙모 등을 다른 하나의 집단으로 구별해서 평가한다는 것이다. '정형화'라는 것은 개인이 어떤 대상을 평가할 때, 자기가 속하거나 유사한 집단과 그렇지 않은 집단으로 구별하는 것을 의미한다. 예를 들면, 10대 청소년은 청년, 학생같이 자기와 유사하거나 자기가 속한 집단과 노인, 의사와 같이 자기와 구별되는 집단을 나눈다는 것이다. 마지막으로 '비교'는 분류화와 정형화를 통해 형성된 특정 대상에 대한 평가를 사회적 조정을 통해 확정하는 것을 의미한다. 개인은 자신의 평가를 자신과 비슷한 타인들의 평가와 비교하고, 이를 통해 특정 대상에 대한 긍정적 혹은 부정적 평가를 완성한다(Smith-Lovin 1987; Turner et al. 1987; MacKinnon 1994; MacKioon and Heise 1993).

이러한 사회 정체성 개념은 사람들이 어떤 인물이나 물건 같은 대상을 각기 개별적이고 독특한 개체로 파악하지 않는다는 가정을 하고 있다. 대개, 사람들은 이러한 대상을 특정한 사회적 집단에 소속된 하나의 구성원으로 파악한다. 그리고 사회적으로 규정된 집단적인 가치나 문화적 가치에 견주어 그 대상의 사회적 역할을 정형화해 나간다는 것이다. 이러한 사회 정체성 이론의 첫 번째 요소는 '안정성(stability)'이다. 사회 정체성은 기본적으로 안정적인 관계와 사회체제를 기반으로 한다. 어떤 특정한 사건에 대한 이전의 감정은 그 사건에 대한 이후의 감정에 큰 영향을 준다. 예를 들면, 사람들은 특정한 시점 이전에 한 대상에 대해 좋은 감정이 있었다면, 그 시점 이후에도 그 대상에 대해 좋은 감정이 있을 가능성이 크다. 반면에 나쁜 감정이 있었다면 그 사건 이후에도 여전히 나쁜 감정이 있을 가능성이 크다는 것이다. 사회 정체성 이론의 두 번째 요소는 '도덕성(morality)'이다. 사회 정체성 이론에 의하면 사람들의 행위는 행위자의 선악에 대한 이미지 혹은 인상에 큰 영향을 받는다. 행위에 대한 평가가 그 행위자의 도덕성을 단정한다는 것이다. 사회 정체성 이론의 마지막 요소는 행위와 대상과의 '일관성(consistency)'이다. 특정한 사회 정체성에 대한 평가 혹은 감정은 그 행위 자체에만 머물지 않는다. 사람들은 나쁜 사람이 좋은 사람에게 나쁜 행동을 하면, 그 행위 자체 때문에만 나쁘다고 평가를 하는 것은 아니다. 이 과정에서 일종의 '일관성의 원칙(principle of consistency)'이 작용한다. 즉 나쁜 사람은 나쁜 반응을 받아야 하고, 좋은 사람은 좋은 반응을 받아야 한다는 것이다(Smith−Lovin and Heise 1988; Heise 2001; Heise 2002).

하이즈(Heise 2001)는 이러한 사회 정체성 이론을 하나의 과정으로 체계화하였다. 우선 개인은 어떤 상황에 부닥치게 되면 특정 대상을 기존에 가지고 있던 사회 정체성을 통해 판단하게 된다. 그런데 이 과정에서 기존 감성을 확인할 수도 있고, 기존 감성과 새로운 경험과의 충돌을 경험할 수도 있다. 이렇게 감성적 의미가 형성되는 것이다. 그리고 개인은 또 다른 새로운 차원이나 의제(agenda)로 이동하게 된다. 이러한 체계에서는 인간은 끊임없이 세계를 재구성하는 의미의 관리자로 볼 수 있다. 물론 이 과정에서 문화나 역사로부터 형성되고 다른 사람들과 공유하는 감성적 의미가 개인의 판단에 결정적인 역할을 하게 된다.

이러한 사회 정체성 형성과정에 대한 이론은 여러 경험적 조사에서 확인되고 있다. 예를 들면, 스미스로빈(Smith−Lovin 1988)은 미국, 아일랜드, 중동에 대한 비교조사 자료를 종합적으로 분석을 하였다. 그녀는 조사 대상자들이 사회 정체성에 대해 특정한 평가를 하는 과정에서 안정성, 도덕성, 일관성이 발견된다고 보고하고 있다. 이러한 과정은 조사 대상이 되는 전체 사회에서 유사하게 발견된다는 것이다. 이러한 사회 정체성 형성과정의 유사성은 매키넌(MacKinnon 1994)의 연구와 스미스 등(Smith et al. 1994)의 연구에서도 확인되고 있다.

물론 이러한 사회 정체성 형성과정이 모든 사회에 공통으로 적용될 수는 없다. 사회마다 다소 차이가 발견된다. 스미스로빈(Smith-Lovin 1988)은 어떤 행위자의 권력을 평가하는 데 중동지역의 응답자가 미국이나 아일랜드 응답자에 비해 어떠한 차이를 보이는가를 보여주고 있다. 미국이나 아일랜드의 응답자들은 어떠한 행위자가 권력과 관련된 행위나 행동을 할 때, 권력이 높거나 강하다고 평가한다. 반면에 중동지역에서는 행위나 행동의 목표는 그러한 권력을 평가할 때 아무런 영향을 못 끼친다. 따라서 중동지역에서는 행위자가 강력한 행위를 하거나 이에 의지하는 것은 그 행위자가 약하다는 것을 말해준다. 반면에 행위의 대상이 강력하다는 것은 행위 자체와 상관없이 행위자가 강하다는 것을 의미한다. 따라서 강자가 약자를 상대로 힘을 발휘하는 것은 행위자의 권력이나 강력함에 손해를 끼칠 수 있다는 것이다.

이러한 문화 차이에 대한 근본적인 이해는 사실 정책적인 측면에서 중요한 역할을 할 수 있다. 예를 들면, 최근에 아프가니스탄이나 이라크의 경우에서 살펴볼 수 있듯이 최근에 국제관계에서 비교문화적인 이해가 중요해지고 있다. 그런데 서구 사회의 관점에서 볼 때 '악의 축' 혹은 '깡패 국가'에 미국 같은 초강대국이 개입하는 것이 어쩌면 자연스러운 것일 수 있다. 강자가 상대적으로 약자에게 힘을 과시하는 것은 강자의 힘이나 권력을 실현하는 행위로 볼 수 있다. 약자의 처지에서는 이러한 강력한 힘의 실현에 놀라고 동의해야 한다. 그러나 이슬람 문화권이나 중동지역 사람들로서는 이러한 행위가 힘과 권력을 실현하는 것으로 보기 힘들다. 설사 중동지역 사람들이 초강대국과 '악의 축' 혹은 '깡패 국가'에 대한 서구식 정의를 받아들인다고 할지라도 그러한 행위를 정당하다고 느끼지 않을 수 있다. 오히려 약자에게 강자가 자신의 힘과 권력을 과시하는 것을 '비겁한' 행위라고 볼 수 있다는 것이다(Heise 2001).

스미스 등(Smith et al. 1994)은 이러한 사회 정체성 형성과정을 일본과 중국에도 적용하였다. 이들은 일본인들이 특정한 사건의 행위자, 행동, 대상에 대해 평가를 하는 방법이 미국인들과 기본적으로 유사하다는 것을 보여주고 있다. 물론 몇 가지 측면에서 일본인들과 미국인들의 사회 정체성에 대한 판단방식이 다르다. 일본인들은 어떤 행위자를 평가할 때, 행위자 자체보다는 그 행위자를 설명해 주는 형용사 혹은 한정사(qualifier)를 자주 이용한다. 예를 들면, 의사보다는 '훌륭한' 의사로, 부자보다는 '마음씨 좋은' 부자라는 방식으로 행위자를 평가한다는 것이다. 여기에서 '나쁜' 의사와 '훌륭한' 의사는 근본적으로 다른 평가를 받는다. 반면에 미국인들은 이보다 간단하게 행위자를 인식하는 경향이 강하다. 미국인들은 특정한 형용사와 수식어로부터 상대적으로 자유롭다. 다시 말하자면, '훌륭한' 혹은 '나쁜' 같은 형용사와 상관없이 의사에 대한 평가를 더 중요시한다. 아울러 특정한 사회 정체성에 대한 평가에 따라 표현하는 형용사와 수식어가 대체로 정해져 있는 편이다. 이러한 과정에서 행위자와 수식어 사이에는 상당한 일관성의 원칙이 적용되고 있다. 그러나 일본의 경우는 형용사와 수식어가 상당한 역할을 한다. 같은 행위자라 할지라도 어떠한 형용사와 수식어로 표현하느냐에 따라 다른 평가를 받는다.

3 가족에 대한 평가

먼저 다양한 사회 정체성 중에서 가족에 대한 감성적 의미를 살펴보도록 하자. 한국인에게 가족은 매우 중요한 의미가 있다. 전통적으로 한국인의 삶은 부모와 자식 사이에 수직적인 위계와 가족 사이에 강한 연대에 기반을 둔 가족과 밀접하게 관련이 있다. 심지어 개인의 삶을 가족으로부터 구분하기 어려웠다. 그런데 최근에 이러한 가족의 영향력이 급속도로 약화하고 있다. 가족 유형도 확대가족에서 핵가족을 거쳐 1인 가구로 분화하고 있으며, 전통적인 가족의 기능뿐만 아니라 가족 구성원의 역할 규범에도 큰 변화가 일어나고 있다.

사회 정체성을 평가한 자료를 분석하기 위해서 요인분석을 하였다. 요인분석은 여러 변수로 이루어진 복잡한 자료를 간단한 몇 개의 요인으로 축약해서 보여주는 것이다. 분석 결과 국제 비교 연구의 결과와 유사하나 하나의 요인이 추가되어 모두 네 개의 요인이 추출되었다. 즉 한국인은 가족 관련 대상을 평가할 때 크게 네 가지 차원을 기반으로 한다는 것이다.

첫 번째 차원은 '편하다/어렵다', '따뜻하다/차갑다' 등의 형용사들이 관련이 높은 것으로 나타났다. 이는 주로 사적인 측면에서의 판단과 관련된 것으로 응답자들의 감각적인 판단과 관련된다. 두 번째 차원은 '정직하다/부정직하다', '희생적이다/이기적이다' 등의 형용사들이 관련이 높은 것으로 나타났다. 이는 주로 공적인 측면에서 대상의 도덕성이나 신뢰에 관한 판단과 관련된다. 세 번째 차원은 '활동적이다/수동적이다', '빠르다/느리다' 등의 형용사들이 관련이 높은 것으로 나타났다. 즉 신체적이나 물리적인 측면에서 대상의 움직이나 활동과 관련된 평가이다. 네 번째 차원은 '권력이 있다/권력이 없다', '권위가 있다/권위가 없다' 등의 형용사들이 관련이 높은 것으로 나타났다. 즉 그 실체의 영향력과 관련된 것으로 사회적 권위나 권력, 힘에 대한 평가와 관련된다. 따라서 이러한 차원들을 각각 친밀성(sociability), 책임감(responsibility), 활동성(activity), 권력성(potency)으로 명명하였다. 〈표 2-1〉은 이러한 결과에 기반을 두어 가족 관련 정체성의 평가 결과를 평균점수와 분산값을 통해 보여준다. 평균점수는 한국인의 가족 관련 정체성에 관한 평가의 중간 위치를 보여준다면, 분산값은 평가가 얼마나 퍼져있는가를 보여준다.

여기에서는 한국인의 가족 관련 정체성에 관한 평가의 의미를 주제별로 나누어 살펴보고자 한다. 첫 번째 주제는 전반적인 가족 구성원 사이의 위계 구조에 관한 것이다. 조부모-부모-자녀로 이어지는 수직적인 구조와 남녀 사이에 존재하는 위계 구조를 중심으로 살펴보고자 한다. 두 번째 주제는 아들과 딸이다. 이는 가족 구성원으로서 남녀에 관한 평가의 차이를 보여준다. 세 번째 주제는 시댁과 처가이다. 혈연이 아닌 결혼을 기반으로 하는 가족 구성원에 관한 평가를 통해 변화된 가족에 대한 평가를 알 수 있다. 네 번째 주제는 비혼에 관한 것이다. 전통적인 결혼을 강조하는 가족 환경이 어떠한 변화를 겪고 있는지를 보여줄 수 있다.

3.1 가족 내의 위계 구조

가족 내의 위계관계의 측면은 책임감과 권력성의 측면에서 알아볼 수 있다. 권력성은 권위와 권력의 정도, 영향력을 평가하는 차원으로 가족 내 권력 구조를 나타낸다고 할 수 있다. 또한, 책임감은 도덕성이나 신뢰, 책임감에 관한 차원으로 가족 구성원의 책임과 의무에 대한 평가를 보여준

표 2-1 가족 관련 정체성의 평가

친밀성		책임감		활동성		권력성	
단어	평균 (분산)	단어	평균 (분산)	단어	평균 (분산)	단어	평균 (분산)
아내	1.35 (0.27)	어머니	1.07 (0.76)	이혼녀	0.60 (1.01)	시아버지	1.02 (0.55)
어머니	1.29 (0.62)	장남	1.06 (0.61)	아들	0.49 (0.72)	장인	0.87 (0.68)
남편	0.80 (0.57)	아버지	1.03 (0.78)	남편	0.45 (0.52)	아버지	0.76 (0.84)
장모	0.75 (0.82)	남편	0.73 (0.43)	독신녀	0.23 (0.61)	시어머니	0.55 (0.41)
딸	0.75 (0.23)	시아버지	0.64 (0.49)	장남	0.12 (0.69)	장모	0.49 (0.76)
장인	0.42 (0.87)	과부	0.65 (0.90)	아내	0.03 (0.80)	남편	0.37 (0.66)
홀아비	0.25 (0.73)	아내	0.63 (0.77)	아버지	−0.07 (1.08)	어머니	0.30 (0.50)
아들	0.18 (0.41)	아들	0.45 (0.86)	이혼남	−0.18 (0.86)	장남	0.23 (0.49)
시아버지	0.10 (0.49)	독신녀	0.37 (0.40)	딸	−0.26 (0.59)	아들	0.02 (0.61)
아버지	0.05 (1.35)	장인	0.35 (0.52)	시누이	−0.30 (0.44)	시누이	−0.10 (0.34)
시누이	−0.12 (0.42)	장모	0.26 (0.46)	과부	−0.38 (0.67)	아내	−0.12 (0.43)
장남	−0.17 (0.79)	시어머니	0.26 (0.40)	어머니	−0.42 (0.84)	독신녀	−0.18 (0.43)
시어머니	−0.35 (0.61)	이혼녀	0.15 (0.33)	장인	−0.42 (0.36)	이혼남	−0.34 (0.51)
이혼남	−0.38 (0.31)	홀아비	0.03 (0.15)	시어머니	−0.43 (0.47)	딸	−0.35 (0.43)
과부	−0.47 (0.36)	딸	−0.19 (0.54)	장모	−0.57 (0.36)	이혼녀	−0.41 (0.72)
이혼녀	−0.57 (0.61)	시누이	−0.21 (0.43)	시아버지	−0.67 (0.35)	홀아비	−0.50 (0.87)
독신녀	−0.61 (0.69)	이혼남	−0.33 (0.31)	홀아비	−1.13 (0.33)	과부	−0.90 (0.36)

* 각 정체성의 평균 점수는 요인분석 이후 산출된 요인 점수의 평균값으로, 네 개 차원별 각 정체성에 대한 상대적인 평가값을 의미함.

다. 따라서 이러한 두 차원에서 살펴보았다. 전체적인 가족 구성원의 평가에 있어 성별 차이를 보인다. 아울러 가족 내에서 위계관계가 비교적 선명한 편이다. 가족의 위계관계에서는 주로 시아버지, 장인, 할아버지, 아버지 정체성이 높은 평균값을 보여, 남성 중심적인 가족 구조를 보여준다고 할 수 있다. 즉 가족관계가 수평적으로 변하고 있음에도 불구하고(양옥경 2001b), 아직도 나이가 많은 남성 가족 구성원이 가족 내에서 권력을 가지는 것으로 평가되고 있다.

그리고 책임감의 측면은 아버지, 어머니, 장남이 높은 평균값을 보인다. 이는 전통적으로 할아버지와 할머니로 대표적인 가족의 위계 구조가 핵가족으로 변화함에 따라 핵가족의 보편화를 보여주는 것이라 할 수 있다. 즉 가족 내에서 가장 어른이 되는 아버지나 어머니가 가장 높은 책임감을 느끼고 있다고 평가된다. 그리고 남편보다 아내가 아버지보다는 어머니가 책임의 차원에서 큰 값을 보인다. 아버지와 어머니, 남편과 아내는 큰 차이를 보인다.

3.2 아들과 딸

아들과 딸에 대한 의미와 태도를 살펴보면, 친밀성을 제외한 모든 차원에서 딸보다 아들의 평균값이 높게 나타났다. 즉 딸보다는 아들이 더 권력과 책임감을 가지며, 더 활동적이라는 것을 보여주고 있다. 이는 기존의 국내 연구[4]에서는 아들이 딸보다 부양 의식이 높게 나타난 반면, 국외

4 원문—이희자·김영미(1996), 〈청소년의 부모부양의식과 중년기 부모의 노후 준비도〉, 《대한가정학회지》 34(2): 117-128; 최정혜(1997), 〈대학생의 효 의식과 가족주의 가치관 및 부모부양의식〉, 《대한가정학회지》 35(6): 55-69.

연구[5]에서는 딸이 아들보다 부양 의식이 더 높게 나타난 것을 뒷받침하고 있다(한경순 1999, 19에서 재인용).

장남은 남성 중심적인 가족의 특성을 잘 보여주는 정체성이라 할 수 있다. 장남은 책임감에서 어머니보다 높은 평균값을 보이고 있으며, 친밀성에서는 매우 낮은 평균값을 보이고 있다. 또한 권력성의 차원에서는 아들보다 더 높은 평균값을 보이고 있다. 이러한 것은 한국 사회에서 장남에게 높은 책임감이 부여되고 있으며, 친근하지 않게 느끼는 것을 보여주는 것이라 할 수 있다.

아들보다 딸이 친밀에서 더 높은 평균값을 보이는 것으로 나타났다. 권력에 있어 딸보다는 아들이 약간 높은 평균값을 가지지만, 장남과 아들은 거의 동일한 위치에 있는 것으로 나타났다. 그리고 아들과 딸의 차이가 매우 크게 나타나고 있으며, 아들보다 장남이 권력에서 더 높은 평균값을 보이고 있다.

3.3 시댁과 처가

시댁과 처가에 대한 의미와 태도를 살펴보기 위하여, 시아버지, 시어머니, 장인, 장모의 정체성을 비교하였다. 무엇보다도 시댁식구보다는 처가식구를 더 친근하게 느끼는 것으로 나타났다. 특히 시어머니와 시누이는 매우 낮은 평균값을 보이고 있다. 이것은 한국 사회에서 존재하고 있는 고부갈등을 보여주는 것이라 할 수 있다. 권력성 차원에서는 장인과

---

5 원문—이희자·김영미(1996), 〈청소년의 부모부양의식과 중년기 부모의 노후 준비도〉, 《대한가정학회지》 34(2): 117-128; 최정혜(1997), 〈대학생의 효 의식과 가족주의 가치관 및 부모부양의식〉, 《대한가정학회지》 35(6): 55-69.

장모가 시아버지나 시어머니보다 높은 평균값을 보이고 있다. 장인보다는 시아버지가, 장모보다는 시어머니가 조금 더 높은 평균값을 보이고 있지만, 거의 비슷한 수준으로 나타났다. 이러한 것은 한국 사회에서 이전보다 처가의 권위가 높아진 것을 보여주는 것이라 할 수 있다. 또한 장인과 장모의 경우 분산값이 높게 나타나고 있어 변화의 과정을 보여주는 것임을 짐작할 수 있다. 아울러 시어머니와 시누이의 경우, 친밀의 차원에서 상대적으로 낮은 평균값을 보이고 있다. 이는 한국 사회에서 고부갈등이 상대적으로 크다는 것을 보여주는 것이라 할 수 있다.

3.4 비혼(非婚)

독신자(single)들에 대한 의미와 태도를 알아보기 위해서 이혼녀, 이혼남, 과부, 홀아비의 정체성을 비교하였다. 전체적으로 이혼을 하거나 배우자가 없는 정체성에 대해 친밀성의 차원에서 부정적인 감정적 의미를 공유하고 있다. 과부, 이혼녀, 독신녀가 가장 낮은 평균값을 보여 매우 부정적인 감정적 의미를 가지고 있는 것을 보여주고 있다.

권력성의 측면에서는 모두 낮은 평균값을 보이지만, 과부나 독신녀의 경우 책임감의 측면에서는 상대적으로 높은 평균값을 보이고 있다. 즉 과부는 한 가족을 이끌어가는 가장과 비슷하게 평가되는 것을 알 수 있다. 이혼녀나 이혼남의 경우 모두 책임감의 측면에서는 낮은 평균값을 보이고 있다. 이는 이혼이라는 행위를 무책임하고 비도덕적인 행동으로 생각한다는 것을 보여주는 것이라 할 수 있다. 또한 이혼녀와 독신녀가 활동성의 측면에서 다른 여성 정체성들보다 더 높은 평균값을 보이고 있다. 이는 한국 사회에서 이혼녀나 독신녀 들은 다른 여성들보다 더 사회적이고, 활동적인 감정적 의미를 갖고 있는 것이라고 판단할 수 있다.

전체적으로 친밀과 책임에서 낮은 평균값을 보이고 있다. 다만 홀아비의 정체성은 친밀에서 조금 더 높은 평균값을 보이고 있다. 특히 친밀의 차원에서 홀아비를 제외한 모든 정체성들이 비슷한 정도의 낮은 평균값을 보이고 있다. 이는 한국 사회에서 이러한 정체성들에 대해서 매우 부정적으로 평가하고 있다는 것을 보여주는 것이라 할 수 있다.

4 직업에 대한 평가

먼저 직업에 대한 태도와 평가를 통해서 한국인의 사회 정체성의 감성적 기초를 살펴보고자 한다. 직업이라는 지위는 일반적으로 개인에게 주어지는 삶의 '기회'와 '질적 수준'을 포괄적으로 설명해 줄 수 있는 영향력 있는 변수이다. 따라서 사회적으로 존재하는 다양한 직업들이 의미하는 바와 그것이 가진 위계적 위치에 대한 체계적인 설명과 분석을 위한 시도가 오랜 기간 사회과학의 중요한 연구 영역으로 자리매김해 온 것은 자연스러운 일이다. '직업 위세(Occupational prestige)'는 이 시도들의 핵심에 존재하는 주요 개념 중 하나이다. 일반적으로 '직업 구조 내에서 갖는 위치에 따라 부여된 평가, 즉 사람들이 가지고 있는 주관적 평판이나 인식에 근거한 직업의 위상'을 의미하는 직업 위세는 직업을 차등적으로 점수화된 배열로 구조화하는 대표적인 도구가 된다. 이러한 맥락에서 브룸과 셀즈닉(Broom and Selznick 1963, 174-175)은 "사회구성원들이 어떤 직업에 대해서 일반적으로 가지고 있는 권위, 중요성, 가치, 존경에 대한 인식 정도 또는 평가"가 곧 직업 위세라고 규정하면서, 이를 수치적으로 계산한 값으로 직업 위세 분포를 파악한 바 있다.

4.1 직업 위세

우선 각 직업별 직업 위세 점수의 평균을 살펴보면 판사가 가장 높은 수치(4.63)를 기록했다. 이 결과는 기존 연구들과 비교할 때 대법원장의 직업 위세가 가장 높게 측정된 '노스-하트 직업 위세 척도(North-Hatt Scale)'와도 일치하는 것으로 직업 위세의 분포가 사회마다 거의 유사하다는 기존의 논의들(Treiman 1977; Hodge 1985; 김경동 1979; 최태룡 1984)을 뒷받침한다.[6] 직업 위세는 주관적 판단에 기초한 것이지만, 사회 구성원들 사이에서, 더 나아가 국제적으로도 직업의 상대적 위상에 대해 상당한 정도의 일반화된 합의가 존재한다고 볼 수 있다. 우리나라의 경우 판사는 평균점수에서 최고치를 보일 뿐 아니라 분산에서도 여타 직업들보다 확연히 낮은 최저 수치(0.572)를 나타내 이 직업의 높은 위상과 이에 대한 사회적 동의의 정도가 높음을 확인케 한다.

대학교수(4.396), 군 장성(4.167), 관공서 국장(4.057), 대기업 부장(3.911), 약사(3.772)가 직업 위세 점수 수준에서 그 뒤를 따랐는데, 이 직업들이 전반적으로 낮은 분산값을 기록한 것에 비해 이례적으로 군 장성의 경우는 분산이 0.776으로 높아 이 직업에 대한 사회적인 인식에 있어 편차가 크

---

6 국가 간 직업 위세를 비교한 많은 연구들에서 직업 위세에 대한 평가에 근본적인 국가별 차이가 발견되지 않았다는 사실은 흥미롭다. 일례로 트레이만은 60개국에서 행해진 85개의 기존 연구들을 검토하여 모든 복합사회에서는 사회적 분업이 나타나며 분업은 권력의 차이를 가져오고 권력은 특권을 낳으며, 이러한 권력과 특권이 위세를 발생시키므로 복합사회로 구성된 전 세계에서는 단일 직업 위세 서열이 나타나게 된다는 '구조적 위세 결정 이론'을 폈다(Treiman 1977). 국내에서도 김경동(1979), 최태룡(1984), 유홍준(2000) 등에 의해 직업에 대한 평가 유형의 안정성이 지적된 바 있다.

표 2-2 직업별 지위 점수의 평균과 분산

	평균	분산
판사	4.628	0.572
대학교수	4.396	0.626
군 장성	4.167	0.776
관공서 국장	4.057	0.637
대기업 부장	3.911	0.605
약사	3.772	0.659
연예인	3.685	0.855
중학교 교사	3.683	0.632
신문기자	3.677	0.663
중소기업 과장	3.521	0.618
전자대리점 사장	3.384	0.675
은행 대리	3.357	0.622
동사무소 직원	3.209	0.615
간호사	3.137	0.661
음식점 주인	3.068	0.671
교통경찰관	3.041	0.644
공장 작업반장	2.781	0.679
자영농	2.714	0.797
자동차 정비공	2.643	0.746
세탁소 주인	2.623	0.736
백화점 직원	2.448	0.714
이발사	2.370	0.750
목수	2.340	0.853
택시기사	2.267	0.745
공장 직공	2.133	0.775
미싱공	2.088	0.821
행상	1.900	0.804
아파트 경비원	1.895	0.800
파출부	1.778	0.780
막노동자	1.602	0.764

* 5점 척도(매우 낮다-대체로 낮다-보통이다-대체로 높다-매우 높다)

출처: 한국종합사회조사(2005).

다는 것을 알 수 있다. 이는 군사정권 당시 최고 기득권층으로서 큰 권력과 부를 누렸던 군 고위인사들에 대한 이미지와 이전과 비교할 때 상대적으로 하락한 군의 위상이 뒤섞여 그 위세가 일관되게 정립되지 못하고 있기 때문인 것으로 추측할 수 있다. 약사의 뒤를 이어 직업 위세 점수 면

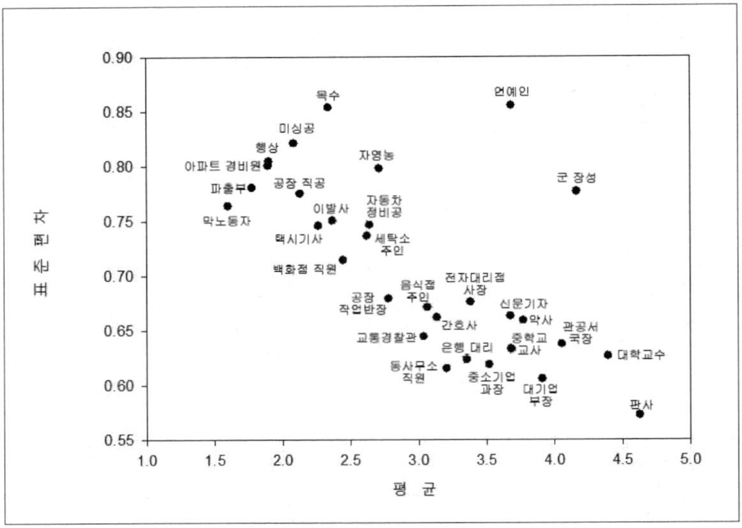

그림 2-1 직업별 지위 점수의 평균과 표준편차

에서 상위권에 속해있는 연예인(3.685)은 타 직업들과 비교할 때 가장 높은 분산값(0.855)을 보여 이 직업에 대한 평가가 일관되지 못한 경향이 두드러졌다. 연예인의 직업 위세에 대한 분산값은 군 장성보다도 높은 수치이다.

다음으로는 중학교 교사, 신문기자, 중소기업 과장, 전자대리점 사장, 은행 대리, 동사무소 직원, 간호사, 음식점 주인, 교통경찰관, 공장 작업반장의 순으로 3.697에서 2.781까지 직업 위세 평균이 분포되어 있음을 발견할 수 있다. 이외에는 자영농, 자동차 정비공, 세탁소 주인. 백화점 직원, 이발사, 목수, 택시기사, 공장 직공, 미싱공, 행상, 아파트 경비원, 파출부, 막노동자의 순이다. 이 중 막노동자는 1.602점의 최하점을 기록했다. 그런데 이 중 상대적으로 높은 분산점수가 직업 위세 점수 하위권을 차지한 직업군(職業群)에 집중되어 있음은 주목할 만하다. 목수(0.853), 미싱공(0.821), 행상(0.804), 아파트 경비원(0.800)은 그중에서도 분산점수가 높고, 이에 미치지는 못하지만 자영농(0.797), 자동차 정비공(0.746), 세탁소 주인(0.736), 백화점 직원(0.714), 이발사(0.750), 택시기사(0.745), 공장 직공(0.775), 파출부(0.780), 막노동자(0.764) 역시 모두 0.7 이상의 분산값을 보인다. 즉, 연예인과 군 장성을 제외하고는 모두 하위직으로 갈수록 높은 분산 점수를 나타낸다는 사실은 이 직업들에 대한 다양한 평가가 공존한다는 사실을 의미한다. 직업 위세의 평균과 분산이 대체로 반비례하는 양상을 보이는데, 이러한 분포를 그림으로 나타내면 〈그림 2-1〉과 같다.

4.2 직업 정체성

직업의 감성적 요소들인 '편한/어려운', '정직한/부정직한', '활동적/수동적', '권력 있는/권력 없는'의 항목들에서 각각의 직업에 대한 평가 점수를 살펴보는 것은 사회 정체성으로서의 직업들이 어떠한 감성적 반응들을 내포하고 있는지를 파악할 수 있게 한다. 먼저 '편한/어려운'의 차원에서는 약사가 최고점수를 기록했고(6.612) 이어서 동사무소 직원(6.186), 중학교 교사(6.100), 대학교수(6.065)의 순으로 '편한' 직업으로 간주되었다. 반대로 단순 육체노동자(2.997)가 가장 어려운 직업으로 인식되었고, 행상(3.661), 신문기자(3.963), 미싱공(3.965)이 그 뒤를 따랐다.

'정직한/부정직한'의 기준에서는 간호사(6.123)가 가장 점수가 높았으며, 중학교 교사(6.094), 대학교수(6.055), 판사(6.051), 자영농(6.037) 역시 순서대로 긍정적으로 평가되었다. 반면 연예인(3.805)은 가장 부정직한 직업으로 여겨졌다. 이는 매스컴에 보이는 모습과 사생활에서 많은 차이를 보이는 연예인들의 행태에 대한 일반인들의 반감과 부정적 평가를 반영하는 것으로 보인다. 관공서 국장(4.508)과 신문기자(4.535)가 연예인의 뒤를 이어 '부정직한' 직업으로 꼽힌 것은 흥미롭다. 이는 공직자의 도덕성이나 언론 보도의 진실성에 대한 불신을 엿보게 하는 부분이라 하겠다. 특히 객관적으로 사실을 보도해야 하는 신문기자에 대해 이러한 평가는 이들의 사회적 책임과 관련해 의미하는 바가 크다. 전자대리점 사장(4.553)과 행상(4.615)의 경우 그 뒤를 이어 판매자라는 정체성 또한 정직성과 다소 거리가 있는 것으로 인식되고 있음을 알 수 있다.

'활동적/수동적'의 문항으로 가늠된 활동성의 측면은 전체적으로 분산이 매우 낮아 비슷비슷한 수치의 평균점수를 보이는 직업이 다수 발견되는 것이 특징적이다. 가장 활동적으로 전제된 직업은 신문기자(7.201)이고 그다음은 연예인(7.160), 자영농(6.534), 군 장성(6.341), 대기업 부장(6.137), 교통경찰관(6.076), 대학교수(6.054), 목수(6.012)의 순으로 6점대의 점수를 보이는 직업이 눈에 띄게 많다. 이에 비해 미싱공(4.330), 동사무소 직원(4.660), 공장 직공(4.672), 단순 육체노동자(4.875)는 차례대로 수동성이 높은 직업으로 간주된다.

앞서 살펴본 두 항목에 비해 분산이 낮아 직업별 차이가 상대적으로 덜했던 활동성 항목에 비해 '권력 있는/권력 없는'에 대한 평가 점수는 그 편차가 매우 크다. 권력의 경우 판사는 8.1점을 기록하여 앞서 살펴본 다른 여타 항목들에서의 점수들을 모두 고려할 때도 유례없이 높은 평균 점수를 보인 반면, 최하점을 비롯한 막노동자의 경우에는 2.0점으로 평가되어 상당한 간극이 존재한다. 판사에 이어 군 장성(7.2), 관공서 국장(7.1), 대기업 부장(6.8) 역시 권력 면에서 높은 점수를 기록하고 있다. 권력이 없는 직업으로 평가된 직종에는 단순 육체노동자 외에도 파출부(2.4), 미싱공(2.6), 행상(2.6), 공장 직공(2.6), 택시기사(3.0) 등 주로 육체노동에 해당되

표 2-3 직업별 점수의 평균값

	친밀성	책임성	활동성	권력성
택시기사	4.7	4.7	5.2	3.0
신문기자	4.0	4.5	7.2	6.6
간호사	5.1	6.1	5.6	4.2
이발사	5.4	5.7	5.1	3.2
관공서 국장	5.5	4.5	5.3	7.1
아파트 경비원	5.2	5.9	5.0	3.0
목수	4.3	5.7	6.0	3.2
파출부	4.1	5.5	5.2	2.4
중학교 교사	6.1	6.1	5.9	5.8
세탁소 주인	5.1	5.5	5.2	3.3
자영농	4.6	6.0	6.5	3.7
공장 작업반장	4.6	4.8	5.7	5.4
공장 직공	3.9	5.4	4.7	2.6
은행 대리	5.7	5.7	5.4	5.4
연예인	4.3	3.8	7.2	5.7
판사	5.3	6.1	5.9	8.1
동사무소 직원	6.2	5.6	4.7	5.0
대학교수	6.1	6.1	6.1	7.2
중소기업 과장	5.3	5.3	5.9	5.8
자동차 정비공	4.3	4.9	5.7	3.5
군 장성	5.2	5.3	6.3	7.2
미싱공	4.0	5.5	4.3	2.6
백화점 직원	4.5	4.7	5.4	3.2
단순 육체노동자	3.0	5.2	4.9	2.0
전자대리점 사장	5.7	4.6	5.7	5.3
대기업 부장	5.6	5.1	6.1	6.8
음식점 주인	5.0	5.0	6.0	4.5
행상	3.7	4.6	5.7	2.6
교통경찰관	4.5	5.4	6.1	5.6
약사	6.6	6.1	5.2	5.9

* 각 정체성의 평균 점수는 네 개 차원에서 가장 대표적인 한 개 변수(9점 척도)를 이용하여, 각 정체성에 대한 평가값을 산출함.

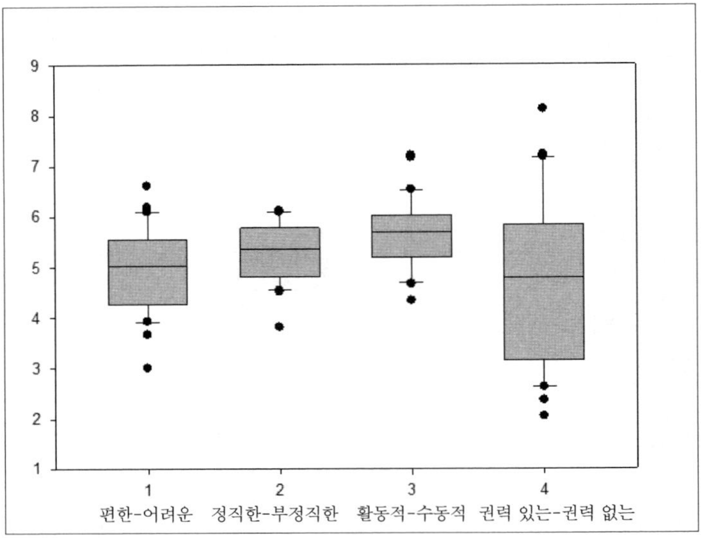

그림 2-2 감성적 의미 차원별 상자 분포(평균과 분포)

는 직업들, 스스로의 업무나 타인에 대해 통제권이나 영향력을 행사할 수 없는 일들이 지목됐다. 이를 그림으로 나타낸 〈그림 2-2〉에서 '활동적/비활동적' 항목의 낮은 분산과 '권력 있는/권력 없는' 항목의 넓게 퍼진 점수 분포가 뚜렷한 대비를 이루고 있음을 확인할 수 있다.

2부

변화하는 한국 사회

3장 시민참여와 민주주의

"높은 정치적 관심에도 불구하고
시민사회의 기반은 허약하다."

1 민주주의의 도입과 발전

제2차 세계대전 이후 국제질서를 형성하는 데 큰 영향을 미쳤던 1945년 모스크바 삼국 외상 회의는 한국인이 독립된 민주국가를 만들 수 없다고 보고 강대국에 의한 신탁통치를 결정하였다. 1955년 영국의 대표 일간지인 《더 타임스(The Times)》는 "한국에서 민주주의를 기대하는 것보다 쓰레기 더미에서 장미꽃이 피기를 기대하는 게 더 낫다"라는 내용을 포함한 사설을 실었다. 그만큼 해방과 한국전쟁 시기에 한국 사회에서 민주주의에 대한 기대는 절망적이었다.

그러나 이러한 비관적인 평가에도 불구하고, 그동안 민주주의 제도의 정착이나 시민사회의 성장 등 정치 부문이 크게 발전하였다. 사실 우리의 민주주의 제도는 해방이 그랬던 것처럼 제2차 세계대전 승전국인 연합국과 유엔 같은 외부의 주도로 도입되었다. 1948년 제헌 국회의원 선거에서는 21세 이상 국민 중에서 등록한 약 780만 명 중에서 약 95.5%의 유권자가 참여하였다. 투표 과정이 지금의 기준으로 볼 때 완벽하다고 보기 어려웠을 것이다. 무엇보다도 조선 왕조와 일제강점기를 겪으면서 대부분 한국인은 민주주의 제도 자체를 경험해 보지 못하였다. 게다가 유권자의 수준이 그리 높지 않았다. 심지어 제헌 국회의원 선거 당시에는 글자나 숫자를 모르는 사람이 많아서 막대기로 입후보자의 번호를 표시하였다고 한다. 이러한 투표 진행 방식은 1971년 7대 대통령 선거 이전까지 이어졌다.

이러한 짧은 민주주의 역사, 시민의 낮은 수준의 민주주의 역량과 두 차례 군사 쿠데타를 통한 군사독재정권의 등장으로 민주주의의 발전을 위한 여건이 매우 열악하였다. 그러나 이러한 부정적인 요인에도 불구하고, 시민들의 적극적인 참여와 저항으로 민주주의가 꾸준히 발전하였다. 적어도 아시아권에서는 민주주의라는 측면에서 최상위 국가로 볼 수 있다.

제도적인 측면에서 한국에서 민주주의가 성립된 시점은 대체로 1987년으로 볼 수 있다. 이러한 짧은 시기 동안 민주주의의 제도적인 정착은 비교적 긍정적인 평가를 받고 있다(Crossant 2015; Diamond 2013). 실제로 제2차 세계대전 이후 독립한 국가 중에 이 정도 수준의 민주주의 발전을 이룬 나라는 그렇게 많지 않다. 한국 사회에서 언론과 결사의 자유가 보장되어 있으며, 국민의 뜻에 따라 선출된 대통령에 의해 평화롭게 정권이 계속 교체되고 있다. 물론 실질적인 면에서는 여전히 개선될 여지가 크다는 평가를 받고 있다(Yun and Min 2012; Kim 2016). 이러한 엇갈린 평가의 이유는 민주주의에 여러 하위 차원이 존재하기 때문이다. 예를 들면, 민주주의에는 선거제도의 공정성, 자유로운 정치적 의사표명 환경뿐만 아니라 숙의(熟議) 환경이나 기회의 균등 같은 보다 적극적인 요소도 포함되기 때문이다(김성근 2018). 대체로 최근에 한국 사회의 민주주의 발전을 평가할 때, 제도나 하드웨어 같은 민주주의 발전은 긍정적인 평가를 받는다. 그러나 이를 운용하는 구체적인 내용은 상대적으로 부정적인 평가를 받는 것이 사실이다(Hong et al. 2018).

먼저, 현재 정치와 관련하여 한국인의 다양한 가치와 태도를 살펴보고자 한다. 여러 가지 자료 중에서 약 30년 동안 정치 관련 가치관의 추이를 보여줄 수 있는 〈세계 가치관 조사〉를 기반으로 살펴보고자 한다. 구체적으로는 민주주의 발전, 정치이념, 소득 불평등, 복지제도에 대한 한국인의 생각을 살펴본다. 그리고 현대 민주주의 가장 중요한 의미를 지니는 시민의 참여 문제를 시민성이라는 측면에서 다루고자 한다. 마지막으로 최근에 한국 사회에서 민주주의 현실을 가장 잘 보여준 대통령 탄핵을 불러온 촛불시위가 민주주의에 갖는 의미와 미래 전망을 다루고자 한다.

2 정치적 태도

2.1 민주주의 발전

한국인들은 한국 사회가 어느 정도 민주적으로 통치되고 있느냐는 질문에 어떻게 대답을 하였는가? 한국인이 한국 사회의 민주주의 발전 정도에 관해 평가하는 것은 정권별로 다소 다르다. 이러한 시기별 평가의 구체적인 의미를 살펴보기 위해서 다른 나라와 비교할 필요가 있다. 비교 대상은 최근 자료까지 가능한 미국과 독일이다. 〈그림 3-1〉은 민주적 통치에 대한 한국, 미국, 독일 시민의 평가를 시기별로 보여주고 있다. 예

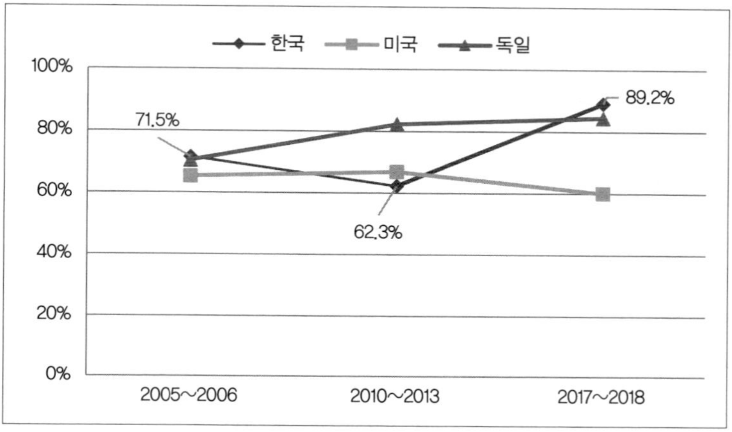

그림 3-1 민주적 통치 정도 국제 비교

를 들면, 한국의 경우 2005년 노무현 정부 시기에 응답자들의 71.5%가 민주적이라고 평가하였다. 반면에 2010년 이명박 정부 시기에 응답자들의 62.3%가 민주적으로 통치되고 있다고 응답하였다. 그리고 2018년 문재인 정부 시기에 89.2%의 응답자들이 한국이 민주적으로 통치되고 있다고 평가하였다.

미국의 경우 부시 정부 시절 미국이 민주적으로 통치되고 있다고 대답한 응답자가 65.3%이었다. 오바마 정부 시절에는 응답 비율이 66.9%이었다. 그러나 2016년 트럼프 집권 이후 그 비율은 60.1%로 낮아졌다. 이러한 응답률은 현대 미국이 여러 나라 사람들에게 민주주의의 이념형으로 여겨지고 있다는 점을 고려할 때 다소 의외의 결과이다. 실질적으로 미국의 민주주의가 정치, 경제, 사회 등 여러 가지 형태의 요인으로부터 위협을 받는 현실을 반영한 것으로 보인다.

독일은 2005년 이후 메르켈 총리가 계속해서 집권하고 있다. 2005년에는 민주적으로 통치되고 있다는 응답자가 70.4%였고, 2010년에는 82.3%,

2017년에는 84.5%로 점차 증가하고 있다. 이는 메르켈 정부의 경제적 성과와 더불어 국정 운영에서 야당과 협력 등이 반영된 것으로 보인다.

2.2 정치이념

〈그림 3-2〉는 한국, 미국, 독일 세 나라 사람들의 정치이념을 스스로 평가한 결과이다. 1990년에 한국의 경우 스스로를 보수로 보는 사람들이 많았다. 상대적으로 독일과 미국은 상대적으로 중도에 가까웠다, 그런데 미국과 독일의 경우는 시기와 관계없이 그 수준이 거의 유지되었다. 반면에 한국의 경우는 2000년대 초에 보수의 비율이 급격하게 축소되고, 평균적으로 정치이념의 수준이 거의 중도로 변화하였다. 2010년에는 한국이 미국과 독일 사이의 정치이념 수준을 보이는 것으로 나타났으나, 2018년에는 미국과 한국이 거의 유사하고 독일이 상대적으로 좌파에 더 가까운 것으로 나타났다. 아마도 한국 사회에서 이러한 정치이념의 급격한 변화는 인구 구조의 변화나 정치, 경제적 상황의 변화 등 여러 가지 여건에 영향을 받은 결과라고 볼 수 있다.

그런데 이러한 사실은 한국 사회의 정치 현실에 큰 의미를 지닌다. 2000년대에 들어서 정치이념적으로는 한국 사회 내에서 일종의 경쟁 구도가 형성되었다는 것을 의미한다. 한국인이 평균적으로 중도적이라는 것은 여러 가지 상황에 따라 우파나 좌파가 집권할 수 있다는 것을 의미한다. 실제로 지난 30년 동안 한국 사회에서 정치이념이 다른 정당이 집권한 경우가 세 번이었다. 그만큼 우파나 좌파나 성과를 내지 못하면 언제라도 집권에 실패할 수 있는 정치적 환경이 조성되었다는 것을 의미한다.

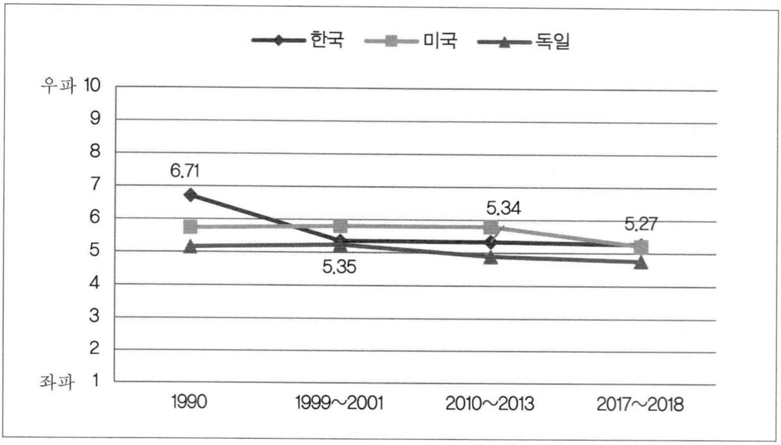

그림 3-2 정치이념 국제 비교

2.3 소득 불평등

소득 불평등 자체는 정치영역은 아니다. 그러나 현대 사회에서 복지제도 등 정부의 소득 불평등 관련 개입이 주요 정책으로 간주되는 만큼 정치나 민주주의 발전과 밀접한 연관이 있다. 전체적으로 한국 사회에서 지난 30년간 소득은 더 공평해야 한다고 생각하는 응답자의 수는 줄어들었다. 소득이 더 공평해야 한다고 생각하는 한국인은 1990년에 과반이 넘는 54%였으나, 2018년에는 21%에 불과하였다. 미국의 경우는 소득이 더 공평해야 한다는 의견이 1990년 29.5%에 불과했으나, 2018년 59.1%로 나타났다. 독일은 1990년대와 2000년대 소득이 더 공평해야 한다는 의견이 32.9%에서 78.5%로 증가하였으나, 2018년에는 45.8%로 낮아졌다.

이러한 평가는 한국 사회에서 최근 소득 불평등과 관련한 여러 지표가 증가하고 있고, 이에 대한 사회적 우려가 커지고 있다는 점을 고려할 때,

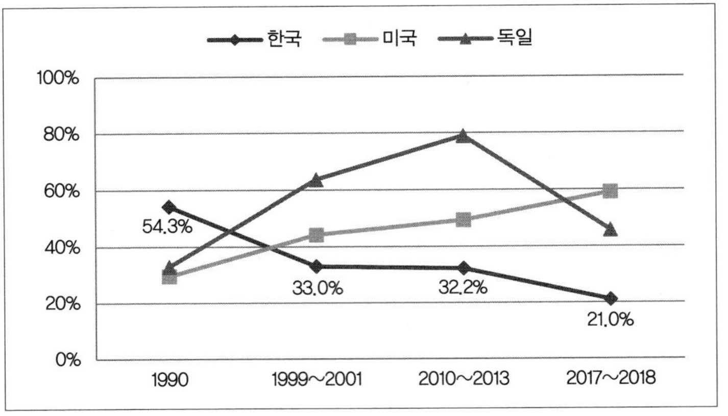

그림 3-3 소득의 공평성 찬성

다소 의외의 결과이다. 그러나 이 문항이 소득의 공평성과 노력에 대한 보상의 공정성에 관한 것임을 고려할 때, 그 변화에 관해 이해할 수 있다. 적어도 현재 한국인들 사이에는 소득이라는 결과가 공평해야 한다는 생각보다는 노력하는 만큼 차이가 나야 한다는 생각이 지배적임을 의미한다. 그만큼 개인의 노력에 대한 합리적인 보상이 자리를 잡고 있지 못하다고 생각하는 사람들이 많다는 것이다. 따라서 언론과 각종 미디어에서 나타나는 사회 지도층의 갑질이나 부당한 재산 대물림 같은 불공정한 행태에 관해서 많은 사람이 분노하는 것이다. 많은 사람이 아직 한국 사회가 결과로써의 소득 공정성을 논의하기보다는 아직도 개인의 노력에 대해서도 합당한 보상을 하고 있지 못하다고 생각하는 것이다.

2.4 복지제도

앞서 소득이 공평해야 한다는 문항에 대한 한국인의 반응은 정부의 복지

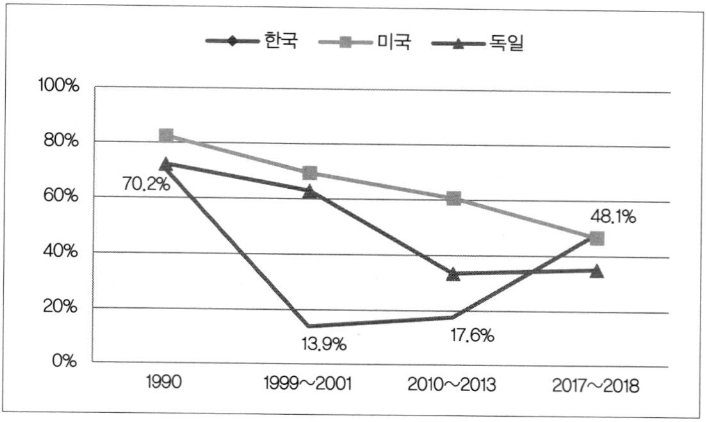

그림 3-4 정부의 복지 책임 확대

제도에 대한 책임에 관한 응답과 관련이 깊다. 〈그림 3-4〉는 한국, 미국, 독일 국민이 복지제도의 확대 찬성 비율을 보여준다. 한국인들이 정부의 복지 책임의 확대에 동의하는 비율은 지난 30년간 큰 변화를 보여주었다. 1990년 약 70.2%의 한국인들이 정부의 복지 확대를 요구하였지만, 2000년 초반에는 13.9%, 2010년에는 17.6%로 낮아졌다. 2018년에는 48.1%의 한국인들이 정부가 복지에 더 책임을 져야 한다고 응답하였다.

이러한 추이는 미국과 독일의 변화 유형과 다소 다르다. 이들 나라에서 정부의 복지 책임 확대 요구는 계속 감소하였다. 미국은 1990년에 82.3%, 2000년에 69.4%, 2010년에 60.7%, 2018년에 46.7%로 계속 낮아졌다. 독일도 1990년에 72.2%, 2000년에 62.9%, 2010년에 33.5%, 2018년에 35.1%로 거의 반으로 줄어들었다.

한국의 경우 정부의 복지 책임 확대에 관한 의견이 2000년대 초반 급격하게 감소한 것은 IMF 경제 위기라는 특수한 경제적 상황과 관련이 깊다. 국가적인 위기에서 기존에 한국 사람들이 막연히 의지해 왔던 가족이라는 기반이나 국가의 복지 정책이 큰 도움이 못 되는 상황에서 이에 대한 기대 자체가 줄어들었기 때문이라고 생각한다. 각자가 최선을 다해서 어려움을 헤쳐가야 하는 생각이 격심한 경쟁으로 이어졌고, 이러한 상황이 2010년대 초반까지 이어졌다고 생각한다. 그러나 다른 국가들과 비교할 때, 열악한 한국의 복지제도 상황과 경제 상황의 악화라는 현실에 비추어 결국 국가의 복지 정책의 확대는 어느 정도 피할 수 없는 상황이라고 생각한다. 복지 규모는 국가의 재정 능력이나 정부의 지향점에 의해 다소 변화할 수 있겠지만, 복지제도의 확대는 피하기 어려운 대세라고 보인다.

2.5 시민성

한국인의 시민성의 내용을 구체적으로 살펴보면 다음과 같다. 먼저 여러 나라를 비교하기 위해서는 〈세계 가치관 조사〉에서 경제협력개발기구(OECD) 국가 자료를 사용하고자 한다. 그리고 시민성의 추이를 살펴보기 위해서는 한국행정연구원의 〈사회 통합조사〉를 사용한다. 먼저 시민의 사회활동 비율을 보면, 양적으로 전반적으로 평균 수준이거나 수준이 낮다. 질적으로도 공적인 영역보다는 사적인 영역과 관련된 부분이 상대적으로 높다. OECD 국가의 종교단체 활동 평균이 14.8%이다. 반면에 한국의 종교단체 활동 비율은 23.8%에 이른다. 박애자선단체, 노동조합과 정당 참여비율은 평균이 각각, 7.5%, 5.1%, 3.1%이다. 그러나 한국의 비율은 각각 2.0%, 1.9%, 0.7%에 불과하다(〈그림 3-5〉 참조).

정치참여에서도 OECD 평균보다 낮은 수준을 보인다. 서명 활동(26.6%), 보이콧 참가(5.5%), 평화적 데모(9.7%), 파업 참가(5.4%), 기타(4.1%) 등 모든 분야에서 OECD 평균 국가보다 정치참여율이 낮은 것으로

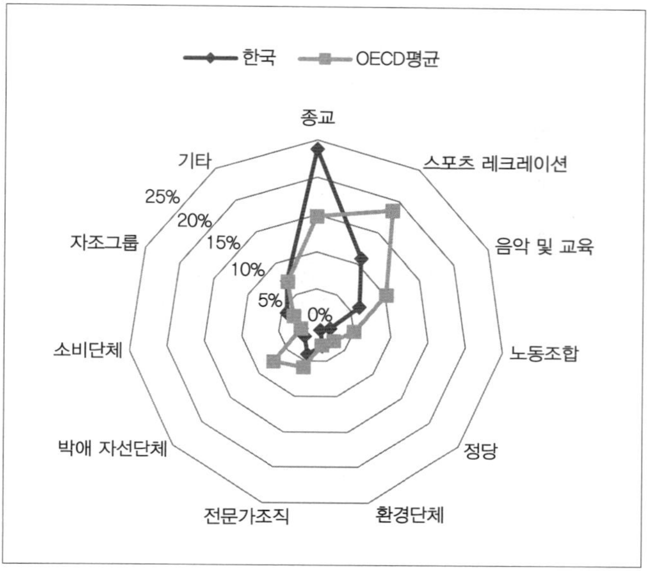

그림 3-5 한국과 OECD 국가의 평균 사회단체 참여율

나타났다(〈그림 3-6〉 참조). 이 밖의 자료에서도 한국 사회에서 시민의식 수준은 그리 높지 않은 것으로 알려져 있다. 예를 들면, 한국 사회의 법과 규율 준수와 관련한 평가로 볼 수 있는 반부패 정도는 경제 규모에 비해 낮은 편이다. 대표적인 반부패운동단체인 국제투명성기구(Transparency International)의 2014년 발표 자료에 따르면, 한국은 175개국 중 43위(100점 만점에 55점), OECD 34개 회원국 중에서는 27위를 기록했다. 아시아에서도 낮은 수준으로 7위 싱가포르(87점), 15위 일본(76점), 17위 홍콩(74점) 등에 비해서 낮은 반부패 수준을 보인다. 사회참여 수준도 높은 편은 아니다. 통계청의 2013년도 사회조사에 따르면, 기부 경험이 있는 사람은 약 34.6%이며, 자원봉사 참여율은 19.9%에 불과하다.

이러한 시민성의 추이도 낙관적이라고 보기 어렵다. 한국행정연구원

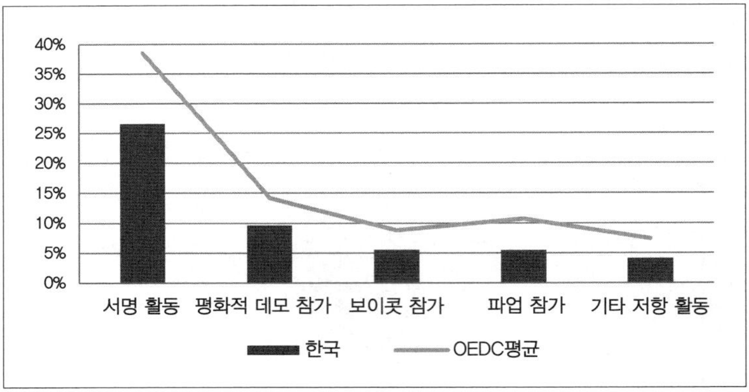

그림 3-6 한국과 OECD 국가의 평균 정치참여율

〈사회 통합조사〉에 따르면 사회단체 중에서 공적 부문과 상대적으로 관련이 깊은 단체 활동 비율은 점점 낮아지고 있다. 예를 들면, 정당 활동을 하는 비율은 2013년에 2.0%이었으나 2016년에는 1.2%로 나타났다. 노조/사업자단체/직업조합이나 시민운동단체, 지역사회 공공모임도 마찬가지다. 노조/사업자단체/직업조합의 경우에 2013년에는 3.1%였으나, 2016년에는 2.7%로 나타났다. 시민운동단체는 2013년에 2.4%, 2016년에 1.5%, 지역사회 공공모임은 2013년에 11.9%, 2016년에 8.2%로 전반적으로 참여율이 낮아졌다. 반면에 동창회, 향우회의 경우에는 2013년에 34.6%, 2016년에 36.5%로 오히려 활동 비율이 다소 높아졌다.

정치참여의 경우에는 소극적인 정치참여의 경우에는 참여율이 높아졌지만, 적극적인 정치참여율은 낮아지고 있다. 정치사회문제에 대한 의견교환 비율이 2013년에 56.4%이고 2016년에 69.3%로 높아졌다. 그리고 정부나 언론에 의견을 제시하거나 공무원이나 정치인에게 민원이나 의견을 제시한 비율은 2013년에 각각 8.1%, 9.4%이었지만, 2016년에는 6.7%, 6.1%로 낮아졌다. 위와 같이 객관적인 통계자료로 한국 사회의 시민성을 살펴볼 때, 양적으로나 질적으로나 긍정적인 평가를 하기 어렵다. OECD 국가들의 평균을 고려할 때, 상대적으로 낮은 수준이며, 사적 부문보다 공적 부문이 상대적으로 취약하다고 볼 수 있다.

3 광장 민주주의와 촛불시위

3.1 대의 민주주의 현재

2016년을 마무리하는 시점에 한국 사회를 뒤흔들어 놓은 소위 '최순실 게이트'는 결국 대통령 탄핵으로 이어졌다. 이 사태는 표면적으로는 점진적으로 발전한 한국의 민주주의를 되돌아보게 하는 중요한 계기였다. 그리고 이 사건을 통해 우리는 정치영역과 관련하여 한국인들의 가치와 태도를 살펴볼 수 있었다.

'최순실 게이트'에 대해 시민들은 강렬하게 반응하였다. 많은 사람이 주말마다 광화문 광장에 모여 촛불시위를 통해 자신들의 분노와 민주주의에 대한 우려를 담아내었다. 그 규모, 지속기간 그리고 열기에 비해 놀라울 정도로 질서정연하고 차분하기까지 하였다. 물론 이 과정에서 기존 정당이나 언론의 역할이 없었던 것은 아니었다. 그동안 몇몇 언론과 정치인들이 여러 가지 문제를 제기하였고, 여야 정치인들이 대통령 탄핵 소추 과정을 진행하였다. 그러나 대통령 탄핵 소추를 끌어낸 가장 결정적인 원인이 몇 달 동안 계속된 시민들의 대규모 시위라는 점은 부인할 수 없는 사실이다.

이러한 시민들의 적극적인 대규모 정치참여가 한국 사회에서 낯선 것은 아니다. 그동안 현대사에서 1960년 4·19 혁명, 1987년 6월 항쟁 등 중요한 역사적 순간에 많은 시민이 적극적으로 자기 생각을 표출하였다. 최근에도 이러한 대규모 시위는 계속되고 있다. 2002년 미선·효순 사건, 2004년 노무현 대통령 탄핵 촛불시위, 2008년 광우병 촛불시위 등이 대표적인 예라고 할 수 있다. 어떤 경우에 시위는 정권을 교체하거나 심지어는 헌법 자체를 개정하는 데 결정적인 역할을 하였다. 2016년 박근혜 대통령 탄핵 촛불시위(이하 2016년 촛불시위)도 일회적인 사건 혹은 하나의 현상으로만 끝나지 않을 것이다. 최근에는 '87년 체제'라고 불리는 6공화국을 넘어선 새로운 헌법에 관한 논의도 나오고 있다. 이러한 의미에서 이번 시위의 함의를 한국 정치와 민주주의라는 측면에서 검토하고자 한다.

2016년 촛불시위는 대통령의 실정과 국정농단에 대한 시민들의 분노로부터 시작되었다. 불행하게도 공식적인 대의민주주의의 기제들이 효율적으로 작동하지 못하고, 시민들이 광장에 나가 자신들의 의견을 표출하게 되었다. 언론 매체에서는 2016년 촛불시위에 참여한 국회의원들이 성난 민심을 직접 느꼈다고 보도하였다. 이러한 기사는 개별 시민과 대의민주주의의 대표인 국회와의 현실적인 '거리'를 그대로 보여주고 있다. 대통령이나 측근도 마찬가지일 것으로 생각한다. 대규모 시위가 계속됨에도 불구하고 대통령의 사과가 지루하게 반복될 뿐이었다. 대통령을 비롯한 정치 엘리트들이 일반 시민의 생각이나 의사와는 너무 동떨어진 판단과 정치적인 결정을 하였다. 결국, 시민들이 광장에서 대통령과 직접 맞부딪히게 된 상황이 전개되었다.

시민들의 생각도 그렇게 다르지 않다. 2004년 대통령 탄핵 반대 촛불시위에서 가족들과 함께 참여한 많은 부모가, 시위 참여가 자녀의 민주주의 교육을 위해 좋은 경험이 될 것 같다고 이야기하였다. 또한, 많은 중고등학생이 시위에 참여하였다. 10년도 더 지난 2016년 말 촛불시위 현장에서 나온 이야기도 그렇게 다르지 않다. 이러한 상황은 한국 사회에서 민주주의의 현실을 보여주는 것이다. 국회의원들은 시위 현장에 와서야 유권자들의 엄중한 요구와 목소리를 듣고 있고, 부모들은 여전히 자식들의 민주주의 교육을 위해 시위 현장을 찾고 있고, 중고등학생들은 광장에서 민주주의의 현실에 대해 분노하고 있다. 물론 국회의원들이 시민들의 목소리를 광장에서 직접 듣고, 시민들이 민주주의를 걱정하는 것은 고무적인 현상이다. 그러나 문제는 이러한 민주주의에 관한 관심과 걱정이 일시적인 시기와 장소에서만 표출되고 있는 경향이 크다는 것이다. 민주주의가 사회 구성의 가장 근본적인 체제라면, 일상적이고 구체적인 수준에서 합리적으로 민주주의가 작동할 필요가 있다.

그동안 1987년 대통령 직선제 개헌 이후 한국 사회에서 민주주의는 하드웨어라는 측면에서 문제가 없는 것처럼 비쳐져 왔다. 적어도 민주주의 제도와 체제의 형식은 유지되는 것으로 믿어 왔다. 문제가 있더라도 시간이 지남에 따라 해결되고 있다고 여겨져 왔다. 그러나 일련의 사태와 시위 과정에서 나타난 것처럼, 그러한 낙관적인 견해가 옳지 않다는 것이 밝혀졌다. 1997년 IMF 경제 위기에서 드러난 한국 사회의 경제 현실처럼, 2016년 박근혜 대통령 탄핵 과정에서 정치 현실이 그 민낯을 드러내게 되었다. 우리는 이러한 정치와 민주주의도 끊임없이 관심을 두고 개선하기 위해 노력하지 않는다면 후퇴할 수 있다는 사실을 직면하고 있다.

여러 원인 중에서 이러한 사태와 민주주의 체제를 지탱하는 중요한 요소인 시민사회(civil society)의 현실을 연결해 볼 수 있다. 그동안 우리는 정치 제도의 겉모습에 만족한 나머지, 이 제도의 밑바탕에 있는 시민사회의 내용을 채우지 못했다. 사실 한국 사회에서 시민사회는 존재하고 있지만,

그 구체적인 내용은 빈약하다. 과대화된 정부나 시장과 비교하면 더 큰 차이가 난다. 충분한 수준의 시민성을 갖추지 못한 시민, 시민과 떨어져서 정치적인 활동을 하는 시민단체, 양적 성장에 비교해 볼 때 내실이 약한 종교단체 등이 허약한 시민사회를 구성하고 있다. 다시 말하자면, 일상적이고 구체적인 요소 없이 겉모습만의 시민사회와 민주주의를 구성하고 있다. 그래서 여전히 우리는 때가 되면 정치 현실에 분노하고, 광장으로 나가 나라를 걱정하는 악순환의 고리에서 벗어나고 있지 못하다.

3.2 광장 민주주의 성과와 과제

2016년 촛불시위가 대규모로 오랫동안 진행되면서 다양한 유형의 목소리도 나왔다. 여러 개인과 단체 들이 세월호 참사, 통합진보당 해산과 관련된 주제, 노동운동, 여성주의 같은 다른 목소리가 한꺼번에 쏟아졌다. 그러나 광장에서 시민의 생각과 행동을 묶은 것은 대통령을 비롯한 당시 집권 세력에 대한 반대라고 볼 수 있다. 이 목표는 집회와 시위 현장의 여러 목소리를 잠재우고, 대통령 탄핵 소추라는 결과를 만들어냈다.

이러한 과정을 살펴보면서, 몇 가지 측면에서 그 성과와 과제를 검토해 볼 수 있다. 무엇보다도 2016년 촛불시위는 최대한 법률 테두리 안에서 그 목표를 달성하였다. 시민의 적극적인 참여를 통한 2016년 촛불시위에 나타난 가장 중요하고 공통된 목소리는 대통령의 퇴진이다. 이러한 목소리를 반영한 것이 국회의 탄핵 소추이고 이를 최종적으로 결정한 것이 헌법재판소의 탄핵 인용이다. 시민의 참여를 바탕으로 기존 제도가 작동해서 의미가 있는 결과를 만들어냈다. 게다가 많은 정당과 단체 그리고 일반 시민이 참여한 결과이다. 물론 야당이나 일부 단체가 조금 더 앞장서고 중요한 역할을 한 것은 사실이다. 그러나 이러한 시민들의 호응이 특정 정당이나 일부 단체에 대한 지지로만 볼 수 없다. 2016년 촛불시위로 모인 시민들의 목소리가 특정한 정파만이 노력한 결과가 아니기 때문이다. 만약 이러한 성과를 자신들의 정권 쟁취라고 생각한다면, 그 취지가 약해질 것이다.

동시에 2016년 촛불시위는 한국 사회에 여러 가지 과제를 안겨주었다. 앞으로 이러한 시민의 정치참여 경험은 여러 가지 방식으로 표출될 것이다. 무엇보다도 광장에서 더욱 다양한 목소리가 나올 수 있을 것이다. 어떤 단체에서는 기존 정당 체제를 보완하는 기구 구성을 제안하면서, 열기를 이어나가려고 시도하였다. 그러나 앞으로 광장의 목소리가 체계화될 것으로 보기는 힘들다. 어쩌면 대규모 집회와 시위가 처음부터 가지고 있는 한계라고 볼 수 있다. 역사적으로 시민들의 직접적인 정치참여는 구체적인 결과를 만들기보다는 문제 제기와 변화의 계기가 된 경우가 대부분이었다. 심지어 이러한 참여의 결과가 단기적으로는 '반동(反動)'으로 끝나는 경우가 많았다. 그러한 문제 제기가 결실을 보기까지는 상당한 시간이 걸릴 수밖에 없다. 따라서 대규모 시민 집회와 시위의 긍정적인 기능을 어떻게 이어나갈 것인가가 우리에게 주어진 중요한 숙제이다.

4 민주주의 전망과 시사점—일상적 민주주의의 확장

한국 사회에서 민주주의 성과나 시민들의 참여를 제도적으로 이어나가기 위해서 헌법을 비롯한 거시적 수준에서 정치권을 중심으로 각종 대안이 제시되고 있다. 그러나 이러한 시도도 높은 수준의 시민성을 전제로 하지 않으면, 제도적 수준에서 '그들만의 리그'가 될 가능성이 크다. 우리는 합리적이고 공정한 규칙에 기반을 둔 정책의 수행은 그것을 수행하는 개인에 체화될 때에만 의미가 있다는 것을 확인할 수 있었다. 높은 교육을 받고 깊은 수준의 지식을 가진 많은 엘리트가 마치 성과를 위해서라면 어떤 일이라도 감행한 이전 세대처럼 행동하였다. 지금이라도 합리적 민주주의의 발전을 위해서 장기적이고 구체적인 접근이 필요하다. 가장 중요한 과제는 열악한 우리 시민사회를 내용이라는 측면에서 풍부하게 하는 것이다. 이것은 높은 수준의 시민성을 일상생활에서 구체적으로 키우는 작업이다.

이를 위해서는 신뢰와 연대를 통한 시민성 확대가 필요하다. 무엇보다도 시민성(civility)을 갖춘 민주시민으로 구성된 시민사회의 형성이 필수적이다. 구체적인 시민성의 내용은 시민사회에 대한 정의만큼 다양하다. 시민사회는 신분적 질서를 기반으로 한 봉건사회에 대립되는 사회를 의미하지만, 상황에 따라 다양한 의미를 지닌다. 시민사회는 문명화된 사회를 의미하기도 하고, 부르주아 사회를 의미하기도 하였다. 때로는 자발적인 시민조직의 영역을 의미하기도 한다. 그런데 시민사회에 대한 여러 정의에서 발견되는 공통적 구성요소로서 공공성과 자율성을 꼽을 수 있다. 공공성이 시민으로서 기본적인 의무를 준수하는 것으로 법과 규율 준수, 의무 이행을 포함할 수 있다면, 자율성은 더욱 적극적인 시민으로서 역할을 하는 것으로 봉사, 참여, 관용 같은 요소를 포함한다.

한국 사회에서 시민성의 수준은 그리 높지 않은 것으로 알려져 있다. 사회 전체적으로 예를 들면, 한국 사회의 법과 규율 준수와 관련한 평가로 볼 수 있는 부패 정도는 경제 규모에 비해 높은 편이다. 사회참여 수준도 낮은 편이다. 지역공동체 수준에서도 마찬가지이다. 공공성에 기반을 둔 의무 이행뿐만 아니라 자발적인 수준에 기반을 둔 참여도 제한적이다.

이러한 낮은 시민성 수준의 원인으로 흔히 낮은 사회적 신뢰가 언급된다. 사회적 신뢰는 어느 사회, 어느 시기를 막론하고 상호 믿음에 기반을 둔 협동을 촉진하고 갈등을 감소시켜 줌으로써 사회 구성원들 간의 연대와 공존, 더 나아가 그 사회의 유지 및 발전을 가능케 하는 사회 자본의 핵심 요소이다. 특히 비교적 평등한 개인 사이에 형성되는 '사적 신뢰'와 달리 사회적으로 불평등한 개인 사이에 형성되는 '공적 신뢰'가 사회 전체적으로 의미가 크다. 공적 신뢰는 개인적으로 알지 못하는 제도나 사람, 집단에 대한 것이라는 점에서, 사회 전반에 대한 신뢰로 확대, 일반화될 수 있는 더욱 근본적인 문화적 규칙 내지는 규범으로 작동하게 된다. 결국, 낮은 수준의 시민성은 낮은 수준의 사회 자본, 그리고 갈등과 사회적 비용의 증가로 나타난다. 시민들이 자율적이지 못하고 사회 전체의 공익을 위해 봉사를 하지 않는다면, 갈등 해소, 질서 유지나 공익 보장을 위해 각종 규제가 필요하게 된다. 이 과정에서 행정적, 사법적 비용이 추가로 필요하게 되고, 이는 사회 전체와 개인이 추가로 부담해야 하는 비용으로 나타난다.

그다음으로는 지역사회에서 주민참여 확대가 필요하다. 시민사회의 형성은 무엇보다도 구체적인 수준에서 이루어질 필요가 있다. 전체 사회에서 발견되는 정치 현실은 지역사회 수준에서 더욱 심각하다. 인구 사회경제적 배경을 달리하는 주민들 사이에 만족할 만한 수준의 사회적 신뢰나 연대를 찾아보기 힘들다. 공공성과 자율성에 기반을 둔 주민의 삶이 이루어지기보다는 위로부터의 지시와 이에 대한 준수 혹은 저항이 중요한 기제로 작동하고 있다. 이상적으로 본다면 일정 수준 이상의 시민성을 갖춘 시민이 지역사회에 적극적으로 참여하여, 이를 기반으로 지역공동체가 형성되고 높은 수준의 시민사회가 형성되어야 한다. 그러나 한국 사회의 특성을 고려할 때 이러한 이상적인 흐름을 기대하기 어려운 상황이다. 거시적인 수준에서 하드웨어적인 정책이나 교육 혹은 계몽은 근대화된 개인을 길러내는 수준에서 효과적이었다. 그러나 민주사회에서 이상적인 시민사회를 형성하는 데 미시적인 수준에서 민주시민을 길러낼 필요가 있다.

일상적 민주주의 특히 시민사회 부문의 확대는 앞으로 지역사회의 활성화뿐만 아니라 전체 시민사회의 고도화에 중요한 역할을 할 것이다. 지역주민 참여의 확대는 일상적 민주주의 발전에 핵심적인 요소라고 할 수 있다. 지역주민 참여가 확대되면 주민들 스스로가 지역사회의 문제에 대해 주체적으로 해결하고, 자율적으로 사회를 조성함에 따라 시민사회가 확대될 수 있는 기반을 조성할 수 있다. 이러한 노력은 기본적으로 사람과 사람을 이어주는 것이다.

전통사회에서는 이러한 과정이 규모가 작은 지역사회 내에서 혈연이나 지연에 기반을 두어 이루어졌다. 만약 한국 사회가 비교적 장기간에 걸쳐 근대화와 민주화 과정을 거쳤다면, 시민들 사이에 높은 수준의 연대감을 기반으로 한 시민사회가 형성되었을 것이다. 그러나 불행하게도 한국 사회에서 시민과 시민사회 형성은 여전히 중요한 사회적 과제이다. 자연스럽게 장기간에 걸쳐 해결될 수 있는 범위를 넘어서는, 공적 부문의 개입과 적극적인 정책적 대응이 필요하다. 전통적인 지역공동체의 기능과 역할의 회복을 부르짖는 것은 사실상 실효성이 없다. 그리고 공공 부문의 적극적 대응이 수반되지 않은 상태에서 거시적인 수준의 법률과 제도적인 노력만 이루어진다면 그 효과는 표면적이고 형식적인 것이 될 가능성이 크다. 우리는 이러한 경향을 제도적인 민주화 이후에 이미 확인하였다. 지역사회 내 개인의 고립과 단절은 전체 사회라는 측면에서 개인의 고립과 단절을 의미하고, 공동체적 질서의 균열을 의미한다. 고립되고 외로워하는 개인이 증가하고 이들이 소극적인 삶을 이어나가는 사회를 건강하고 미래를 지향하는 사회로 볼 수는 없을 것이다.

또한, 한국 사회는 사회 자본이 낮고 공공 부문에 대한 신뢰가 상대적으로 낮은 것으로 알려져 있다. 통합의 문제가 중앙집권적이고 상향식이면서 구조적으로 강제되는 것이 아니라 이러한 개인의 삶의 변화를 반영하는 소프트웨어적인 접근법으로 다루어져야 한다. 이제 지역사회 내에 고립되고 단절된 개인을 여러 가지 방식으로 이어주는 사회 통합의 역할과 기능이 확대될 필요가 있다. 이러한 노력이 한국 사회에서 시민사회의 내용을 채워줄 수 있는 장기적이고 지속적인 방안이다.

어쩌면 현재 한국 사회가 마주하고 있는 문제는 단순하게 많은 것을 짧은 기간 내에 해냈기 때문에 나타나는 것이 아닐지 모른다. 성장과 변화가 양적으로 압축(compressed)되었을 뿐만 아니라, 질적으로 응축(condensed)되었기 때문에 나타나는 좀 더 심각한 문제일 수 있다. 따라서 시간이 흘러감에 따라 이러한 문제들이 점차 개선될 수 있다고 생각하는 것은 지나친 낙관론이다. 최근의 사태에서 볼 수 있듯이 한국 사회의 수준이 심지어 후퇴까지 할 가능성도 있다. 의식적이고 개혁적인 노력이 필요하다. 가장 중요한 요소는 무엇보다도 시민성을 갖춘 시민들이 일상적으로 민주주의를 경험하고 신뢰를 쌓아 나아가는 구체적인 환경을 마련하는 것이다. 만약 이러한 노력이 이루어지지 않는다면, 5년 후 혹은 10년 후에 우리는 또 다른 대규모 촛불시위를 마주하게 될지도 모른다.

4장 기업과 시장

"기업의 사회적 책임인가?
소유주의 사회적 책임인가?"

1 반기업 정서와 사회적 책무

1995년 당시 삼성그룹 이건희 회장이 "한국의 경제는 2류, 행정은 3류, 정치는 4류다"라는 이른바 베이징 발언을 하여 국내에 큰 반향을 불러왔다. 권위주의 정부 시절에는 꿈도 꿀 수 없는 상황이 연출된 것이다. 물론 이러한 이 회장 발언으로 인해 삼성그룹 전체가 몇 개월 동안 큰 대가를 치른 것으로 알려졌지만, 한국 사회에서 기업, 그중에서도 대기업군(혹은 재벌)이 차지하고 있는 위상을 보여주는 일화이다. 적어도 효율성이나 생산성이라는 측면에서 기업인이 관료나 정치인을 앞선다는 것이다.

그렇다면 한국인은 대기업, 특히 재벌에 대해 어떻게 생각할까? 이러한 질문은 한국 사회에서 기업이나 시장이 가지고 있는 이미지나 정서를 알아보는 데 중요하다. 한국 사회에서 기업이 갖는 중요성에도 불구하고 이에 대한 감성적인 평가는 썩 긍정적이지 않다. 실제로 2001년 컨설팅회사 액센츄어는 22개 조사 대상 국가 중에서 한국이 기업인에 대해 가장 부정적으로 평가한다는 보고서를 발표하였다. 기업에 대한 이러한 부정적인 평가를 '반기업 정서'라고 한다. 반기업 정서는 단순하게 사람들의 기업에 대한 부정적인 생각을 뜻하기도 하고, 구체적으로 재벌, 재벌 총수 같은 대기업과 기업인에 대한 반감이기도 하다.

일반적으로 한 사회를 구성하는 중요 영역으로 정부, 기업, 시민사회를 들고 있다. 그런데 최근에 다른 부문과 달리 시장에서 사적 이윤의 극대화를 목표로 하는 기업이 전체 사회에서 차지하고 있는 비중이나 그 영향력이 급증하고 있다. 반면에 공공성을 기반으로 하는 정부가 차지하는 비중이나 영향력은 상대적으로 축소되고 있다(Fukuyama 1992). 아울러 한국 사회의 특징으로 인해 사적 교류와 여론 형성에 큰 영향을 미치는 시민사회 비중은 여전히 상대적으로 미약한 편이다. 이러한 분위기를 기반으로 각종 정책적 규제를 철폐하고 시장의 효율성을 강조하는 목소리도 커지고 있다. 심지어는 기업 부문의 장점을 행정, 교육, 문화 같은 다른 영역에도 적용하여 비효율적인 요소를 제거하려는 다양한 움직임도 발견되고 있다(Eikenberry and Kluver 2004). 한마디로 기업의 논리가 그 어느 때보다도 우월한 위치를 차지하고 있는 듯하다.

그러나 이러한 사회 내에서 기업의 영향력이 커짐에 따라 사회에 대한 기업의 관계와 책무에 관한 요구도 커지고 있다. 그중에서 사람들의 관심이 큰 대표적인 영역이 기업에 대한 사람들의 태도와 평가 영역이다. 이러한 영역은 재벌이라는 특수한 형태의 대기업 집단이 전체 경제에 결정적인 역할을 하는 한국 사회에서 더 중요하다. 예전에는 이들 재벌은 정권과의 관계에만 신경을 쓰면 비교적 안정적으로 기업 활동을 할 수 있었다. 그러나 민주주의와 시민사회의 성장에 따라 이러한 관계가 더 유지되기 어려워졌다. 재벌을 비롯해 많은 대기업은 경제 발전 단계에서 정치권의 특혜를 받아 급속한 성장을 했고 시장에서 독과점적인 권력을 행사한다는 점과 관련하여 여러 형태의 비판을 받아왔다. 그뿐만 아니라 세계화 과정에서 시장개방에 따른 국제적 기준에 맞아야 한다는 측면도 지적됐다. 이에 따라 사람들의 기업에 대한 태도와 평가에 관련된 요소에 긍정적인 영향을 줄 수 있는 하나의 방안으로 기업의 사회 공헌 활동이 많이 강조됐다.

물론 기업의 사회 공헌 활동에 관한 논의가 기업의 이익을 극대화하기 위한 하나의 전략으로 다뤄지기도 하고(김회성 외 2009), 다른 부문과 다른 부문과의 조화 즉 비시장적인 측면이 강조되기도 한다(Zadek 2001; 김성수 2009). 그런데 중요한 점은 기업에 대한 긍정적 태도와 평가를 최종적인 목표로 한다는 점이다. 즉 기업의 사회 공헌 활동의 최종적인 목적이 기업의 이익 확대든 다른 부문과의 지속가능성 확대든, 기본적으로 기업에 대한 긍정적 태도와 평가를 직접적인 목표로 한다는 것이다. 이러한 맥락에서 기업에 대한 태도와 평가 자체보다는 여기에 결정적인 역할을 할 것으로 간주되는 기업의 사회 공헌 활동에 초점을 맞추고 이를 설명하려는 연구가 활발히 진행되어 왔다(Adams and Hardwick 1998; 권순창 외 2003; Seifert et al. 2004; Fry et al. 1982; Porter and Kramer 2002; Buchholtz et al. 1999; Thompson et al. 1993; Wang and Coffey 1992; Williams 2003).

반면에 기업에 대한 태도와 평가 자체를 다룬 연구는 상대적으로 활발하지 못하다. 아울러 기업에 대한 태도와 평가가 비교적 단순한 차원의 기업에 대한 선호도 혹은 반기업 정서라는 측면에서 다루고 있는 경향이 크다. 물론 최근에 반기업 정서를 하나의 사회적 사실로 보고 이를 체계적으로 분석하려는 몇몇 시도가 있음에도 불구하고(김수한·이명진 2013; 한준 2014), 아직도 많은 연구가 막연한 감정과 정서라는 측면에서 다루고 있는 것도 사실이다. 결국, 이러한 접근은 기업에 대한 태도와 평가라는 복잡한 차원의 문제를 '좋다' 혹은 '싫다' 라는 비교적 단순한 차원의 문제로 귀착시키게 된다. 따라서 기업에 대한 태도와 평가의 구체적인 내용에 관한 연구가 많지 않았다. 따라서 이러한 문제를 어떻게 사회적으로 풀어나갈 것인가에 대한 구체적인 답변을 주기 어려웠다.

이러한 관점에서 이 장에서는 한국 사회에서 대기업에 대한 태도와 평가를 보다 구체적인 측면에서 다루고자 한다. 특히 한국 사회에서 대기업 집단(혹은 재벌)이 차지하고 있는 사회적 비중을 고려하여 5대 대기업 집단을 중심으로 대기업 이미지를 살펴보고자 한다. 이를 위하여 대기업에 대한 모호한 감정이 아니라 대기업에 대한 태도와 평가를 보다 체계적으로 살펴보고자 한다. 즉, 심층적인 선행 연구의 이론적 자원과 이를 바탕으로 한 객관적 척도를 활용하고자 한다. 한국 사회에서 대기업에 대한 태도와 평가가 단순히 '좋다–싫다'의 문제를 넘어서 구체적으로 어떠한 특징을 가지고 있는가를 살펴보고자 한다. 이러한 분석 결과는 앞으로 이 주제와 관련한 발전적인 방향을 모색할 때 보다 구체적인 방향을 제시할 수 있는 근거가 될 수 있을 것이다.

2 대기업 이미지

대기업 이미지를 사회 정체성 개념과 감성 조절 이론으로 접근하기 위해서는 한국 사회에서 대기업에 대한 이미지가 어느 정도 고정화되어 있는가를 확인할 필요가 있다. 사회 정체성은 무엇보다도 개인이 주관적으로 분류하고 정형화하여 많은 사람에 의해 공유될 필요가 있기 때문이다. 변동이 심하고 의견 차이가 크게 나 논란의 여지가 많은 대상은 사회 정체성을 갖은 것으로 보기 어렵다. 이러한 측면에서 대기업 이미지는 큰 문제가 없는 것으로 보인다. 한국 사회에서 대기업에 대한 여러 가지 형태의 평가는 비교적 뚜렷하고 지속성을 갖는 것으로 알려져 왔다(KDI 2007; 김수한·이명진 2013). 따라서 대기업 이미지를 사회 정체성 개념으로 분석하는 것이 가능한 것으로 볼 수 있다.

2.1 대기업 관련 형용사

사회 정체성 개념과 감성 조절 이론에서 사용하는 대표적인 방법론인 '어의 차이 척도'를 적용하기 위해서는 평가의 기초가 되는 형용사 목록이 필요하다. 이를 위해서 각 응답자에게 기업 관련 정체성에 대하여 제일 먼저 생각나는 특성을 형용사로 적도록 한다. 그리고 이렇게 산출된 형용사를 목록으로 작성하여 척도 구성의 기준에 맞추어 최종 척도를 구성한다.

구체적으로 기업 이미지와 관련하여 응답자의 평가를 살펴보기 위하여, 대기업 이미지와 관련한 평가 대상 39개를 선정하였다. 여기에는 매출액을 기준으로 한국 사회에서 대표적인 12개 대기업(군), 3개 외국기업이 포함되었다. 응답자들에게 대기업 관련 대상을 제시하고 제일 먼저 생각나는 첫 번째 특성을 적도록 하였다.

이 과정에서 형용사 389개가 추출되었으나, 적절하지 않거나 특이한 형용사를 삭제하고 유사한 형용사는 대표적인 형용사로 통합하였다. 최종적으로는 총 158개의 형용사를 포함한 목록을 구성하였다. 그다음으로 이 목록에서 가장 '생산적(productive)'인 반대 형용사들을 골라 마지막 조사에 포함한다. H-지표와 φ계수 두 가지 통계치를 사용하여 기업 관련 정

표 4-1 기업 이미지 조사를 위한 어의 차이 척도

		한없이	매우	꽤	조금	그저 그런	조금	꽤	매우	한없이	
1)	부러운	①	②	③	④	⑤	⑥	⑦	⑧	⑨	불쌍한
2)	강한	①	②	③	④	⑤	⑥	⑦	⑧	⑨	약한
3)	근면한	①	②	③	④	⑤	⑥	⑦	⑧	⑨	게으른
4)	멋있는	①	②	③	④	⑤	⑥	⑦	⑧	⑨	촌스러운
5)	믿음직한	①	②	③	④	⑤	⑥	⑦	⑧	⑨	믿기 어려운
6)	친숙한	①	②	③	④	⑤	⑥	⑦	⑧	⑨	낯선
7)	유능한	①	②	③	④	⑤	⑥	⑦	⑧	⑨	무능한
8)	풍부한	①	②	③	④	⑤	⑥	⑦	⑧	⑨	부족한
9)	좋은	①	②	③	④	⑤	⑥	⑦	⑧	⑨	나쁜
10)	힘든	①	②	③	④	⑤	⑥	⑦	⑧	⑨	편한

체성을 평가할 때 많이 이용되고 다른 형용사와 중복이 덜한 형용사를 선택하였다.

일반적으로 사회 정체성 관련 국제조사에서는 일반적으로 50쌍, 즉 100개의 형용사를 가장 많이 사용한다. 그러나 일반인을 대상으로 하는 면접 조사에서 조사 분량을 고려할 때 모든 척도를 포함하기 어렵다. 이 조사에서는 질문 수와 면접 시간을 고려하여 가장 많이 나온 10쌍의 형용사를 선정하였다. 〈표 4-1〉은 이런 과정을 거쳐서 구성된 기업 이미지 관련 어의 차이 척도를 보여주고 있다.

2.2 대기업 이미지

두 번째 단계에서는 전체 응답자에게 제시된 각각의 정체성에 대하여 1단계 조사에서 선정된 10쌍의 반대 형용사로 구성된 어의 차이 척도를 이용하여 1에서 9점 사이에 해당하는 점수를 선택하게 하였다. 응답자들이 기업을 평가할 때 가장 중요하게 생각하는 것은 '강한–약한', '유능한–무능한', '풍족한–부족한' 같은 능력 차원이다. 능력 차원은 2차 집단 혹은 공식적인 측면과 관련이 높은 차원이고, 대기업 사이에 차이도 상대적으로 큰 편이다. 반면에 상대적으로 낮은 평가를 받은 차원은 '힘든–편안한', '좋은–나쁜' 같은 감정 차원이다. 감정 차원은 1차 집단과 관련이 크고, 대기업에 대한 평가도 상대적으로 낮다. 그리고 대기업 사이에 차이가 상대적으로 작은 편이다.[1] 한마디로 한국인이 대기업을 평가할 때 좋거나 나쁜 것보다는 유능한가 혹은 무능한가를 따지는 경향이 크다는 것이다.

〈그림 4–1〉은 이러한 어의 차이 척도를 이용해서 5대 대기업에 대한 평가를 한 결과를 보여주고 있다. 이를 구체적으로 보면 다음과 같다. '강한–약한' 차원에서 가장 높은 평가를 받는 대기업은 삼성과 현대이다. SK는 LG와 유사한 평가를 받았다. '유능–무능' 차원에서는 SK는 현대, LG와 함께 중간 정도의 평가를 받았다. '근면한–게으른'이라는 면에서는 롯데와 비슷한 평가를 받았다. 이러한 중간 정도의 평가는 '좋은–나쁜', '친숙한–낯선', '힘든–편한'과 같은 1차 집단과 관련된 차원에서도 비슷하거나 다소 낮아진다. 여러 차원에서 SK는 중간 혹은 하위에 위치한다. '부러운–불쌍한', '힘든–편한'에서 롯데와 유사한 평가를 받았다.

그러면 앞서 제시된 차원 중에서 중요한 몇 개의 차원을 선택하여 구체적으로 살펴보고자 한다. 여기에서는 모든 차원의 조합을 다 살펴보기보다는 주요 차원을 중심으로 그 함의를 살펴보고자 한다. 차원을 선정하는 근거는 여러 가지가 있을 수 있으나, 여기에서는 감성 조절 이론에서 평

1 척도의 편의를 위해 왼쪽에 있는 형용사에 가까울수록 큰 값을 갖는 것으로 재부호화를 하였다.

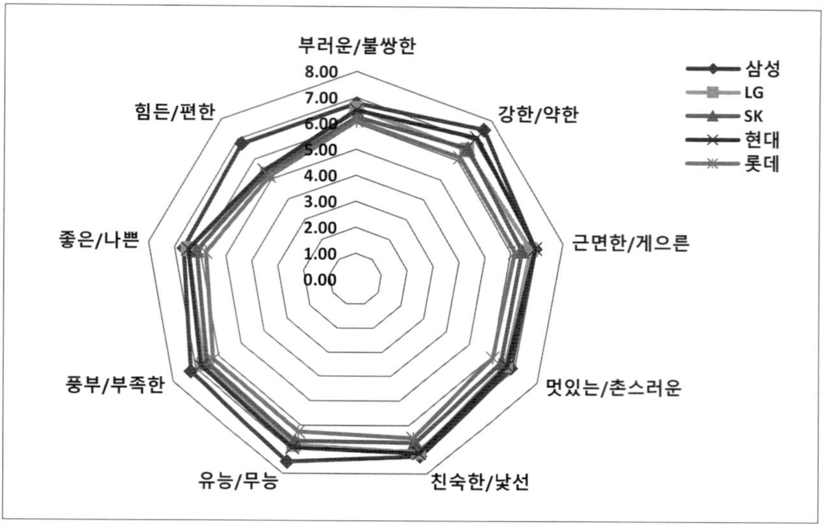

그림 4-1 5대 대기업 정체성 비교

가의 주요 차원으로 삼고 있는 'EPA'를 고려하고자 한다. 이러한 감정(E), 능력(P), 활동(A) 차원은 분석 결과에서도 잘 나타나 있다. 물론 평가 대상이 인물이 아닌 대기업이라는 측면에서 능력 차원이 크게 두드러져 있는 편이다. 따라서 능력과 관련된 부분은 대기업에 대한 평가가 상대적으로 차이가 큰 '강한-약한' 차원을 사용하고자 한다. 그리고 감정은 '좋은-나쁜' 차원을, 마지막으로 활동 차원은 '멋있는-촌스러운' 차원을 선정하였다.

〈그림 4-2〉는 능력과 감정 차원을 동시에 제시하고 있다. 대체로 능력 차원에 대한 평가와 감정 차원에 대한 평가가 유사하다. 다만 능력 차원에 대한 평가의 분포가 감정 차원에 대한 평가의 분포보다 크다. 가장 강하다고 평가를 받은 삼성이 가장 좋다고 평가를 받았다. 이러한 경향은 현대자동차, SK, 롯데에서도 발견되었다. 롯데는 상대적으로 약하고, 상

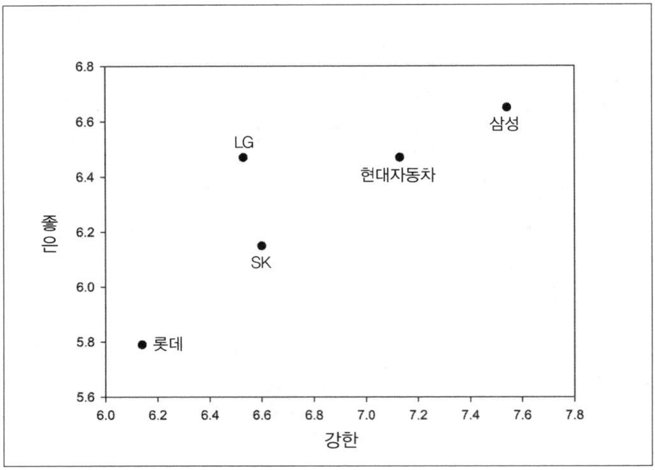

그림 4-2 능력과 감정 차원의 비교

대적으로 나쁜 기업으로 평가받고 있다. 하나의 예외는 LG이다. LG의 경우는 능력이라는 측면에서 SK와 큰 차이가 없었으나 감정이라는 측면에서 상대적으로 높은 평가를 받았다. LG의 경우는 '좋은' 기업이라는 이미지가 능력에 관한 평가에 비해 상대적으로 크다는 사실을 보여준다.

〈그림 4-3〉은 활동 차원과 감정 차원을 살펴보았다. 두 가지 차원의 관련성은 능력 차원과 감정 차원 비교에서 나타나는 결과에 비해 더 큰 편이다. 멋짐으로 평가되는 활동 차원의 정도가 높을수록 좋음으로 평가되는 감정 차원의 평가도 높다. 대기업의 평가 순서도 대체로 유사하다. 삼성이 상대적으로 가장 높고, 롯데가 상대적으로 가장 낮은 평가를 받았다. 활동성이라는 측면에서 LG가 현대자동차와 거의 유사한 평가를 받고 있다. 따라서 SK의 경우는 능력이라는 측면에서는 상대적으로 높은 평가를 받지만, 활동이라는 측면에서는 상대적으로 낮은 평가를 받고 있다.

마지막으로 〈그림 4-4〉는 능력 차원과 활동 차원을 비교한 결과이다.

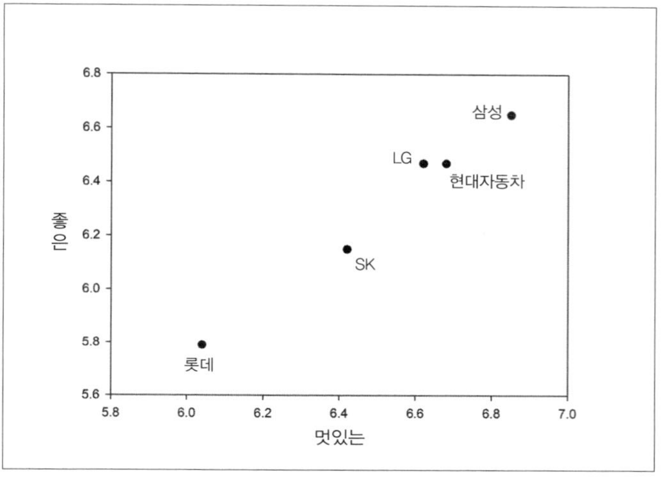

그림 4-3 활동과 감정 차원의 비교

이 결과 역시 첫 번째 능력과 감정 차원을 비교한 경우와 유사하다. 능력 차원과 비교할 때 활동 차원에 대한 평가가 상대적으로 낮다. 그러나 대체로 '강할수록' '멋있다'는 평가를 받았다. 삼성이 가장 높은 평가를, 롯데가 가장 낮은 평가를 받았다. 하나의 예외적인 경우는 LG이다. 다른 대기업의 경우는, 능력보다 활동에 대한 평가가 상대적으로 낮지만, LG의 경우는 능력에 대한 평가와 활동에 대한 평가가 유사하다.

결국, 감성 조절 이론에서 기본적인 차원으로 사용하고 있는 감정, 능력, 활동 등 세 가지 차원에서 대기업에 대한 평가를 살펴보면, 기업 조직이라는 측면에서 가장 중요한 평가 차원은 역시 능력이라는 차원으로 볼 수 있다. 평가의 상대적인 범위와 강도도 대체로 큰 편이다. 그런데 '좋다'고 표현되는 감정이나 '멋있다'로 표현되는 활동성 차원에서 볼 때는 이러한 능력만이 기업의 이미지를 다 보여주고 있다고 보기는 어렵다. 이러한 맥락에서 기업의 이미지를 구성하는 다른 요인도 고려한다면, 기업이 한

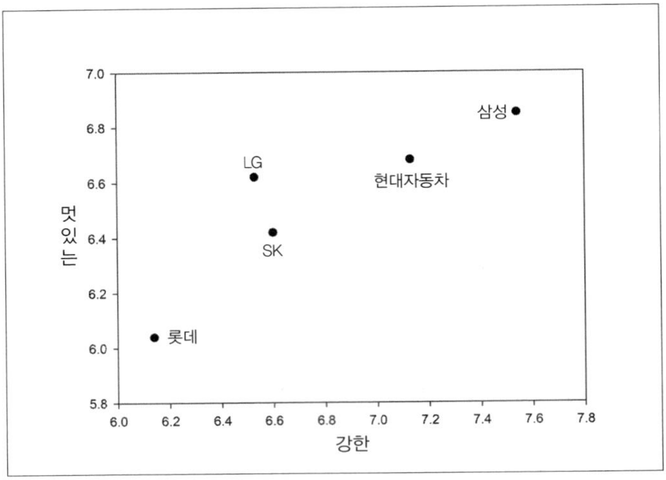

그림 4-4 능력과 활동 차원의 비교

국인의 반기업 정서를 이해하는 데 도움이 될 수 있다고 생각한다.

2.3 대기업 이미지 평가 결정 요인

여기에서는 앞서 살펴본 대기업의 이미지 평가의 원인을 회귀분석을 통해 살펴보고자 한다. 이러한 회귀분석은 대기업 이미지 평가를 하나의 결과인 종속변수로 보고, 여기에 영향을 미치는 원인을 독립변수로 설정하는 것이다. 물론 이러한 독립변수를 구체적인 이론적 틀을 기반으로 선정해야 하지만, 이와 관련한 구체적 이론적 틀이나 변수가 제시되어 있지 않다는 점에서 주로 응답자의 인구 사회경제학적 변수를 독립변수로 삼아 대기업의 소유자에 대한 평가를 설명하고자 한다.[2]

〈표 4-2〉은 이러한 분석을 위해서 사용한 개별 변수의 특징을 보여주

2 관련 논의는 김수한·이명진(2013)을 참조할 것.

표 4-2 독립변수의 특징(최솟값, 최댓값, 평균값)

	사례 수	최솟값	최댓값	평균	표준 편차
성별	1,319	1	2	1.51	0.50
연령	1,319	19	87	44.27	14.38
교육	1,308	0	16	13.03	2.82
수입(월)	1,295	0	1,000	168.40	166.21
일자리 여부	1,319	1	2	1.32	0.47
자영업	1,319	0	1	0.23	0.42
사회 신뢰	1,314	1.50	5.00	3.08	0.51
이건희	1,313	1	5	3.22	0.95
구본무	1,249	1	5	3.20	0.72
최태원	1,246	1	5	2.73	0.86
정몽구	1,292	1	5	3.22	0.82
신동빈	1,172	1	5	2.90	0.80
부산	1,319	0	1	0.15	0.36
대구	1,319	0	1	0.11	0.31
인천	1,319	0	1	0.12	0.33
광주	1,319	0	1	0.06	0.24
대전	1,319	0	1	0.06	0.24
울산	1,319	0	1	0.05	0.21

고 있다. 성별로는 여성이 남성보다 약간 많은 것으로 나타난다. 연령은 19세가 가장 낮고, 87세가 가장 높다. 평균 연령은 44.27세이다. 교육 수준은 13.03년이고 수입은 168.4만 원으로 나타났다. 현재 일자리를 가지고 있는 응답자의 비율이 과반수보다 낮고, 자영업 비율은 23%에 이른다. 사회 신뢰도는 다양한 사회 제도와 기관에 대한 5점 척도 평가의 평균값으로 최솟값은 1.5이고 최댓값은 5.0이다. 5대 대기업인 삼성, LG, SK, 현대자동차, 롯데의 소유주에 대한 호감도로 5점 척도로 측정되었다. 삼성 이건희 회장, 현대자동차 정몽구 회장이 3.22점으로 가장 높은 평가를 받았고 최태원 회장이 2.73점으로 가장 낮은 평가를 받았다.

표 4-3 대기업 능력 차원 회귀분석 결과

	삼성	LG	SK	현대자동차	롯데
능력	소유주 호감(+)	연령(+) 소유주 호감 사회 신뢰도(–) 울산(+)	소유주 호감(+) 사회 신뢰도(–) 대구(–) 인천(–)	소유주 호감(+) 사회 신뢰도(–)	교육(–) 자영업(+) 소유주 호감(+) 사회 신뢰도(–) 울산(–)
감정	소유주 호감(+) 사회 신뢰도(+) 인천(+)	소유주 호감(+) 사회 신뢰도(+) 인천(+)	소유주 호감(+) 사회 신뢰도(+)	소유주 호감(+) 사회 신뢰도(+)	소유주 호감(+) 사회 신뢰도(+)
활동	소유주 호감(+) 사회 신뢰도(–) 광주(–) 인천(–)	연령(+) 소유주 호감(+) 사회 신뢰도(–) 인천(–) 대구(–)	소유주 호감(+) 사회 신뢰도(–) 대구(–)	교육(–) 수입(–) 자영업(+) 소유주 호감(+)	교육(–) 소유주 호감(+) 대구(–)

〈표 4–3〉는 이러한 변수를 사용하여 능력, 감정, 활동 차원에 영향을 주는 요인을 정리한 것이다. 대기업의 능력 차원에 영향을 주는 요인을 살펴보면, 대기업의 종류와 상관없이 공통으로 큰 영향을 미치고 있는 변수는 해당 대기업의 소유자에 관한 호감도이다. 사회 신뢰도는 삼성을 제외한 다른 대기업의 능력에 대한 평가에 영향을 미쳤다. 연령, 교육, 혹은 거주 지역 같은 다른 요인들은 특정 대기업에 대한 평가에 부분적으로만 영향을 미쳤다. 이러한 결과는 한국 사회에서 대기업의 이미지에 대한 평가의 특성을 잘 보여주는 것이다. 한국 사회에서 대기업, 특히 재벌이 총수를 중심으로 운영된다는 점에서, 대기업에 대한 평가 역시 소유주에 대한 호감에 큰 영향을 받고 있다는 것이다. 아울러 사회에 대한 전반적 신뢰에 따라 대기업의 능력에 따른 평가가 달라진다는 것은 대기업의 이미지가 단순하게 기업 자체의 기업 자체의 운영이나 실적에 대한 평가에 좌우되지 않다는 것이다.

대기업 소유주나 사회 전반에 대한 신뢰도가 가지는 영향력은 다른 차원의 평가에서도 유사하게 발견된다. 이들 두 변수는 '좋다'를 의미하는 감정 차원에 대한 평가나 '멋지다'를 의미하는 활동 차원에 대한 평가에 영향을 미치고 있다. 이러한 결과는 한국 사회에서 대기업 이미지가 갖는 특수성에 기인한 것으로 보인다. 즉, 대기업이 규모가 큰 기업인 경우가 대부분인 서구 사회와는 달리 한국 사회에서 대기업은 많은 경우 재벌이라고 불리는 한국형 기업집단을 의미한다. 따라서 개별 대기업의 윤리경영이나 사회공헌이 개인이 아닌 기업이라는 조직과 연결되는 서구 사회와는 다르게 한국 사회에서는 1인 소유주라는 개인과 연결되는 측면이 크다.

대기업의 감정과 활동 차원에 관한 결과도 비슷하다. 대기업의 감정 차원에 대해서 대기업 소유주의 호감이 공통으로 중요한 역할을 미치고 있으며, 사회적 신뢰도 역시 모든 대기업에 대한 평가에서 중요한 역할을 미치고 있다. 대기업의 활동 차원에 대해서도 대기업 소유주 호감과 사회 신뢰도가 의미 있는 영향을 미치고 있다. 추가로 대기업 활동 차원에 영향을 미치고 있는 변수는 교육이다. 물론 모든 대기업에 영향이 있다기보다는 제한적으로 현대자동차와 롯데에 대한 활동 차원에 대한 평가에 영향을 미치고 있다.

3 반기업 정서와 이미지

이 장에서는 한국인의 기업에 관한 가치와 태도를 살펴보기 위하여 대기업 이미지를 살펴보았다. 특히 이미지에 대한 보다 심층적이고 체계적인 평가를 위하여 사회 정체성 이론과 방법론을 적용하였다. 분석 결과 두 가지 점에 주목할 필요가 있다. 첫째, 기업 이미지라는 다소 추상적이고 주관적인 평가에 가장 큰 영향을 미치고 있는 차원은 능력으로 나타났다. 감성 조절 이론에서 기본적인 차원으로 사용하고 있는 감정, 능력, 활동 세 가지 차원에서 대기업에 대한 평가를 살펴보면, 기업이라는 조직 측면에서 가장 중요한 평가 차원은 역시 능력이라는 차원으로 볼 수 있다. 평가의 상대적인 범위와 강도도 대체로 큰 편이다. 그런데 '좋다'로 표현되는 감정이나 '멋있다'로 표현되는 활동성 차원에서 볼 때는 이러한 능력만이 기업의 이미지를 다 보여주고 있다고 보기는 어렵다. 이러한 맥락에서 기업의 이미지를 구성하는 다른 요인도 고려한다면, 대기업이 반기업 정서를 좀 더 잘 이해하는 데 도움이 된다고 생각한다. 즉, 객관적인 측면과 아울러 감정적이고 주관적인 요소도 대기업의 이미지 형성에 중요한 역할을 하고 있다는 점을 고려해야 한다.

둘째, 한국 사회에서 대기업에 대한 이미지 혹은 반기업 정서를 다루기 위해서는 대기업의 고유한 특성에 주목할 필요가 있다. 그것은 한국 사회에서 기업, 특히 대기업은 다름 아닌 재벌/대기업 집단이라는 특수성을 가지고 있다는 것이다. 이러한 재벌은 회장이라는 1인의 소유주에 의해 다양한 방식으로 지배되고 통제된다. 때로는 이러한 지배와 통제는 빠른 의사결정과 과감한 투자라는 장점이 있을 수 있지만, 기업 이윤의 독점과 독단적인 결정으로 인해 기업 가치의 훼손이라는 단점을 가질 수 있다. 특히 한국 경제의 초창기와 달리 자본시장 개방으로 인한 주식 소유의 다양화와 국제화라는 최근에 흐름에 비추어 1인 소유주에 의한 통제와 지배는 비판을 받고 있다. 물론 현재 재벌이 하나의 공고한 구조로 변화가 없다는 것은 아니다. 재벌 내에서 다양한 변화와 변동이 존재하는 것은 사실이고, 앞으로도 다양한 유형의 변화가 있을 것으로 기대한다.

그러나 이러한 사실에도 불구하고, 한국 사회에서 재벌이 갖는 현실적인 영향을 고려하지 않고 대기업 이미지나 반기업 정서를 논의하는 것은 제한적인 시도가 될 가능성이 크다. 즉 선진국과는 달리 기업 가치나 사회공헌 혹은 윤리 같은 조직 자체의 특징으로 제대로 반기업 정서를 설명하기 어렵다. 더욱 확장된 대기업 이미지 평가나 반기업 정서 모형을 구성하기 위해서는 재벌이라는 한국적 특성과 사회적 신뢰라는 구조적인 특성도 주목할 필요가 있다.

5장 1인 가구와 고립 사회

"혼자 사는 사람이 늘어가는 우리 사회의
현재와 미래는 어떨까?"

1 1인 가구의 증가

최근 현대 사회의 핵심적인 화두로 단절, 고립, 분열의 문제가 대두되고 있다. 1인 가구의 급증은 개인의 고립이나 단절과 관계가 깊은 대표적인 현상이다. 이러한 상황에 대한 전 지구적 관심이 확산되고 있음은 2007년 다보스 세계 경제 포럼에서 신조어로 '독신 경제(single economy)'가 중요하게 다루어졌던 사실에서도 확인할 수 있다.

이미 세계적으로 1인 가구의 비중은 주목할 만큼 높아졌다. 유엔 자료에 따르면, 2017년 현재 100가구 가운데 약 15가구가 1인 가구로 추정된다. 이 비율은 국가별로 다소 다른데, 대체로 선진국에서 1인 가구 비율이 상대적으로 높다. 지역별로 살펴보면, 1인 가구의 비율이 상대적으로 높은 지역은 유럽이다. 유럽 국가 중에서 독일, 덴마크, 노르웨이, 핀란드에서 1인 가구의 비율이 40%를 넘는 것으로 알려져 있다. 그다음으로 영국(38%), 스웨덴(38%), 오스트리아(37%), 스위스(37%), 네덜란드(36%), 프랑스

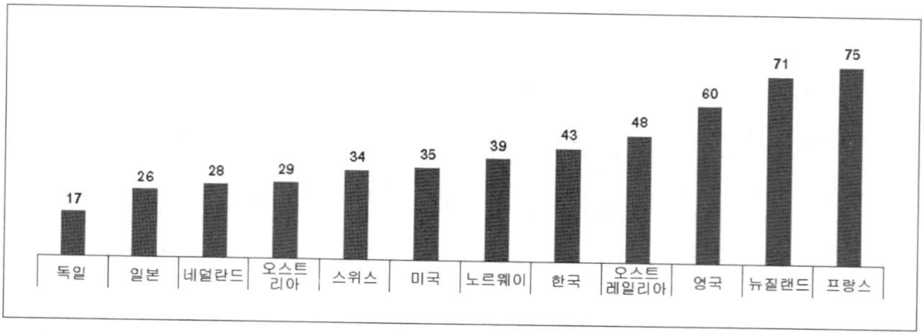

그림 5-1 주요 OECD 국가의 1인 가구 증가 비율 예측(2025-2030년)

(35%), 이탈리아(33%) 등이 높은 1인 가구의 비율을 보이는 국가이다. 유럽 이외 지역에서 1인 가구의 비율이 비교적 높은 나라로는 일본(32%), 미국(28%), 캐나다(28%), 한국(27%), 오스트레일리아(24%), 뉴질랜드(24%) 등이 있다(UN 2017).

이렇게 한국 사회에서도 1인 가구의 비율이 급증하고 있다. 2019년 통계청의 자료에 따르면, 1990년 9%에 불과하던 1인 가구 비율은 30년 사이에 세 배 이상 늘어나 전체 가구의 30.2% 수준까지 급상승했다. 2019년에 1인 가구가 약 615만에 이르러 전체 가구 형태에서 가장 높은 비율을 차지하였다. 이러한 경향은 앞으로 더욱 심화될 것이다. 〈그림 5-1〉에서 제시된 것처럼, OECD(2011)의 예측 자료에 의하면 2025-2030년 사이에 한국의 1인 가구는 43% 더 증가할 것이다. 다른 OECD 국가에서도 높은 증가율을 보일 것으로 예상하는데, 프랑스(75%), 뉴질랜드(71%), 영국(60%), 오스트레일리아(48%), 노르웨이(39%), 미국(35%)의 증가율이 높을 것이다.

사실 정부 기관에서 각종 정책에서 사용하는 '4인 가구' 기준은 더는 현실적인 것이 될 수 없다. 한국 사회는 대가족을 기반으로 하는 전통적인 사회에서 핵가족을 넘어 1인 가구가 지배적인 가구 형태로 자리 잡고 있다. 이 변화가 불과 30년 내외의 짧은 기간 사이에 일어났으며, 앞으로 유지될 가능성이 크다. 게다가 과거에는 1인 가구가 일시적이고 잠정적인 상태였지만, 점차 오랫동안 혼자 사는 사람의 비율이 증가하고 있다.

이러한 사회현상은 단순히 인구나 가구 구성의 문제가 아닌 사회적으로 중요한 함의를 갖는다. 인간 사회의 '개인화'와 '개별화', 그리고 그로 인한 관계적 고립과 단절은 사회적 연대와 통합의 가치를 위협한다는 점에서 현대 사회의 핵심 문제이다(Giddens 1991; Beck 1999). 울리히 베크에 따르면 개인화는 '개인들 사이의 유기적 의존 관계가 심각하게 해체되거나 구성원 간의 적대적 관계가 증폭되는 상황'을 의미하는데(Beck 1999), 이 과정에서 사회 구성원을 사회, 단체, 공동체로 결합시키는 사회적 응집력이 감소하고 사회 구성원 사이에 상호 이해와 의사소통이 어려워지면 극단적인 사회 해체까지도 초래될 수 있다(Heitmeyer 1997; 전상진 2006, 246에서 재인용).

그런데 개인주의화의 흐름이 사회 통합을 위협하는 이면에는 기존에 사회를 지탱해 온 세 개의 주요 영역인 가족과 시장, 국가의 비중과 역할이 전면적으로 재구조화되고 있는 현실이 자리한다. 과거 개인의 사회 통합에서 가장 근본적인 매개 역할을 했던 것이 가족 중심의 공동체적 연대였다. 지금 현대 사회의 가족은 산업화와 도시화를 거치며 그 형태가 크게 다양화되는 구조적 재편과 규모 축소, 전통적인 기능 약화 등의 총체적 변화를 경험하고 있다. 가족의 약화가 가족주의에 바탕을 둔 사회적 공감대 와해, 상호 의사소통의 저해에서 오는 비효율성과 사회적 불안감, 이를 완화하는 사회적 비용 증가 등의 광범위한 문제들을 일으키는 잠재적 위험 인자가 된 것이다.

한국 사회에서도 가족 영역의 축소와 함께, 사회 전반에서 진행 중인 시장주의의 팽배로 인해 공동체적 관계가 상품 관계로 대체되고, 시장이

가족의 기능과 영역을 압도하고 있다. 이로 인해 사회 통합에 있어 제3의 주체인 국가의 균형추 구실이 한층 폭넓게 요구되는 상황이 전개되고 있다. 가족과 시장 간 제도적 불균형이 커지는 가운데, 근대적 사회 질서를 유지하는 데 핵심적인 역할을 하는 국가가 담당해야 할 역할이 증가하고 있다. 즉, 개인과 공공의 복리에 대한 기능을 확대하고 개인이 사회와 연계되는 또 하나의 통로의 역할을 적극적으로 강화해 나가야 할 중대한 책무를 져야만 하는 시점이 도래한 셈이다.

이러한 맥락에서 1인 가구가 점차 전형적인 가구가 되는 현실은 가족의 축소와 그로 인한 시장 기능의 확대, 적극적인 정책적 개입을 요구받고 있는 국가의 세 영역이 맞물려 있는 바로 그 교차점에 1인 가구라는 현상이 존재한다는 것을 보여준다. 물론 1인 가구의 증가를 가족 해체의 표상으로 봐야 할지, 사적 영역의 자율성이 확대되고 다양한 형태의 삶이 증가해 가는 의미 있는 현상으로 인정해야 하는지에 대한 답은 여전히 명확하지 않다.

그러나 이 같은 변화가 가족을 중심으로 이루어져 온 기존의 사회 통합 가치에 대한 근원적인 문제 제기와 재검토라는 과제를 한국 사회에 던져주고 있음은 자명하다. 특히 가족을 위시해 작동해 온 핵심적인 사회적 관계망이나 안전망, 정서적, 도구적 지지 자원의 축소는 개인의 사회적 고립과 관계의 단절을 초래하고 조화로운 상생과 사회적 통합을 저해할 수 있다는 점에서 특별한 주의가 필요하다. 가족이 담당해 온 다수의 기능이 이미 대부분 시장으로 이전되고 친밀한 관계 역시 시장에서의 교환적 관계로 의해 상당 부분 잠식당하고 있다, 그러나 이러한 불균형을 상쇄시켜 줄 국가적 차원에서 더욱 적극적인 개입 노력은 아직 충분히 현실화되지 못하고 있다. 물론 자발적인 1인 가구에는 그 삶이 다양한 선택의 하나이자 자신의 자아를 성찰적으로 구성해 가는 과정으로 인정되어야 하겠지만 이 변화가 가져올 수 있는 문제들에 대해서는 충분한 대비가 필요하고, 특히 비자발적 1인 가구들에게는 대안적 지지를 제공해 줄 수 있는 사회적 장치가 충분히 마련되어야 한다.

그러나 고립과 단절의 차원에서 1인 가구의 현실을 이해하고 그들에 대한 국가적인 방안을 모색하는 것은 말처럼 간단한 일이 아니다. 1인 가구의 문제가 상호 연결되지만 다른 현실들로 엮인 까닭이다. 한국의 1인 가구는 청년층부터 노년층에 이르기까지 그 구성이 매우 다양하며 내부의 경제적 양극화나 이질성도 매우 큰 편이다. 〈2020년 인구주택총조사〉에 의하면 1인 가구의 주된 혼인 상태는 2005년 이후 고연령대로 가면서 미혼, 이혼, 사별로 변화하는데, 여기에는 세대와 계급, 성별의 변수들이 서로 복합적으로 맞물려 있다.

먼저, '세대'에 초점을 맞추어 보면, 20대와 30대에서 미혼 상태의 1인 가구가 가장 큰 비중을 차지하는 것은 평균적인 결혼 적령기가 점차 지연되고, 다양한 사회적, 구조적, 개인적, 심리적 요인으로 인해 결혼이라는 생애 주기상의 과업을 연기 또는 포기하는 사람이 늘어난 탓이다. 1인 가구 내에 전문직과 사무직의 비중이 매우 증가하는 동시에, 아직 직업을 구하지 못했거나 불안한 직업 지위로 인해 사회적으로 부유(浮遊)하고 있는 취약계층도 증가하는 현재 경향은 앞으로 1인 가구의 가구 특성에도 영향을 미칠 것이다.

40대와 50대는 1인 가구의 사유에 있어 가장 큰 변화를 보이는 그룹이다. 이 연령대에서 전반적으로 가장 높은 비율을 차지하는 이혼에 의한 1인 가구는 두 차례의 경제 위기를 겪으며 기업 차원에서 이루어진 대규모 정리해고, 구조조정, 생산의 자동화 및 해외 이전으로 인해 전면적인 삶의 재편을 경험해야 했던 사람들이 대다수이다. 여기에 자녀의 조기 유학으로 인해 '기러기 가족'의 삶을 선택한 이들, 다양한 이유로 비동거 상태에 있는 가족이 더해져 이 세대의 내적 지형을 복잡하게 만들고 있다. 또한, 60대 이상의 세대는 1인 가구 중 가장 빠른 증가 폭과 속도를 보이는 연령대이다. 고령화의 추세 속에서 노인 1인 가구는 2000년 70만 8,985명에서 2010년 120만 명 가까이 증가하였다. 60세 이상 전체 노인 인구의 약 40%가 1인 가구인 것으로 집계되고 있으며, 80세 이상의 노년층에서 그 비율은 더욱 커진다.

이러한 세대별 1인 가구의 의미는 계급과 성별에 따라서도 다시 구별된다. 1인 가구의 평균 소득이 전체 가구 평균 소득의 43%에 불과하고 1인 가구 중 50.8%가 한 달 수입이 100만 원에 못 미치는 저소득층에, 27.1%가 한 달 수입 100-200만 원 사이의 차상위계층에 속한다는 사실로 미루어 볼 때 계층적 지위는 이들의 삶을 위계화하고 취약성을 배가시키는 핵심적인 변수로 남아있다. 성별 변수 또한 마찬가지이다. 1인 가구 중 여성 가구주가 222만 가구로 남성 가구주 192만 가구를 압도하기에 1인 가구의 문제는 곧 여성의 문제이기도 하다. 특히 50대 후반 이후에서 여성 1인 가구 비율이 높고 65세 이상부터 그 차이는 더욱 벌어져 여성의 빈곤화 현상을 강화하고 있다.

이렇게 1인 가구의 문제가 세대와 계급, 성별의 교차 속에 규명되어야 하고 그러한 내적 다양성의 실체에 따른 실천적 대응으로서의 정책 대안 모색이 필요하지만, 여전히 한국의 가족 정책 기조는 4인 가구, 핵가족을 중심으로 하고 있다. 출산율이 점차 감소하고 있는 시점에도 무리하게 이어졌던 인구억제정책이 저출산 국가로의 이행이라는 예기치 못한 결과를 일으켰듯이, 현실과 괴리된 일방적인 정부 정책은 다수의 가족을 정책 대상에서 소외시키는 등의 다양한 문제를 양산할 수 있다. 따라서 1인 가구 전체의 특성과 함께 다양한 차이의 축들을 고려하여 1인 가구의 삶에 대해 총체적으로 이해하고, 이를 제도적으로 지원할 방안을 모색하는 것이 향후 가족 관련 정책의 기본 기조가 되어야 할 것이다.

2 1인 가구의 증가의 사회적 함의

1인 가구에 대한 논의는 세계적으로 역사가 그리 오래되지는 않았다. 그러나 최근 이 주제가 중요한 학문적, 정책적 이슈로 급부상함에 따라 연구 성과물들 또한 빠른 속도로 축적되고 있다. 선진국들의 경우 1인 가구에 대한 논의가 본격화된 것은 30여 년 전으로 거슬러 올라간다. 1980–1990년대에 주로 1인 가구의 증가라는 새로운 현상에 주목하여 그 영향 요인들을 밝히거나 시계열적으로 이 변화를 분석하려는 초기적인 시도들이 시작된 것이 1인 가구 연구의 효시에 해당한다고 볼 수 있다(Koesoebjono 1984; Witte & Lahmann 1988; Kaufman 1994; Hall et al. 1997).

2000년대에 들어서는 주제 면에서 한층 다변화된 양상이 발견된다. 연구의 초점은 특정 도시를 대상으로 하거나, 1인 가구의 원인과 결과, 1인 가구 내에서의 다양성 등을 다각적으로 규명하는 방향으로 선회하였다(Ogden & Hall 2000; Wulff 2001; Hall & Ogden 2003). 비교적 최근에는 사회학적 관점에서 1인 가구의 사회적 고립과 분리에 따른 문제점 등이 집중 조명되기 시작했다. 특히 사회적 관계망의 분절이나 소득 불평등에 따른 사회적 약자들에 대한 사회 정책적 함의를 부각하는 차원에서 1인 가구에 대한 논의들이 활발히 전개되고 있어, 후기 근대사회라는 더욱 거시적인 맥락에서 이들의 문제를 조망할 수 있게 하는 통찰력을 발전시키는 데 도움을 준다(Chandler et al. 2004; Bennelt & Dixon 2006; Quintano & D'Agostino 2006; Banks et al. 2009).

한국 사회의 경우 1인 가구 연구가 본격화된 시기는 서구보다 다소 늦은 2000년대 초반이었다. 초기 연구들은 노인 1인 가구와 독신 가구의 경제 상태와 소비 등에 주로 초점을 두었다(성지미·이윤정 2001; 심영 2002; 여윤경 2003; 이윤정·김순미 2004). 그러던 것이 〈2005년 인구주택총조사〉에서 1인 가구 비율이 20%를 넘고 이 현상에 대한 학문적 관심이 급격히 증가함에 따라 곧바로 연구 주제의 다양화, 세분화의 순서를 밟는다. 그중에서도 1인 가구 증가에 따른 주택 수요와 주택 문제 및 주택 정책에 관한 연구 등이 대표적인 주류를 이루었다(이지순 외 2002; 김소연 2004; 권주안 외 2007).

비교적 최근의 연구들은 서울시 단위 내지는 전국 단위로 1인 가구의 특성별, 유형별 공간적 분포를 다루는 문제에 천착한 경우가 많다(박주희 2007; 송유진 2007; 신상영 2010; 변미리 2011; 이희연 외 2011). 이들이 취약계층이 집중된 지역을 파악함으로써 지역 단위의 사회복지정책 수립에 기초가 되는 자료를 제공하고 있다는 점은 높이 평가할 만하나, 그들의 내적인 이질성이나 특성에 주목하지 않고 단순히 이들이 어디에 거주하고 있는가에만 주목하는 이러한 인구학적인 분석이 1인 가구에 대한 이해를 도모하기 위한 충분조건이 될 수 있을지는 의문의 여지가 있다. 이들이 어떤 지역에 '물리적으로' 응집되어 있는지를 밝히는 것에서 한 걸음 더 나아가 이들이 실제 경험하는 관계적인 고립이나 단절의 정도가 어떠한지, 문화적 삶은 어떠한지, 그러한 특성이 세대나 계층, 성별 등의 변수에 따라 어떻게 나타나는지에 대한 보다 현실적인 설명이 필요하기 때문이다.

이외에 1인 가구 내에 존재하는 연령, 소득 등의 이질성에 관한 관심이 높아지면서 대상별 접근이 일반화된 것 또한 주목할 만하다(신은진·안건혁 2010; 조주현·김주원 2010). 대표적으로는 1인 가구 중 노인 1인 가구(남희용 2009), 20－30대 1인 가구(전상진·정주훈 2006; 정민우·이나영 2011a; 2011b), 40－50대 1인 가구(천희영 2000; 김주현 외 2010), 여성 1인 가구(김년희·채정숙 2005; 차경욱 2006; 최경원 외 2012)에 관한 연구들이 진행되고 있어, 1인 가구의 특성과 문제의 다변화를 엿볼 수 있게 한다.

이상의 흐름을 살펴보면 우리 사회에서 1인 가구에 대한 논의는 대체로 1인 가구와 관련된 주택 정책이나 사회 복지의 차원, 1인 가구의 공간적 분포, 또는 특정 집단의 성격 규명에 초점을 맞추어 왔다. 그러나 논의 대상의 파편화로 인하여 1인 가구 전반을 아우르는 윤곽을 그려내거나 그 내부적인 차이를 통합적이고도 체계화된 방식으로 드러내기에는 부족함이 있었던 것이 사실이다. 특히 취약 계층으로 분류되는 1인 가구에 대한 정책 대안을 목표로 표방한 연구들 역시 특정 연령이나 성별, 계층이 처하게 되는 어려움, 그로 인해 발생하는 사회적 결과들을 경제, 문화, 보건, 국가 등의 차원에서 총체적으로 규명하거나 1인 가구가 처해 있는 다른 상황에 따른 세분된 처방을 제공해 주지는 못하였다. 또한, 서구의 경우와 비교할 때, 사회관계의 질적 변화에서 오는 1인 가구의 고립성이나 사회적 관계망에 대한 논의가 여전히 본격적인 궤도에 오르지 못하고 있다는 점 또한 한계로 지적할 수 있는 부분이다.

3 1인 가구의 특징과 현황

3.1 1인 가구의 특징

〈표 5-1〉은 1인 가구와 다인 가구 응답자의 특성을 제시하고 있다. 성별로는 여성 1인 가구가 다소 많은 편이다. 연령별로 살펴보면, 1인 가구의 경우 20대와 60대만 상대적으로 많은 편이다. 경제활동을 할 가능성이 큰 30대부터 50대 사이에는 다인 가구(2인 이상 가구)가 상대적으로 많은 편이다.

〈표 5-2〉는 1인 가구만을 상대로 혼자 사는 이유를 보여주고 있다. 이 결과는 개인의 생활사와 앞서 인구 사회학적 특징과 같은 맥락에서 해석할 수 있다. 20대는 취업과 교육이 주된 이유이며, 30대의 경우는 취업이 가장 중요한 이유이다. 반면에 40대와 50대의 경우는 이혼이 가장 주된 이유로 나타났고, 60대의 경우는 사별이 가장 큰 사유였다.

표 5-1 1인 가구와 다인 가구 응답자의 인구 사회학적 특성 비교

		1인 가구	다인 가구
성별	남	489 (45.5%)	530 (49.3%)
	여	586 (54.5%)	545 (50.7%)
세대	20대	193 (18.0%)	189 (17.6%)
	30대	186 (17.3%)	220 (20.5%)
	40대	157 (14.6%)	236 (22.0%)
	50대	164 (15.3%)	188 (17.5%)
	60대 이상	375 (34.6%)	242 (22.5%)
지역 규모	서울/광역시	475 (44.2%)	472 (43.9%)
	시 지역(동)	332 (30.9%)	370 (34.4%)
	시 지역(읍/면)	114 (10.6%)	126 (11.7%)
	군 지역(읍/면)	154 (14.3%)	107 (10.0%)

표 5-2 연령대별 1인 가구의 주된 이유

	20대	30대	40대	50대	60대 이상	전체
취업	101(52.3%)	139(74.7%)	49(31.2%)	29(17.7%)	4(1.1%)	322(30.0%)
본인 교육	71(36.8%)	11(5.9%)	1(0.6%)	0(0%)	0(0%)	83(7.7%)
자녀 교육	0(0%)	1(0.5%)	3(1.9%)	8(4.9%)	2(0.5%)	14(1.3%)
사별	0(0%)	1(0.5%)	5(3.2%)	30(18.3%)	283(75.5%)	319(29.7%)
이혼	0(0%)	7(3.8%)	59(37.6%)	64(39.0)	37(9.9%)	167(15.5%)
기타	21(10.9%)	27(14.5%)	40(25.5%)	33(20.1%)	49(13.1%)	170(15.8%)
전체	193	186	157	164	375	1,075

표 5-3 1인 가구 지속 기간(성별과 세대별 평균과 표준편차)

단위 : 년

		평균	표준편차	사례 수
20대	남성	3.7	3.1	105
	여성	3.2	2.3	84
	합계	3.5	2.8	189
30대	남성	7.0	5.3	117
	여성	6.1	4.4	65
	합계	6.7	5.0	182
40대	남성	10.1	7.2	94
	여성	7.8	5.5	55
	합계	9.3	6.7	149
50대	남성	10.7	9.3	80
	여성	8.4	7.1	79
	합계	9.6	8.4	159
60대	남성	12.9	11.2	81
	여성	14.4	10.8	284
	합계	14.1	10.9	365
전체	남성	8.5	8.1	477
	여성	10.3	9.6	567
	합계	9.5	8.9	1,044

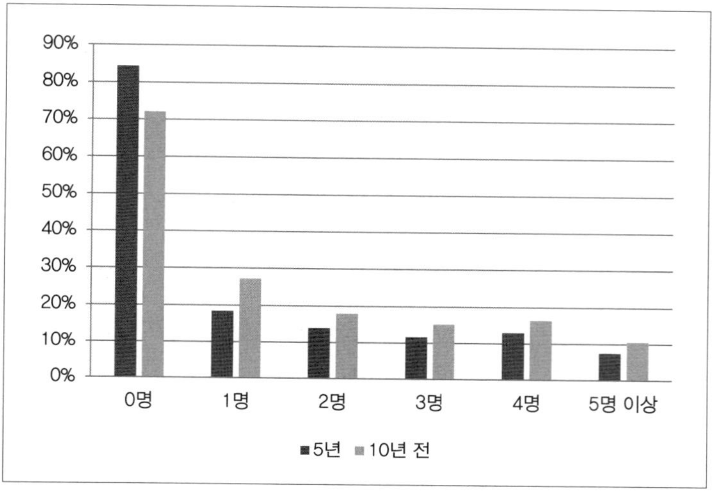

그림 5-2 1인 가구의 동거인 수 변화

최근에 홀로 사는 사람들의 특징은 홀로 사는 기간이 점점 늘어간다는 것이다. 〈표 5-3〉은 현재 1인 가구가 얼마 동안 혼자 살아왔는가를 보여주고 있다. 물론 연령이 증가할수록 그 기간 또한 증가한다. 20대의 경우 평균 3.48년에 불과하지만, 30대는 6.68년, 40대는 9.26년, 50대는 9.56년, 60대 이상은 14.09년에 이른다. 성별 차이는 연령별로 다소 다르다. 20대에서 50대 사이는 남성이 혼자 살아온 기간이 길지만, 60대 이상에서는 여성이 혼자 살아온 기간이 긴 것으로 나타났다. 이러한 결과는 남녀 간 평균 수명과도 관련이 있는 것으로 보인다.

〈그림 5-2〉에서는 1인 가구의 5년 전, 10년 전 동거인 수를 살펴보았다. 여기에서는 시간에 따른 변화를 알아보기 위하여 전체 가구를 대상으로 동거인 수 변화를 살펴보았다.[1] 기본적으로 과거 함께 산 사람들이 많

1 원자료에는 1인 가구가 과대 표집되었기 때문에, 전체 가구 자료는 실제 가구원 수에

표 5-4 1인 가구 5년 이상 유지 응답자의 인구학적 특성

유지 기간	성별	20대	30대	40대	50대	60대 이상	전체
5년 이상	남성	11(68.8%)	26(68.4%)	28(66.7%)	22(55.0%)	25(19.7%)	112(42.6%)
	여성	5(31.2%)	12(31.6%)	14(33.3%)	18(45.0%)	102(80.3%)	151(57.4%)
10년 이상	남성	2(66.7%)	15(68.2%)	20(71.4%)	17(58.6%)	19(19.8%)	73(41.0%)
	여성	1(33.3%)	7(31.8%)	8(28.6%)	12(41.4%)	77(80.2%)	105(59.0%)

을수록 현재 혼자 살 확률이 상대적으로 낮다. 먼저 5년 전 동거인 비율을 살펴보면, 5년 전에도 혼자 산 비율이 84.3%에 이른다. 10년 전에는 그 비율이 72%로 나타난다. 즉 현재 1인 가구의 상당수가 10년 이상 혼자 살았다는 것이다. 현재 1인 가구 중 5년 전에 2인 가구는 18.4%, 3인 가구는 14%로 나타났다. 그리고 현재 1인 가구 중 10년 전에 2인 가구는 27.2%, 3인 가구는 18%로 나타났다.

그러면 장기간 1인 가구를 유지하게 되는 이유는 무엇인가를 살펴볼 필요가 있다. 직접 질문도 가능하겠지만, 가장 기본적인 인구학적 특성을 통해 간접적으로 파악해 보고자 한다. 〈표 5-4〉는 이와 관련한 결과를 제시하고 있다. 당연한 결과이겠지만 연령대가 높을수록 1인 가구를 오래 유지하고 있었다. 특히 60대 이상이 가장 1인 가구를 오래 유지하는 것으로 나타났다. 그런데 성별로 살펴보면 이러한 유형의 특징이 남녀별로 다르다는 것을 확인할 수 있다. 남성의 경우 30대에 급증해서 이 유형이 60대 이상까지 큰 변동 없이 이어지지만, 여성의 경우 50대에 증가해서 60대 이상에서 급증하는 유형을 보여주고 있다. 이러한 결과는 10년 이상 1인 가구 유지 응답자도 마찬가지이다.

〈표 5-5〉는 1인 가구와 다인 가구의 가구 소득을 비교하여 제시하고

맞도록 가중치를 적용하였다.

표 5-5 가구 형태와 연령대별 가구 월 소득(평균과 표준편차) 단위 : 원

	연령대	평균	표준편차	사례 수
1인 가구	20대	2,448,187	2,045,679	193
	30대	2,844,086	1,637,365	186
	40대	2,742,038	1,714,947	157
	50대	2,073,171	1,543,087	164
	60대 이상	900,000	814,311	375
	전체	1,962,326	1,700,374	1,075
다인 가구	20대	4,642,857	1,878,126	189
	30대	4,118,182	1,685,186	220
	40대	4,101,695	1,897,994	236
	50대	4,031,915	1,777,471	188
	60대 이상	2,578,512	1,895,078	242
	전체	3,845,116	1,962,156	1,075

있다. 기본적으로 전 연령대에 걸쳐서 1인 가구의 가구 소득은 다인 가구에 비해 적다. 구체적으로는 1인 가구의 가구 평균 소득은 다인 가구의 소득에 비해 절반에 가까울 정도로 적고, 60대 이상 연령대에서는 그 차이가 극대화된다. 적어도 경제적인 측면에서는 60대 이상의 1인 가구의 문제가 상대적으로 크다는 것을 알 수 있다.[2]

3.2 인적 교류

1인 가구는 인구 사회적인 배경뿐만 아니라 가치, 태도, 생활양식 같은 여러 가지 측면에서 다른 모습을 보인다. 가장 중요한 분야는 다른 사람들

2 물론 이처럼 가구 소득의 비교를 통해서 1인 가구와 다인 가구의 경제적 차이를 보여주는 데에는 한계가 있을 수 있다. 왜냐하면, 다인 가구의 경우 가구원 수가 상대적으로 많아서 가구 소득이 1인 가구보다 많다고 해도 경제적으로 더욱 궁핍할 가능성이 존재하기 때문이다. 따라서 이러한 결과를 해석하는 데에 유의해야 할 필요가 있다.

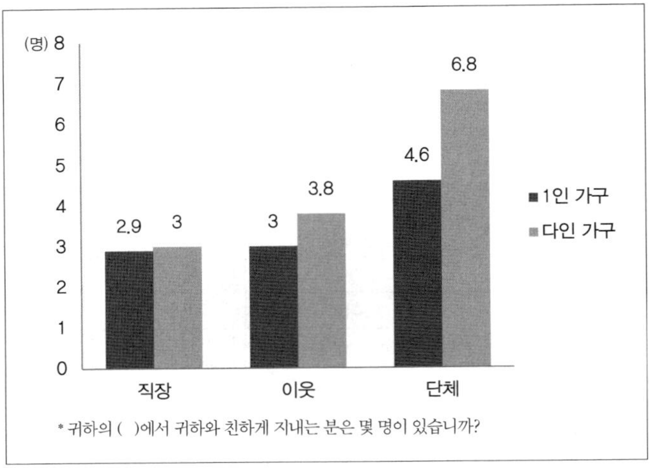

그림 5-3 친하게 지내는 사람 수

과의 교류 상황이다. 다른 사람들과의 교류 현황은 1인 가구가 사회에서 얼마나 고립되어 있는가를 보여주는 중요한 증거가 될 수 있을 것이다. 〈그림 5-3〉는 1인 가구와 다인 가구 응답자가 평소에 친하게 지내는 사람의 수를 보여주고 있다. 직장에서는 1인 가구와 다인 가구 응답자 사이에 큰 차이를 보이지 않는다. 그러나 이웃 주민과 단체에서는 이러한 차이가 상대적으로 크다.[3] 이러한 점에서 1인 가구는 지역사회로부터의 고립과 단절 경향이 더 크다고 할 수 있다.

〈그림 5-4〉은 생각과 감정을 공유하는 정도를 보여준다. 기본적으로 가구의 형태와 상관없이 친구 또는 가족과 비슷한 생각과 감정을 공유하

3 여기서 단체를 통해 친하게 지내는 사람의 수는 직장 사람들, 이웃 또는 가족 이외에 동창, 동호회, 종교단체 등의 사회활동을 통해서 친하게 지내는 사람의 수를 나타낸다. 따라서 1인 가구 응답자들이 친하게 지내는 이웃의 수가 적을 뿐만 아니라 단체 활동을 통해 친하게 지내는 사람의 수 역시 상대적으로 적게 나타나고 있다는 사실은 1인 가구 응답자들이 인적 교류에 있어서 소극적이며 고립되어 있음을 뒷받침한다.

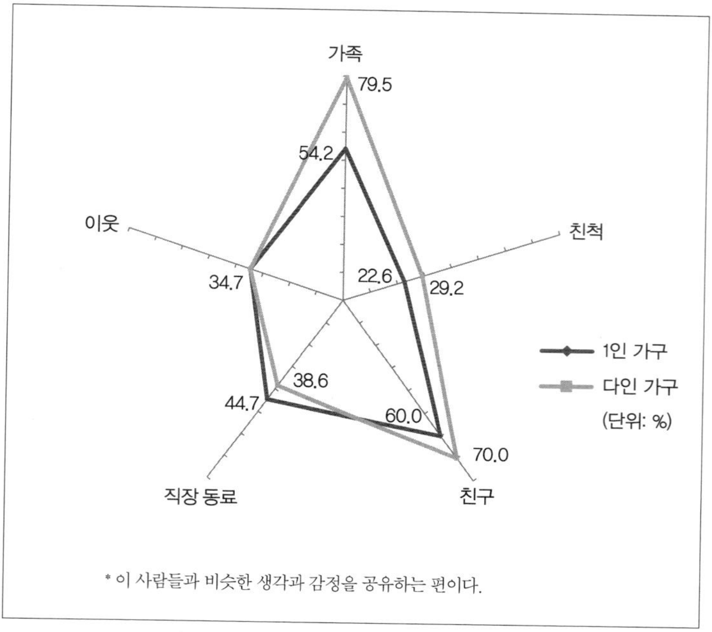

그림 5-4 생각과 감정 공유 여부

는 정도가 강하고 이웃, 직장 동료의 순서로 생각과 감정을 공유하는 경향이 나타났다. 여기에서 주목할 사항은 두 가지이다. 첫째, 친척이 갖는 중요성의 하락이다. 예전과 달리 현대 사회에서 생활 및 가치관의 변화 등으로 인한 가족의 범위 축소와 함께 단순한 핏줄을 기반으로 하는 친척보다 생활에서 공유할 것이 많은 친구와 이웃의 중요성이 상대적으로 더 강화된 것이다. 둘째, 1인 가구가 전반적으로 생각과 감정의 공유 부분이 낮은 편이고, 가족 면에서 이러한 현상이 가장 두드러진다. 이는 1인 가구의 요인과 관련이 깊은 것으로 보인다.

〈표 5-6〉은 다른 이들과의 연결 정도를 단순화시켜 보여줄 수 있는, 급할 때 도움을 청할 수 있는 사람 수를 가구 형태별로 보여주고 있다.

표 5-6 급할 때 도움을 청할 수 있는 사람 수

	연령대	평균	표준편차	사례 수
1인 가구	20대	3.42	2.17	92
	30대	3.15	1.92	89
	40대	2.88	1.96	75
	50대	2.49	1.84	78
	60대 이상	2.45	1.83	179
	전체	2.81	1.96	514
다인 가구	20대	3.53	2.00	291
	30대	3.27	1.91	339
	40대	3.21	1.95	364
	50대	3.13	2.00	290
	60대 이상	2.91	2.03	373
	전체	3.19	1.99	1,658

1인 가구와 다인 가구 응답자를 비교해 보면, 모든 연령대에서 1인 가구 응답자의 연결 정도가 낮다.[4] 아울러 연령이 증가하면 증가할수록 연결 정도가 낮은 것을 볼 수 있다.

3.3 정신건강과 생활양식

3.3.1 정신건강

가구 형태에 따라서 생활 태도와 정신건강에도 차이가 나타난다. 〈그림 5-5〉는 여러 항목 중에서 1인 가구의 해당 응답자의 비율이 15%가 넘는 항목만을 보여주고 있다. 여기에는 식욕, 수면, 대화, 우울감, 무력감, 슬픔, 외로움, 허무감이 포함되어 있다. 그중에서도 1인 가구의 특징과 현

4 특히 '아무도 도와줄 사람이 없다'는 문항에서 다인 가구 응답자는 2%지만 1인 가구 응답자는 6%로 나타나 가구 형태에 따라 큰 차이를 보인다.

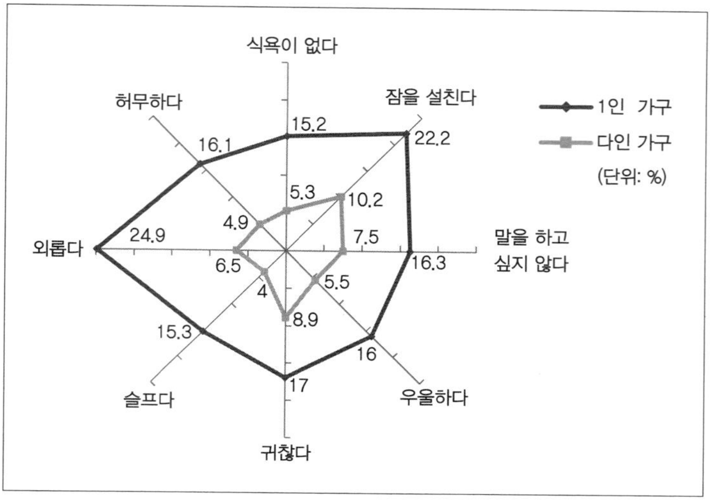

그림 5-5 생활 태도와 정신건강의 차이

실을 가장 잘 드러내는 항목은 '외로움'이다. 자신의 생활을 비관적으로 평가하는 경향과 관련된 이러한 항목에서 1인 가구 응답자는 다인 가구 응답자보다 네 배 이상 그런 경향이 있다고 응답하였다. 그 외에 정신건강 상태를 보여주는 모든 지표에서 1인 가구 응답자는 다인 가구 응답자보다 부정적인 응답을 하는 경향이 높은 것으로 확인되었다. 이처럼 가구 형태에 따라 정신건강에서의 차이가 두드러지게 나타남을 알 수 있다.

3.3.2 생활양식

가구 형태에 따라 생활양식 측면에서도 차이가 나타난다. 다인 가구에 비해 1인 가구는 의식주에서 상대적으로 소극적인 경향을 보인다. 〈그림 5-6〉는 1인 가구와 다인 가구의 차이가 10% 이상 나는 항목만을 제시하고 있다. 여기에는 주로 먹는 문제와 관련된 항목이 많다. 이는 1인 가구

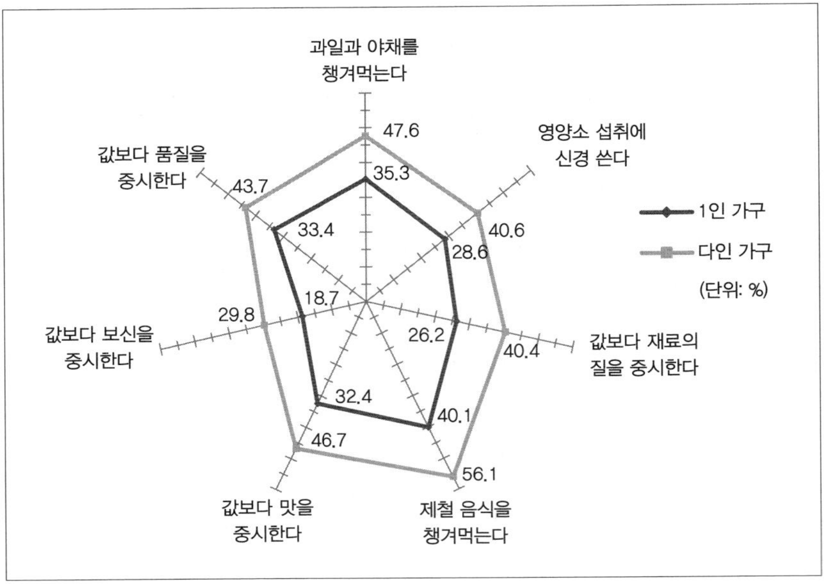

그림 5–6 생활양식의 차이

와 응답자와 다인 가구 응답자의 생활양식이 특히 식생활에 있어서 차이가 나타나고 있음을 보여준다. 물론 이러한 차이는 1인 가구가 처해있는 경제적 문제로 인한 부분도 관련이 있고, 혼자 생활함에 따라 발생하는 사회적인 지원의 부재도 영향이 있을 것으로 보인다. 다인 가구 응답자들의 경우, 음식을 준비하거나 섭취하는 과정을 가족 구성원들과 함께 공유하며 서로에게 부족한 부분을 채울 기회 구조가 형성될 수 있다. 이에 반해 1인 가구 응답자들은 함께 생활하는 가족의 부재로 인해 이러한 과정을 전적으로 개인 스스로 해결해야 할 수밖에 없는 상황에서 놓여있다. 즉, 식생활을 함께 누릴 가족 구성원의 부재가 결과적으로 식생활의 다양한 측면에서 차이를 만들어낼 수 있다.

4 고립 사회의 사회적 과제

1인 가구의 증가는 사실 한국 사회만의 특별한 현상은 아니다. 선진국에서도 이미 상당 기간 진척되어 온 현상으로 현대 사회의 변화된 생활양식에 따른 현상이라고 볼 수 있다. 예를 들면, 1인 가구의 역사가 비교적 오래되고, 1인 가구의 비율이 40% 전후로 상대적으로 높은 유럽 국가에서는 1인 가구 관련 정책 자체보다는 보편적인 사회복지제도를 통해 개인의 시민권을 보호하고 다양한 유형의 배제를 최소화하여 사회 통합을 지향하는 측면이 크다. 1인 가구에 더욱 특화된 주택 정책 역시 보편적인 시민권을 보장하고자 하는 목적이 강하다. 따라서 한국 사회에서 1인 가구 정책을 검토할 때에는 중장기적으로는 보편적인 시민권 보장이라는 큰 방향도 고려해야 하면서, 동시에 현재의 문제에 대처하기 위한 특별한 정책도 고려할 필요가 있다.

아울러, 유럽의 사례가 다소 우리의 현실과 차이가 있더라도 그 방향이나 취지를 적극적으로 받아들일 필요가 있다. 사실 1인 가구의 문제는 복합적이고 중층적이다. 교육, 일자리, 고령화, 빈곤, 안전 등 다양한 사회문제에 걸쳐 있다. 게다가 세대, 성별로 각 문제의 중요성이 차이가 난다. 이들 사회경제적 상황도 다양하다. 그렇지만 다양한 1인 가구에 공통적인 특징은 사회적 고립이라는 사실을 중요하게 받아들일 필요가 있다(이명진 외 2014). 사회적인 고립은 개인적인 수준의 건강과 삶의 질이라는 문제뿐만 아니라 사회적인 수준에서 연대, 신뢰를 약화시키고 사회 갈등을 증폭시킬 위험이 있다. 유럽 국가에서 1인 가구 관련 정책의 중요한 방향으로 여러 계층과 세대 사이에 사회적인 연대와 네트워크를 활성화하기 위한 각종 프로그램 개발하기 위한 노력에 주목할 필요가 있다. 다만 사회 혼합을 지향하는 이론의 이상적인 목표와는 달리 현실에서 유대와 상호작용이 실제로 작동하기 위한 여러 가지 요인을 고려할 필요가 있다. 다양한 인구·사회·경제적 배경이 다른 개인 사이에 협동과 유대를 형성하는 것은 쉬운 작업은 아니다. 게다가 계층, 세대, 성별 사이에 존재하는 수직적 차이가 큰 한국 사회에서는 더욱 그러할 것이다.

앞으로 이러한 변화가 한국인의 삶에 미치는 영향은 클 것이다. 이제 한국인은 강력한 가족 사이의 관계를 기반으로 살고 있지 않다. 게다가 우리의 경우 1인 가구의 증가가 한국 사회의 문제를 압축적으로 수반하고 있다. 이와 관련하여 가장 주목할 특징은 초고령화로 인한 노년 인구의 급증이다. 여기에는 경제적인 측면과 아울러 문화적인 측면도 연관이 있다. 문제는 이러한 경향이 급속히 진행되면서 그 범위도 확대된다는 데 있다. 최근의 경향을 보면, 1인 가구 지속 기간은 더욱 증가할 것으로 예측되므로 이에 대한 적절한 관심과 대책 마련이 요구된다.

이와 관련하여 가족의 범위와 기능의 축소에 주목해야 한다. 여러 가지 이유로 인해 한국 사회에서 가족의 범위와 기능은 급속도로 축소됐다. 1인 가구의 급증은 이러한 가족 특성의 변화와 관련이 깊다. 이전에는 1인 가구 급증에 따른 여러 문제는 가족 안에서 해결되었다.[5] 그러나 인구 구성 비율이나 1인 가구가 전체 사회에서 갖는 의미를 고려하면 이제 '개인적인 해결'만으로는 충분하지 않다. 실제로 많은 1인 가구가 정신건강이라는 측면에서 주의를 기울여야 할 정도의 위험 신호를 보이고 이는 전체 사회의 안녕과 통합이라는 차원에서도 분명 주목해야 할 사안이다.

---

5 물론 이러한 해결이 때때로 일방적인 결정에 따른 가족 구성원의 개인적인 희생을 수반하는 때도 많았다. 1인 가구의 일정 부분은 이러한 개인의 자유 신장과 개인의 선택 증가라는 맥락에서도 설명할 수 있다. 그러나 그러한 개인의 선택으로 인한 1인 가구의 생활이 어떤 문제점을 가지고 있다면, 여전히 사회적인 측면에서 대응이 필요하다.

이러한 점들을 종합할 때 1인 가구의 증가는 사적 부문 내에서 해결될 수 있는 범위를 넘어서는, 공적 부문의 개입과 적극적인 정책적 대응이 필요하다. 전통적인 가족의 기능과 역할의 회복을 부르짖는 것은 사실상 실효성이 없다. 그리고 공공 부문의 적극적 대응이 수반되지 않은 상태에서 가족의 기능과 역할만 축소되면, 결국 그 결과는 사적 부문인 시장 개입의 확대로 귀결될 가능성이 크다. 우리는 이러한 경향을 사교육의 확산과 폐해 혹은 출산과 보육 문제에서 이미 확인하였다. 1인 가구원의 고립과 단절은 전체 사회라는 측면에서 개인의 고립과 단절을 의미하고, 공동체적 질서의 균열을 의미한다. 고립되고 외로워하는 개인이 증가하고 이들이 소극적인 삶을 이어나가는 사회를 건강하고 미래를 지향하는 사회로 볼 수는 없을 것이다. 게다가 한국 사회는 비교사회학적인 관점에서 볼 때, 사회 자본이 낮고 공공 부문에 대한 신뢰가 상대적으로 낮은 것으로 알려져 있다. 통합의 문제가 중앙집권적이고 상향식이면서 구조적으로 강제되는 것이 아니라 이러한 개인의 삶의 변화를 반영하는 소프트웨어적인 접근법으로 다루어져야 한다는 점을 생각할 때, 이제 공공 부문이 고립되고 단절된 개인을 여러 가지 방식으로 이어주는 사회 통합의 역할과 기능을 확대해 나갈 수 있는 다양한 방안들을 모색해야 할 시점이라고 생각한다.

3부

열린 사회와 사회 신뢰

6장 다문화 사회와 수용성

"역동적이지만 다양하지 않은 사회"

1 다문화 사회

그동안 한국인은 같은 핏줄이고, 같은 언어를 사용하고, 같은 문화를 공유하는 것을 당연하게 받아들였다. 과거에 우리는 주변에서 '단군 할아버지의 자손' 혹은 '단일민족' 같은 말을 심심치 않게 들었다. 그런데 최근에는 이러한 말이 무색할 정도로 우리 사회가 변화하고 있다. 통계청의 〈2019년 인구주택총조사〉에 따르면 3개월 이상 체류 외국인은 178만 명으로 전체 인구의 약 3.4%를 차지하는 것으로 나타났다(통계청 2020). 다양한 종류의 외국인이 있겠지만, 그중에서 이주노동자, 국제결혼 이주자, 유학생이 높은 비율을 차지하고 있다. 이를 구체적으로 살펴보면, 1990년대 후반 외국인 산업연구생 제도에 따라 이주노동자가 증가하여 2017년 현재 약 55만 명에 육박하였다. 2000년대 중반부터는 국제결혼 이주자가 급증하였다. 2000년에 11,605건에 불과했던 국제결혼 건수가 2005년에는 42,356건으로 증가하였으며, 그 이후로도 지속해서 2만 건을 넘고 있다(e-나라지표 2019). 유학생의 유입 수도 급증하였다. 유학생 수는 2003년 13,314명에서 2018년에는 142,205명으로 급증하였다(교육부 2018).

이렇게 우리 사회는 더는 단일민족을 기반으로 하는 동질적인 사회라고 보기는 어렵다. 물론 다양한 민족이나 인종으로 구성되고, 이민과 이주가 비교적 활발한 사회와는 기본적으로 여건이 다를 것이다. 그러나 세계화와 여러 상황 변화에 따라 한국인이 이때까지 경험해 보지 못한 다문화 사회로의 이행 경로에 접어들었다고 볼 수 있다. 중앙정부나 지방자치단체의 정책적 대응도 본격적으로 이루어지고 있다. 2000년대 초반부터 외국인 노동자에 대한 다양한 정책뿐만 아니라, 2000년대 중반부터 다문화 가족 정책 기본계획 같은 본격적인 다문화 관련 정책이 추진되기 시작하였다. 물론 그 방향성이나 효과에 대해서는 여러 형태의 논란이 있다(심보선 2007; 지종화·정명주·차창훈·김도경 2009; 정장엽·정순관 2014; Lim 2017). 그러나 이러한 다문화 관련 정책은 다문화 사회로의 이행 과정을 촉진하고 다양한 사회문제를 해결하려는 한국 사회의 노력으로 볼 수 있다.

그런데 다문화 관련 정책의 목적에는 이주노동자, 이주자 등의 어려움을 해결하는 것뿐만 아니라 기존의 한국인이 다문화 사회에서 이주민들과 공존하고 이들 사이에 사회 통합을 활성화하는 것도 포함되어 있다. 실제로 다문화 사회로의 이행기에 놓여 있는 한국 사회에서 다양한 다문화 관련 갈등이 잠재적인 상태를 넘어 표면적으로 표출되고 있다. 이주노동자의 임금 체납과 인권 유린 문제, 외국인 혐오 문제, 다문화 가정 문제, 이주자 범죄 문제 등 다양한 사회문제와 갈등이 드러나고 있다(박경동 2007; 김지영 2011; 김성근 2013). 한국인의 이주자에 대한 부정적인 태도, 한국 문화와 관습으로의 동화 요구 등 한국민의 이주자에 대한 태도가 이러한 갈등과 밀접하게 관련되어 있다.

따라서 앞으로 다문화 사회로의 이행 과정을 촉진하고 사회 갈등을 해결하는 데 한국민의 이주민에 대한 태도와 가치, 즉 다문화 수용성의 현황과 추이를 파악하는 것은 중요한 과제라고 생각한다. 이러한 다문화 수용성 현황은 다문화 관련 정책 의제를 선정하고, 앞으로 다문화 관련 정책의 방향을 설정할 때 중요한 역할을 할 수 있을 것이다. 아울러 다문화 관련 정책의 효과성이나 결과를 파악하는 데 중요한 자료를 제공해 줄 수 있을 것이다.

이 장에서는 이러한 상황과 문제의식을 기반으로 한국인의 다문화 수용성의 현황과 추이를 살펴보고자 한다. 한국인의 다문화 수용성 관련 인식을 살펴보기 위해서는 특정한 시점에서 그 수준을 측정하거나 평가하는 것을 넘어설 필요가 있다. 가치나 태도와 관련한 측정값이 대부분 그러하듯이, 다문화 수용성 관련 인식 자체가 절대적인 것이 아니다. 따라서 다문화 수용성 관련 인식을 시간적으로나 공간적으로 비교함으로써 그 의미를 살펴볼 필요가 있다. 이에 따라 한국 사회의 다문화 수용성에만 초점을 맞추는 것을 넘어서, 여러 나라와의 비교를 통해 한국인의 가치와 태도가 의미하는 점을 살펴보고자 한다.

2 다문화주의와 다문화 수용성

다문화 사회는 한마디로 하나의 사회 내에 다양한 인종이나 민족의 문화가 함께 존재하는 사회라고 볼 수 있다. 역사 속에서 다문화 사회는 여러 유형이 존재해 왔다. 최근에 교류와 이주가 급증함에 따라 전 세계적으로 여러 지역에서 보편적인 사회유형으로 인식되고 있다. 다문화 사회가 지향하는 대표적인 이념은 다문화주의(multiculturalism)이다.[1] 다문화주의의 정치적, 철학적, 사회적 기반은 사회에서 존재하는 다양한 문화적, 종교적 차이를 인정해야 한다는 것이다(Parekh 2000). 다문화주의는 18세기나 19세기부터 다양한 인종과 민족이 존재한 서구 사회를 중심으로 대두되기 시작하였고, 1970년대부터 다양한 인종, 민족 배경을 가진 서구 국가의 중요한 정책으로 주목받았다(Glazer 1997). 예를 들면, 1960년대와 1970년대 캐나다에서는 영어권과 불어권의 갈등 문제를 해결하기 위하여 다문화주의를 국가의 중요한 정책으로 간주하였다. 1988년에는 캐나다가 〈다문화주의 법(Canada Multiculturalism Act)〉을 제정하기도 하였다. 이 법은 캐나다 내에 민족이나 문화의 다양성을 인정하고 이러한 배경을 가진 시민을 차별하지 않고 동등하게 대하는 것을 목표로 하고 있다(Burnet 1975).

그런데 한국 사회의 다문화 사회로의 이행에는 몇 가지 특징이 존재한다. 첫째, 다른 나라와는 달리 한국 사회에서 다문화 관련 현상은 비교적 최근에 급속도로 퍼지고 있다. 역사적으로 한국 사회의 경우 공세적인 침략을 하기보다는 대체로 수세적인 방어를 하는 경우가 많았다. 따라서 오랫동안 외국과의 적극적이고 대규모 교류보다는 제한적이고 소규모 교류를 하는 경우가 많았다. 일부 상류층 중심으로 외교와 통상 수준에서 접촉이 이루어졌다. 따라서 일반 사람들이 이주민이나 다른 문화를 접촉할 기회가 극히 제한적이었다. 현대에 들어와서도 마찬가지이다. 일제강점기 시기를 제외하고 다른 문화를 기반으로 하는 대규모 이주민의 유입을 경험하지는 못하였다. 이민 같은 국제이주도 제한적으로 이루어졌다. 그

1 다문화 사회와 다문화주의를 동일시할 필요는 없을 것이다(김이선·황정미·이정덕 2007). 무엇보다도 한 사회 구성원의 구성이나 구체적인 현실을 고려해야 할 것이다. 이러한 의미에서 다문화 수용성이 현실적으로 한국 사회에서 이주민 관련 정책에 더욱 적합한 개념이라고 할 수 있다.

러나 최근에 경제 발전, 정보화와 세계화의 진전에 따라 이주민이 급증하고 이들과의 여러 가지 형태의 교류가 증가하고 있다.

둘째, 한국 사회로의 이주민은 규모라는 양적인 측면과 아울러 질적인 측면에서 복잡하다. 이주민을 단순한 하나의 범주로 보기 어렵다. 개인적인 교류나 종교 등을 기반으로 하는 전통적인 의미의 이주자뿐만 아니라 1990년대부터 급증한 이주노동자도 존재한다. 아울러 2000년대 중반부터는 중국과 동남아시아 등 여러 나라부터의 결혼이주자가 급증하고 있다. 북한, 중국, 동남아시아, 서아시아 등 이주민의 지역 구성도 다양하다. 장기간 정주하는 이주민은 아니지만 급증하고 있는 유학생도 새롭게 등장하고 있는 유형이다.

그런데 이주민의 양적 규모와 질적 구성의 변화에 비해, 이에 대한 한국 사회의 대처 역량은 그렇게 높지 않다. 무엇보다도 단일민족이라는 혈연을 기반으로 하는 한국인은 그렇지 않은 사람들에 대해 배타적인 태도를 보이는 경향이 크다(김태홍·안상수·박선영·김난주 2011). 이에 따라 외국인에 대한 사회적 거리감이 크고, 특히 혈연이나 가족관계로 받아들이는 데 많은 거부감을 보인다(이명진·최샛별 2010). 실제로 이주민들과 교류 관계를 맺는 데 있어서, 이주민을 지역사회 내 역량을 가진 주체로 인정하지 않는 경향이 크다(양애경·이선주·최훈석 2007).

아울러 역사적으로 이주민이나 다문화 관련 현상을 다루어본 경험이 거의 없다. 한국 사회 내에서 다문화나 이주민 관련 문제는 중요한 사회문제보다는 지극히 개인적인 수준의 문제로 보는 경향이 크다. 따라서 이주민이 자신의 문화를 지켜나가는 것을 인정하기보다는 단기간 내에 '한국인'으로 동화되어야 한다고 믿는 경우가 많았다(민무숙·안상수·김이선·김금미·류정아·조영기 2010; 정장엽·정순관 2014).

'다문화 수용성(multicultural acceptability)'은 다문화 사회와 관련하여 한국 사회의 현실을 고려하여 구성한 개념이다. 이 개념은 개인이나 사회가 다문화 사회가 지향하는 문화적 다양성을 받아들이는 정도로 볼 수 있다. 다만 다문화주의를 평가하기에는 한국 사회의 현실이 적절하지 않다는 점을 고려하여 구성한 개념이다. 이 개념은 부분적으로 '다문화 감수성(multicultural sensitivity)'에 기반을 두고 있다(안상수 외 2012).

후프스(Hoopes 1979)와 베넷(Bennett 1993)은 다문화 감수성 개념을 제시하면서, 다문화주의를 하나의 지향점으로 보았다. 이들은 문화 차이에 관한 학습과 감수성 발달 과정으로 다문화 수용성을 보았다. 구체적으로 전자의 경우는 개인의 문화 학습 과정에는 일련의 단계가 존재하는데, 자민족중심주의가 가장 초기의 단계라면, 다문화주의는 가장 고도의 단계라고 보았다. 수용은 다문화주의로의 심화 과정에서 중간 단계로 해당하는 것으로 보았다. 이 단계는 다른 문화가 자신의 문화와 차이가 나더라도 이를 받아들이고 인정하는 것이다. 후자도 사람들이 다른 문화를 경험할 때 발달 과정을 거친다고 보았다. 최초에는 다른 문화를 부정하고 자신의 문화를 방어하지만, 점차 이를 수용하고 다른 문화에 적응하고 심지어 자신의 문화에 포함하게 된다(Bennett and Bennett 2004).

그러나 다문화 수용성은 이러한 단계 속 과정이라는 특징을 포함하지만, 이들 모형이 근거하고 있는 문화 상대주의와는 다소 차이가 난다. 이들 모형에서 문화는 주로 개인 수준의 문화적 교류를 기반으로 한다. 다른 문화에 대한 이해와 인정을 강조한 개념이다. 한마디로 다른 문화에 대한 개인적인 감수성이라고 볼 수 있다.

반면에 다문화 수용성은 다소 현실적이고 정책적인 이유에 기반을 두고 있다. 즉 한국 사회의 현실을 고려할 때, 본격적인 다문화주의를 검토하는 것이 실용적이라고 보기 어렵다. 여전히 한국 사회에서 한국 문화가 다수이고 다른 문화는 소수의 위치를 차지하고 있다. 이상적인 개념으로 현실을 평가하기보다는 현실에 더욱 적합한 개념으로 다문화 현상을 평가할 필요가 있다.

따라서 다문화 수용성 개념은 '이주민이 아닌 정주민인 한국인의 입장에서 다문화 현상을 파악하려는 시도'라고 볼 수 있다(안상수 외 2012, 53). 구체적으로 민무숙 외(2010)는 다문화 수용성을 다양성, 관계성, 보편성 등 세 개 하위 부문으로 구성하였다. '다양성'은 이주민을 차별하지 않고 이들의 유입과 정주를 인정하는 것이고, '관계성'은 이주민의 일방적 동화가 아닌 대등한 관계를 추구하는 것이다. 그리고 '보편성'은 이주민을 국가, 인종, 민족에 근거하여 차별하지 않고 세계시민으로 인정하는 보편적인 가치를 추구하는 것을 의미한다.

국제 비교를 위한 조사에서는 여러 관련 항목이 존재하다. 그러나 직접적인 비교가 어려울 때도 있다. 문항 자체의 문제도 있지만, 척도의 문제도 존재한다. 어떤 경우는 자료의 가용성이나 조사 시기의 문제도 있다. 이러한 경우는 가장 유사한 시점의 자료를 이용하거나, 관련 자료 전체를 이용하고자 한다. 이러한 과정을 통해 크게 다문화 수용성의 하위 영역인 다양성, 관계성, 보편성과 관련이 있는 변수 중에서 국제 비교가 가능한 몇 가지를 선정하였다. 첫째, 다양성은 국민 정체성과 이주자 규모에 대한 평가로 측정하고자 하였다. 이주자 규모가 이주민의 유입과 정주를 인정한다는 점을 고려하였다. 둘째, 관계성은 이주민과의 교류 의지와 이주민으로 인한 위협에 대한 평가를 통해 살펴보았다. 이 두 가지 측면이 이주민과의 직접적인 접촉과 관계를 맺고자 하는 의지를 보여준다는 점을 반영하였다. 셋째, 보편성은 자국민 우선 고용 선호도로 측정하고자 하였다. 노동시장에서 보편적인 기준으로 이주민을 대하는 점이 보편성을 나타낸다고 보았다.

3 다문화 수용성 추이와 국제 비교

3.1 다양성

국민 정체성(national identity)[2]은 이주민이나 외국인 근로자에 대한 직접적인 평가는 아니지만, 내부적으로 '우리'라는 의식의 범위나 그 근거를 보여줄 수 있다는 점에서 이주민이나 외국인 근로자와 관련한 다문화 수용성에 대한 중요한 관련 정보가 될 수 있어 한국인의 정체성을 살펴볼 수 있는 하나의 방법이다. 〈표 6-1〉은 국민 정체성에 있어서 특이점을 보이는 몇 개 국가의 조사 결과와 한국 조사 결과를 비교한 것이다. 선정된 국가는 영국, 미국, 스웨덴, 체코, 일본이다. 이들 국가는 경제, 복지, 문화 측면에서 각각 특징을 갖고 있으며, 국민 정체성이라는 측면에서 다소 다른 유형을 보인다.

국민 정체성이 어떠한 기준에서 중요한가에 대한 질문에 적극 찬성과 대체로 찬성 비율을 더하여 찬성 비율을 계산하였다. 전체적인 조사 결과를 살펴보면 국민 정체성의 기준에 뚜렷한 체계나 유형이 있다고 보기 힘들다. 태생적이거나 귀속적인(ascribed) 기준과 후천적이고 획득적인(achieved) 기준이 정확히 대척점에 있는 것은 아니다. 예를 들면, 국민 정체

2 국민 정체성을 민족 정체성으로도 볼 수 있지만, 검토하려는 자료가 국가를 기준으로 한다는 점을 고려하였다.

표 6-1 국민 정체성의 중요 기준에 대한 찬성 비율 단위 : %

	조상	거주	언어	법 제도	느낌	국적
영국	55.2	78.4	94.7	86.2	79.4	85.7
미국	41.2	69.2	93.1	90.9	92.0	92.3
스웨덴	22.1	47.2	93.0	95.1	82.2	79.8
체코	70.1	80.6	95.2	80.4	88.3	90.5
일본	60.5	66.5	73.9	66.6	87.6	84.8
한국	71.2	66.9	88.1	91.6	91.9	91.2

자료: ISSP. 2013. 〈International Social Survey Program 2013〉; 여성가족부. 2015-2018. 〈다문화 수용성 조사〉.

성에 있어서 조상이 중요하다고 생각하면 거주라는 측면이 덜 중요하다고 생각하는 것은 아니다. 마찬가지로 조상이 덜 중요하면, 거주가 더 중요하다고 나타나지는 않는다.

구체적인 조사 결과를 살펴보면 다음과 같다. 대부분 기준에서 가장 찬성 비율이 높은 국가는 한국과 체코이다. 한국의 경우는 거주를 제외하고 모든 측면에서 상대적으로 높은 찬성 비율을 보인다. '거주'라는 측면에서 가장 높은 찬성 비율을 보인 국가는 체코(80.6%)와 영국(78.4%)이다. 반면에 상대적으로 낮은 찬성 비율을 보이는 국가는 스웨덴(47.3%)이다. 국민 정체성에 있어서 '조상'이 중요하다는 비율을 살펴보면, 한국(71.2%)과 체코(70.1%)가 가장 높고, 스웨덴(22.1%)이 상대적으로 낮다. 이렇게 한국의 경우 거주라는 기준만 제외하고 체코와 유사하다. 즉, 한국인은 모든 기준이 국민 정체성의 기준으로 중요하다고 생각한다. 특히 '조상'이나 '느낌' 같은 귀속적인 기준을 상대적으로 더 중요하게 생각한다.

한국 〈다문화 수용성 조사〉의 경우는 총 3개년 자료가 있다. 전체적인 결과를 살펴보면, 귀속적인 기준의 경우는 점차 감소하는 경향이 비교적 뚜렷하다. 그러나 획득적인 기준의 경우는 감소나 증가 추세가 뚜렷하지

표 6-2 국민 정체성 기준별 중요성 국제 비교

단위 : %

	2012년	2015년	2018년
1. 한국에서 태어나는 것	82.7	74.1	66.9
2. 한국인 조상을 가지는 것	86.6	73.3	71.1
3. 아버지가 한국인인 것	88.2	78.8	72.6
4. 어머니가 한국인인 것	87.4	77.6	72.5
5. 생애 대부분을 한국에서 사는 것	77.7	70.8	66.9
6. 한국의 문화적 전통을 이어가는 것	90.6	83.1	80.8
7. 한국어를 할 수 있는 것	90.7	89.3	88.1
8. 한국의 정치제도와 법을 존중하는 것	90.7	90.0	91.7
9. 한국인임을 느끼는 것	93.4	90.5	92.0
10. 한국 국적을 갖는 것	91.5	89.1	91.3
11. 한국의 정치·경제·사회·문화 발전에 이바지하는 것	91.5	83.2	88.1

자료: 여성가족부, 2012-2018. 〈다문화 수용성 조사〉.

않다. 〈표 6-2〉에 제시된 추이를 살펴보면, 한국에서 태어나는 것을 한국인의 중요한 요소로 생각하는 비율이 점차 감소하고 있다. 2012년에는 한국에서 태어나는 것이 중요하다고 생각하는 응답자가 82.7%에 이르렀으나, 2015년에는 74.1%, 그리고 2018년에는 66.9%로 감소하였다. 한국인 조상을 가지는 것에 대한 응답 유형도 역시 유사하다. 2012년에 찬성 비율이 86.6%이었고, 2015년에 73.3%, 그리고 2018년에 71.1%로 감소하였다. 아버지가 한국인인 것과 어머니가 한국인인 것도 마찬가지이다. 2012년에 찬성 비율이 아버지와 어머니에 대해 각각 88.2%, 87.4%이고, 2015년에는 78.8%, 77.6%이었다. 그리고 2018년에는 72.6%, 72.5%로 감소하였다.

대표적인 획득적인 기준인 '생애 대부분을 한국에서 사는 것'에 대해서 2012년에 찬성 비율이 77.7%, 2015년에 70.8%, 그리고 2018년에 66.9%로 감소하였다. 다른 항목에 대한 추세도 유사하다. 2012년에 한국의 문화적 전통을 이어나가는 것, 한국어를 할 수 있는 것, 한국의 정치제도와 법을 존중하는 것, 한국인임을 느끼는 것, 한국 국적을 갖는 것, 한국의 정치, 경제, 사회, 문화 발전에 이바지하는 것에 대한 찬성 비율은 90%를 넘었다. 이러한 찬성 비율은 2015년에는 몇 개의 항목에서는 90% 이하로 감소하였고, 이러한 추세는 2018년도 마찬가지이다.

한편 〈표 6-3〉은 2014년에 시행된 〈갤럽 세계 여론조사(GWP)〉 자료 중에서 G20 국가의 이민자 규모에 대한 평가 결과를 제시하고 있다. 먼저 이민자 규모가 현재 수준으로 유지되어야 한다는 의견에 대하여 한국의 경우 2014년에 30%이었으나 2018년에는 69%로 증가하였다. 이는 두 조사가 같은 질문을 사용하였으나 모름이나 무응답을 처리하는 방식이 다르다는 사실을 고려하더라도 큰 증가라고 볼 수 있다. 한국과 상대적으로 유사한 국가로는 독일(49%), 캐나다(45%), 아르헨티나(40%), 오스트레일리아(40%) 등이다. 이들 국가는 최근에 비교적 많은 이주노동자나 이민자를 받아들인 것으로 알려져 있다. 반면에 현재 상태보다 증가이든 감소이든 이민자 규모의 변화를 원하는, 다시 말하자면 현재 수준을 유지하는 데 찬성 비율이 낮은 국가는 터키(7%), 인도(10%), 러시아(12%) 등이 있다.

두 번째로 현재 수준보다 이민자 규모가 증가해야 한다고 생각하는 비율을 살펴보면, 상대적으로 높은 찬성 비율이 높은 국가는 터키(54%), 사우디아라비아(32%), 오스트레일리아(30%) 등이다. 반면에 증가에 대한 찬성 비율이 가장 낮은 국가는 유럽공동체(8%), 영국(5%), 인도네시아(4%) 등이다. 한국은 증가에 대한 찬성 비율이 2014년에는 27%이고 2018년에는 8%로 나타났다. 한국의 경우 2014년과 2018년 사이에 이민자 규모를 늘려야 한다는 비율이 많이 감소하였다.

마지막으로 현재 수준보다 감소해야 한다는 의견을 살펴보면, 가장 높

표 6-3 G20 국가의 이민자 규모에 대한 태도

단위 : %

	현재 수준	증가	감소	모름/응답 거부
아르헨티나	40	7	42	11
오스트레일리아	40	30	25	6
브라질	36	20	27	17
캐나다	45	22	30	4
중국	19	25	15	40
프랑스	40	6	44	10
독일	49	14	34	2
인도	10	29	32	29
인도네시아	18	4	45	33
이탈리아	28	3	67	2
일본	36	29	16	19
멕시코	20	19	54	8
한국 2014	30	27	27	15
한국 2018	69	8	24	-
러시아	12	5	70	12
사우디아라비아	36	32	24	9
남아프리카	27	15	56	1
터키	7	53	14	0
영국	24	5	69	2
미국	33	23	40	4
유럽공동체	36	8	48	8
전체	22	21	31	25

자료: Gallup. 2014. 〈Gallup World Poll 2014〉; 여성가족부. 2018. 〈다문화 수용성 조사〉.

은 찬성 비율을 보이는 국가는 러시아(70%), 영국(69%), 이탈리아(67%) 등이다. 한국의 경우는 찬성 비율이 2014년에는 27%이었고 2018년에는 24%로 다소 낮아졌다.

이상과 같이 이민자 규모에 대한 찬성 비율로 살펴볼 때, 한국에서 이민자 규모 확대를 원하는 경향은 그리 크지 않다고 생각한다. 추세로 볼 때, 오히려 더 이상의 확대를 바라기보다는 현재 수준으로 유지되길 바라는 응답자가 더 증가하였다. 이는 다른 국가와 구별되는 특징을 보인다. 이민자의 규모를 현재 수준으로 유지하거나 감소하기를 바라는 경향이 큰 국가들은 대개 선진국이고 이주민이나 난민을 받아들인 경험이 있다.

3.2 관계성

〈그림 6-1〉은 같은 〈세계 가치관 조사(WVS)〉 자료로 1990년 이후 추세를 보여준다. 이 자료에 의하면, 이민자 혹은 외국인 노동자에 대한 태도가 시간이 지남에 따라 점차 긍정적으로 변화하고 있다. 구체적으로 '이민자 혹은 외국인 노동자를 이웃으로 삼고 싶지 않다'는 질문에 '그렇다'는 응답이 점차 줄고 있다. 1990년에는 그 비율이 53.4%로 응답자의 절반을 넘은 것으로 나타났다. 그러나 2001년에는 46.8%로, 2010년에는 40.6%로 줄었다, 특히 2018년에는 그 비율이 22.0%로 나타나, 약 10년 사이에 그 비율이 거의 절반 가까이 줄었다. 이에 따라 미국과 독일과의 차이도 점차 줄고 있다. 1990년에는 한국의 비율이 독일(17.1%)이나 미국(10.2%)보다 약 40% 포인트 이상 차이가 났으나, 2017년과 2018년 사이에는 그 차이가 20% 포인트로 현저히 줄었다.

〈표 6-4〉는 〈유로 바로미터 조사(EB)〉에서 제시된 외국인과 이주민이 가져온 위협에 대한 평가를 보여준다. 첫째, '일자리 감소'라는 측면에서 외국인과 이주민이 가져올 위협에 대한 질문에 대해 유럽 전체 찬성 비율은 61.1%로 나타났다. 다시 말하자면, 유럽 전체 응답자들의 60% 이상이 외국인과 이주민이 일자리를 감소시킨다고 생각한다. 이를 개별 국가별로 살펴보면, 벨기에(80.1%), 포르투갈(75.7%), 독일 동부(75.5%), 독일 서

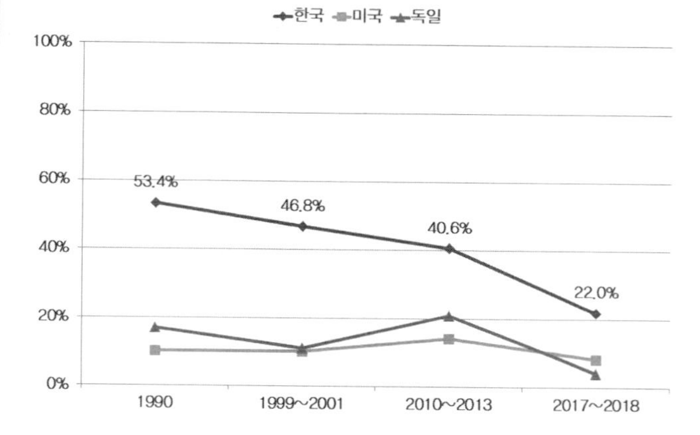

자료 : World Value Survey. 1990-2018.
* 이민자/외국인 노동자를 이웃으로 삼고 싶지 않다.

그림 6-1 이웃으로서 이민자 혹은 외국인 노동자에 대한 거부 비율

부(72.5%)가 상대적으로 높은 찬성 비율을 보였다. 반면에 핀란드(37.2%), 북아일랜드(37.3%), 아일랜드(48.2%)는 상대적으로 낮은 찬성 비율을 보였다.

한국의 〈다문화 수용성 조사〉의 경우에, 〈EB 조사〉에서 사용된 정확한 질문이 사용된 것은 아니다. 외국인이나 이민자가 아닌 주로 외국인 근로자에 대해 평가를 하도록 질문이 구성되었다. 외국인이나 이민자에 의한 일자리 위협에 대해 한국의 찬성 비율은 유럽에서 찬성 비율이 낮은 국가보다도 다소 낮은 30% 전후로 나타났다. 그리고 일자리에 관한 의견의 2012년, 2015년 그리고 2018년 등 3개년도 추이는 큰 변화를 보이지 않는다. 다만 2012년과 2015년 사이에는 특별한 변화가 없었으나, 2018년은 일자리를 감소시킨다는 데 찬성하는 비율이 다소 높아졌다.

'외국인과 이주민이 범죄율을 높인다'는 의견에 대해 유럽 전체 찬성

표 6-4 외국인과 외국 이주민에 대한 지각된 위협 인식(찬성 비율) 단위 : %

	일자리 감소	범죄율 상승	국가재정 부담 증가
프랑스	56.7	49.2	70.2
벨기에	80.1	65.1	79.1
네덜란드	56.6	35.2	44.5
독일(서독)	72.5	53.1	66.3
이탈리아	58.5	33.1	41.9
룩셈부르크	50.1	31.9	44.2
덴마크	61.7	65.1	66.9
아일랜드	48.2	20.6	49.3
영국	59.4	38.6	65.6
북아일랜드	37.3	15.1	50.8
그리스	86.3	70.2	40.4
스페인	59.3	32.5	40.5
포르투갈	75.7	53.6	49.9
독일(동독)	75.5	51.9	65.6
핀란드	37.2	26.8	60.9
스웨덴	56.1	24.2	57.0
오스트리아	67.0	54.5	61.3
유럽 평균	61.1	42.4	56.1
한국 2012	30.2	35.5	38.3
한국 2015	30.1	46.7	48.6
한국 2018	33.0	40.9	51.1

자료: EU. 1998. 〈Eurobarometer 89〉; 여성가족부. 2012-2018. 〈다문화 수용성 조사〉.

* 다문화 수용성 조사는 다음과 같은 질문을 포함하고 있다.

일자리 감소: 외국인 근로자가 늘어나면 그들이 한국인의 일자리를 빼앗아간다.

범죄율 상승: 외국인 근로자가 늘어나면 범죄율이 올라간다.

국가재정 부담 증가: 외국 이주민을 지원해야 하므로 국가재정 부담이 커질 것이다.

비율은 42.4%로 나타났다. 상대적으로 찬성 비율이 높은 국가는 그리스(70.2%), 벨기에(65.1%) 그리고 덴마크(65.1%)이다. 반면에 외국인과 이주민이 범죄율을 높인다고 찬성하는 응답자의 비율이 상대적으로 낮은 국가는 북아일랜드(15.1%), 아일랜드(20.6%), 그리고 스웨덴(24.2%)이다. 한국의 경우는 유럽 전체와 비슷한 수준의 찬성 비율을 보이며, 시간이 지남에 따른 특정한 추세를 보기 어렵다. 구체적으로 2015년은 2012년에 비해 찬성 비율이 10% 포인트 이상 증가하였으나, 2018년에는 다시 5% 포인트 이상 감소하였다.

마지막으로 '외국인과 이민자가 국가재정에 부담을 줄 것'이라는 질문에 대해 유럽 전체의 찬성 비율이 56.1%에 이른다. 찬성 비율이 상대적으로 높은 국가는 벨기에(79.1%)와 프랑스(70.2%)로 나타났다. 반면에 상대적으로 찬성 비율이 낮은 국가는 그리스(40.4%)와 스페인(40.5%)이다. 한국의 경우 2012년에 찬성 비율이 38.3%이었으나, 2015년 48.6%, 2018년에는 51.1%로 점차 상승하는 것으로 나타났다. 2018년 〈다문화 수용성 조사〉 결과만 본다면, 한국인의 위협 인식은 유럽 국가에 비교할 때, 분야별로 다르다. 일자리 감소에 대한 위협은 거의 절반 정도에 지나지 않으나, 범죄율 상승에 대한 위협이다. 국가재정 부담 증가에 대한 위협은 유럽 국가에 근접하고 있다.

한국의 〈다문화 수용성 조사〉에서는 〈EB 조사〉보다 자세한 척도가 사용되었다. 특히 2015년과 2018년 〈다문화 수용성 조사〉에서는 추가 항목으로 외국인 근로자와 이주민의 경제적 기여와 손실을 평가하는 질문이 포함되어 있다. 〈표 6-5〉는 2015년과 2018년 〈다문화 수용성 조사〉의 결과를 보여주고 있다. 일자리, 경제 기여, 범죄율, 국가재정 부담 등 영역에 대해서 뚜렷한 추세를 보이지 않는다. 증가나 감소 비율이 높지 않지만, 영역별로 다소 다른 경향을 보인다. 다시 말하자면, 다문화 수용성이라는 측면에서 외국인 근로자나 이주민에 대한 평가가 전반적으로 모든 측면에서 향상됐다고 보기 어렵다. '외국인 근로자가 늘어나면 그들이 한국인의 일자리를 빼앗아 간다'는 질문에 '대체로 그렇다'와 '매우 그렇다'를 합친 비율을 찬성 비율로 본다면, 2015년도에는 찬성 비율이 34.6%이었으나 2018년에는 32.9%로 다소 감소하였다.

두 번째 항목인 '외국인 근로자들은 우리나라 경제에 이바지하는 것보

표 6-5 외국인 근로자 또는 외국 이주민의 증가에 따른 위험 평가

단위 : %

	연도	전혀 그렇지 않다	별로 그렇지 않다	보통이다	대체로 그렇다	매우 그렇다
외국인 근로자가 늘어나면 그들이 한국인의 일자리를 빼앗아 간다	2015	4.3	28.7	32.5	31.2	3.4
	2018	2.7	28.3	36.1	29.1	3.8
외국인 근로자들은 우리나라 경제에 이바지하는 것보다 가져가는 것이 더 많다	2015	2.5	26.7	37.7	28.1	5.0
	2018	2.3	23.8	40.1	28.9	5.0
외국인 근로자가 늘어나면 범죄율이 올라간다	2015	1.9	15.8	35.6	37.7	9.0
	2018	2.3	15.1	41.7	34.9	6.0
우리나라에 외국 이주민과 외국인이 증가하면 그들을 지원해야 하므로 국가재정 부담이 커질 것이다	2015	1.8	11.9	37.8	40.7	7.9
	2018	1.0	11.4	36.5	43.3	7.8

자료: 여성가족부. 2015-2018. 〈다문화 수용성 조사〉.

다 가져가는 것이 더 많다'에 대해서 2015년에는 찬성 비율이 33.1%이었으나 2018년에는 33.9%로 다소 증가하였다. 세 번째 항목인 '외국인 근로자가 늘어나면 범죄율이 올라간다'에 대해서 2015년에 찬성 비율이 46.7%이었으나 2018년에는 찬성 비율이 40.9%로 5% 포인트 이상 감소하였다. 마지막으로 '우리나라에 외국 이주민과 외국인이 증가하면 그들을 지원해야 하므로 국가재정 부담이 커질 것이다'에 대해서 2015년의 찬성 비율은 48.6%였으나 2018년의 찬성 비율은 51.1%로 다소 증가하였다.

〈표 6-6〉은 다문화 수용성 조사와 유사한 항목을 포함한 2014년 〈유럽사회조사(ESS)〉 결과를 보여주고 있다. 일자리, 범죄, 세금과 복지 문제를 차례로 살펴보면 다음과 같다. 먼저 외국 이주민이 개별 국가의 일자리에 미친 영향에 대해서 긍정적인 평가가 높은 국가로 스웨덴(6.36), 노르웨이

표 6-6 외국인 이주민의 증가에 따른 위험 평가(평균점, 10점 만점)

	일자리를 창출한다	범죄문제를 완화한다	세금과 복지에 공헌한다
오스트리아	4.53	2.92	3.77
벨기에	4.48	3.41	4.21
스위스	5.30	3.66	4.70
체코	3.41	3.26	3.65
독일	5.54	3.54	4.84
덴마크	5.42	3.76	4.64
에스토니아	5.10	4.37	4.98
스페인	4.57	3.47	3.92
핀란드	5.39	3.66	4.55
프랑스	4.94	4.24	4.36
영국	4.68	3.87	4.55
헝가리	3.34	3.33	3.77
아일랜드	4.42	4.08	4.13
이스라엘	4.78	3.99	5.02
리투아니아	4.56	4.20	4.68
네덜란드	4.80	3.48	4.39
노르웨이	5.95	3.17	5.01
폴란드	4.37	4.46	4.72
포르투갈	4.56	3.46	4.60
스웨덴	6.36	3.91	5.49
슬로베니아	4.32	4.05	4.80
전체	4.81	3.73	4.51

자료: European Social Survey, 2014.

(5.95), 독일(5.42) 등을 들 수 있다. 반면에 상대적으로 부정적인 평가가 많은 국가는 체코(3.41), 헝가리(3.34), 슬로베니아(4.32) 등이다. 북유럽 국가에서는 상대적으로 긍정적인 평가가 많지만, 동유럽 국가에서 외국 이주민에 대해 상대적으로 부정적인 평가가 많다. 외국 이민자에 의해 일자리가 감소할 것이라는 의견에 대해 찬성 비율이 높다.

‘외국 이주민으로 인한 범죄문제’에 대해서는 지역별 차이가 뚜렷하지 않다. 그리고 국가별 평가도 크게 차이가 나지 않는다. 범죄문제가 완화될 것으로 평가하는 평균점이 높은 국가로는 높아질 것이라는 의견에 찬성하는 비율은 높은 국가는 폴란드(4.46), 프랑스(4.24), 에스토니아(4.37) 등으로 나타났다. 반면에 상대적으로 부정적인 평가를 하는 국가는 오스트리아(2.92), 노르웨이(3.17), 체코(3.26) 등으로 나타났다.

마지막으로 ‘외국 이주민이 개별 국가에 공헌한다’는 평가가 높은 국가는 이스라엘(5.02), 노르웨이(5.01), 에스토니아(4.98) 등으로 나타났다. 반면에 이러한 평가가 상대적으로 낮은 국가는 체코(3.65), 오스트리아(3.77), 헝가리(3.77) 등으로 나타났다. 외국 이주민으로 인한 일자리 문제처럼 대체로 중부 유럽이나 동부 유럽에서 외국 이주민에 대한 부정적인 의견이 높은 편이다.

3.3 보편성

이주민이나 외국인 근로자와 경쟁 환경이나 위기 상황에서 응답자가 가지는 가치와 태도는 다문화 수용성 정도를 알아볼 수 있는 다른 측면이 될 수 있다. 〈표 6-7〉은 2010년과 2014년 사이에 시행된 〈WVS〉의 여섯 번째 조사 결과를 보여주고 있다. 한국 결과는 2015년과 2018년 〈다문화 수용성 조사〉에 기반을 두었다. ‘일자리가 귀할 때 자국민을 우선 고용하겠는가’라는 질문에 찬성 비율이 가장 높은 국가는 대만(89.7%), 이집트(85.0%), 콜롬비아(80.8%)이다. 반면에 상대적으로 찬성 비율이 낮은 국가는 스웨덴(14.5%), 네덜란드(38.5%), 독일(41.5%)이다.

한국의 경우는 중간에 해당한다. 2015년에 찬성 비율은 60.4%이었고,

표 6-7 일자리가 귀할 때 자국민 우선 고용

단위 : %, 명

	찬성	중립	반대	사례 수
호주	51.0	22.1	26.9	1,463
독일	41.5	23.7	34.9	2,038
일본	67.2	28.6	4.2	2,255
중국	68.8	18.2	13.0	2,103
네덜란드	38.4	22.7	38.9	1,778
스페인	55.0	12.8	32.2	1,142
스웨덴	14.5	11.6	73.9	1,192
미국	50.5	25.9	23.6	2,212
뉴질랜드	51.6	19.2	29.2	806
싱가포르	68.5	21.8	9.7	1,971
러시아	73.9	15.8	10.3	2,463
칠레	68.0	16.7	15.3	981
콜롬비아	80.8	7.1	12.1	1,502
멕시코	61.0	16.2	22.8	1,992
터키	63.2	14.7	22.1	1,583
이집트	85.0	12.7	2.3	1,523
대만	89.7	3.8	6.5	1,213
한국 2015	60.4	35.2	4.5	4,000
한국 2018	66.9	29.7	2.8	4,000

자료: World Value Survey. 2010-2014; 여성가족부, 2015-2018. 〈다문화 수용성 조사〉.

2018년에는 다소 증가하여 찬성 비율이 66.9%에 이르렀다. 2018년 한국의 찬성 비율과 유사한 수준의 비율을 가진 국가는 일본(67.2%), 싱가포르(68.5%), 칠레(68.0%), 터키(63.2) 등이다. 이들 국가의 지리적 분포를 고려해 보면, 한국은 다른 아시아 국가들과 유사한 수준의 찬성 비율을 보이는 것으로 나타났다.

앞서 결과는 국제 비교이지만 한국 사회의 추세를 보여주지 못한다. 유사한 질문에 대하여 좀 더 오랫동안의 추이를 살펴보기 위하여 〈WVS〉의

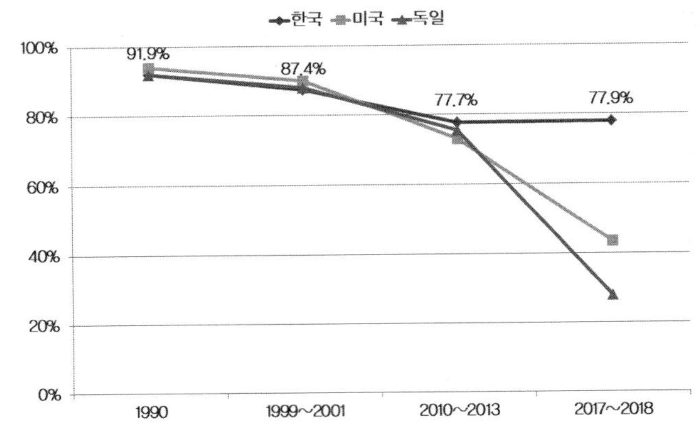

자료 : World Value Survey. 1990-2018.
* 일자리 부족 시 외국인보다 자국민이 먼저 고용되어야 한다.

그림 6-2 자국민 우선 고용 찬성 비율

1990년 이후 2018년까지 시계열 자료를 이용하고자 한다. 〈그림 6-2〉는 국제 비교를 위해 미국과 독일의 조사 결과를 1990년부터 2018년에 걸쳐서 비교한 결과를 보여준다.

자국민 우선 고용 찬성 비율을 보면 전체적으로 감소하지만, 한국의 경우 1990년에 한국의 경우 찬성 비율이 91.9%에 이르렀다. 그리고 이 시기에는 미국, 독일, 한국 사이에 큰 차이를 보이지 않았다. 이러한 경향은 1999년부터 2001년 사이 그리고 2010년부터 2013년 사이까지 지속하였다. 한국의 찬성 비율은 각각 87.4%, 77.7%로 나타났다. 이러한 차이는 2017년과 2018년 사이에 달라진다. 한국의 경우 그 감소율이 상대적으로 크지 않다. 반면에 미국과 독일의 경우 그 감소 비율이 상대적으로 커서, 2017년과 2018년 사이에 한국과의 차이가 크게 나타났다.

4 다문화 수용성과 사회 통합

다문화 수용성은 사회적으로나 정치적으로 중요한 의미를 지닌다. 사회적으로 다문화 수용성은 서구의 다민족국가에서 볼 수 있는 다문화주의는 아니지만, 한국 사회의 통합 수준을 보여줄 수 있다. 우리가 사회 갈등 상황을 해결함으로써 궁극적으로 이루고자 하는 것이 사회 통합이다. 사회 통합은 사회가 다양한 개인의 역할을 수용하고 이를 통해 개인의 욕구 충족이 가능한 상태를 전제로 한다. 이러한 맥락에서 현대 사회에서 이주민을 포용하고 이들의 욕구 충족이 가능하게 만드는 사회적 환경을 갖추는 것은 한국 사회의 통합에 필수적이다.

이민자에 대한 태도는 정치적으로도 중요하다. 민주주의는 기본적으로 다수결의 원칙에 기반을 둔다. 하지만 동시에 소수자에 대한 관용과 포용을 실현하는 것도 중요한 목표로 하고 있다. 이러한 맥락에서 남북분단이라는 어려운 현실에도 불구하고 최근에 대법원에서도 민주주의의 발전에 발맞추어 종교적 신념에 따라 병역을 거부하는 '양심적 병역거부'의 무죄를 인정한 것이다. 이렇게 한국 사회에서 이민자에 대한 관용이나 포용 정도는 민주주의 발전 혹은 심화 정도를 보여주는 중요한 척도가 될 수 있다.

전체적으로 한국인은 다른 지역으로부터의 이주민이나 그들의 문화에 더 개방적이 되고 있다. 그러나 서구 사회와 비교할 때 이러한 다문화 수용성이 상대적으로 높은 수준은 아니다. 아울러 최근 들어 그 향상 정도가 점차 둔화하고 있다. 이주자에 의한 일자리, 범죄, 세금 등 비용에 대한 한국인의 우려는 한국 사회의 경제적인 상황과 관련이 깊을 것이다. 그러나 세계화와 개방이라는 전반적인 추세를 고려할 때, 결국은 한국인은 앞으로도 다문화 수용성의 중요한 가치를 보다 적극적으로 받아들여야 할 것이다. 이러한 점에서 개인의 다문화 수용성에 큰 영향을 미치는 다문화 관련 정책의 목표와 내용을 심층적으로 검토할 필요가 있다고 생각한다.

7장 전문가와 사회 신뢰

"한국인의 낮은 공적 신뢰 문제,
어떻게 풀어야 할까?"

1 사회 신뢰

아마도 요사이 "우리 사회는 믿을 만한 사회인가?"라는 질문에 긍정적인 대답을 듣기는 쉽지 않을 것이다. 정부, 사법기관, 정치권, 교육계 등에 대한 비판은 단순한 비판을 넘어 감정적이고 원색적인 비난으로 이어지고 있다. 이러한 비난과 불만은 각종 형태의 시위로도 표출되고 있다. 심지어는 대법원 판결에 불만을 가진 농민이 3개월간의 1인 시위 끝에 대법원장 출근 승용차에 화염병을 던지기까지 하였다. 물론 실제로 우리 사회에 대한 부정적인 평가가 객관적인 상황에 기반을 둔 것인지 지극히 주관적인 평가에 기반을 둔 것인지 판단하기는 쉽지 않다. 그러나 많은 한국인이 그렇게 느끼고 있다면 그 자체가 하나의 중요한 사실이 된다는 점을 받아들일 필요가 있다.

대부분 사회에서 사회 신뢰(social trust)는 사회 구성원 사이에 갈등을 억제하고 동시에 협동을 촉진하여 사회의 유지와 발전을 가능케 하는 사회 자본의 주요 요인으로 여겨져 왔다(Coleman 1990; Putnam 1995; Fukuyama 2002). 특히 연고를 기반으로 하는 사적 신뢰와 달리 공적 신뢰는 사적인 관계를 넘어서는 집단과 제도를 기반으로 한다는 점에서 사회 전반에 대한 규칙이나 규범으로 역할을 하는 것으로 알려져 있다(최지영 외 2015). 이러한 맥락을 고려할 때 한국 사회에서 공적 신뢰의 문제가 사회적 불안 요인으로 주목받으며 중요한 학문적, 사회적 의제로 부상하고 있는 현실은 특별한 주의를 필요로 한다. 기존의 국제 비교 연구에서 한국의 공적 신뢰 수준은 상대적으로 낮게 평가됐으며, 행정부뿐만 아니라 정치권, 심지어는 사법부와 그 구성원에 대한 신뢰 수준은 현저히 낮다(유석춘 외 2002; KDI 2006; 이동원·정갑영 2009; 최항섭 2006, 65). 권위주의에서 민주주의로의 급격한 이행과 압축적인 경제 성장 속에 야기된 불평등의 심화 등이 우리 사회의 공적, 제도적 신뢰의 정착을 저해하는 요소로 작용해 왔기 때문이다(장수찬 2008).

그런데 문제는 이러한 공적 영역에서의 '신뢰의 부재'가 최근 들어 소위 각 분야에서 '전문가'로 알려진 집단들을 포함하는 더욱 넓은 영역으로, 성역 없는 확산을 보여주고 있다는 사실이다. 전문가 집단은 주로 개인에게 주어지는 삶의 '기회'와 '질적 수준'을 포괄적으로 설명해 줄 뿐 아니라 개인의 정치, 경제, 사회적인 수준을 나타내는 '직업'이라는 영향력 있는 변수를 토대로 명명되고 분류되는데(Blau and Duncan 1967), 사회에서 공인받은 교육체계에서 학습하고 인정받은 증명서를 토대로 전문가로서의 위치를 점해온 특정 직업군들에 대한 신뢰와 그들의 사회적 입지가 심각하게 손상되어버린 것이다.

그렇다면 이제 이러한 전문가 집단의 신뢰 상실이 과연 왜 사회적으로 문제시되어야 하는가를 생각해 볼 필요가 있다. 첫째, 전문가는 공적 신뢰, 즉 제도에 대한 신뢰를 구성하는 중심축의 하나로서, 전문가에 대한 낮은 신뢰는 곧 사회 전반에 대한 신뢰 하락으로 이어지기 쉽다. 전문가가 공적, 제도적 신뢰를 담당하는 이들인 만큼 이들이 신뢰를 잃게 되면 결국 제도 집행에 대한 신뢰 또한 떨어지게 되고 나아가 사회 전반에 대한 신뢰도도 낮아지게 된다. 둘째, 전문가에 대한 신뢰 하락으로 인한 '사회적 비용'의 문제를 간과할 수 없다. 일례로 의료 전문가에 대한 불신은 환자들이 백화점에서 쇼핑하듯이 다수의 병·의원을 오가도록 만들었다.[1] 공교육과 교사를 믿지 못하는 풍조가 사교육 시장의 기형적 팽창이나 조기 유학, 대안 교육의 확장 등으로 귀결되기도 한다.[2] 마지막으로, 전문가의 권위가 하락하면서 그 대안으로 주목받고 있는 '집단지성'에 내포된 위험성에 대해서도 숙고해 볼 필요가 있다. 최근 온라인상에서의 소통 방식, 각종 뜬소문의 확산이나 가해자로 지목된 인물에 대한 무분별한 신상정보가 유포되는 과정을 살펴보면 어떤 판단을 할 때 개인이 자신의 이성적인 판단이나 객관적인 근거를 찾기보다 즉각적으로 어떤 사건에 반응하고, 일정 수가 진위와 관계없이 그 사실을 믿게 되면 다른 사람들도 따라가게 되는 '사회적 동조 현상'에 크게 경도되고 있음을 목격하게 된다. 집단지성이 근거 없는 믿음의 주체로 전락하고, 신뢰 구조의 기반을 위협하는 것이다.

---

1 《프레시안》, 〈동네 의원 vs 서울대병원, 어디가 더 중요한가?〉, 2013년 11월 4일; 《경향신문》, 〈과잉진료시대, 병원도 의사도 믿지마라…'반의학서' 출간붐 어떠세요〉, 2014년 4월 11일.

2 《쿠키뉴스》, 〈[착한 사회를 위하여―학교 떠난 아이들을 품자] (5)더 좋은 환경 찾아 자퇴하는 아이들〉, 2014년 2월 3일; 《세계일보》, 〈[영유아 사교육 광풍](상) 출생부터 시작되는 사교육〉, 2013년 8월 5일; 〈2013년 사교육비·의식조사〉, 통계청 발표.

2 사법 전문가 신뢰

이러한 맥락에서 이 장에서 특히 주목하고자 하는 대상이 바로 사법 분야 전문가에 대한 신뢰의 문제이다. 사법 전문가는 사회적 갈등이나 문제가 발생했을 때 그에 관한 판단의 주체가 된다는 점에서 어떤 전문가 집단보다도 공정성이나 객관성에 대한 신뢰가 전제되어야 하는 집단이다. 그만큼 권력이나 물질적인 면에서 높은 수준의 보상을 받고 있다. 게다가 일제강점기나 독재정권하에서 사법 전문가가 갖는 기능이나 권위 등으로 인해 계층 구조에서 최상층을 차지하고 있다. 실제로 이러한 평가는 각종 사회조사 결과나 사법시험이나 로스쿨 같은 사법 전문가 자격시험에 대한 높은 경쟁률을 통해 알 수 있다.

다수의 미디어 콘텐츠에서는 이러한 사법 전문가에 대한 대중의 기대를 적나라하게 재현해 보여준다. 드라마에 구현되는 직업들은 그 시대가 그 직업에 투영하는 이미지를 반영하는데,[3] 최근 드라마에서 가장 빈번하게 등장하는 직업 중 하나가 바로 사법 전문가들이다. 〈검사 프린세스〉, 〈마녀의 법정〉, 〈뱀파이어 검사〉, 〈복면검사〉, 〈피고인〉, 〈추리의 여왕〉 등 검사를 다룬 드라마들이 인기를 끌었고, 변호사 역시 〈무법 변호사〉, 〈변호사들〉, 〈대한민국 변호사〉, 〈동네변호사 조들호〉, 〈슈츠〉 등 많은 드라마에서 주인공으로 등장하였다. 2017년부터는 〈미스 함무라비〉, 〈친애하는 판사님께〉, 〈이판사판〉 등 판사들이 주인공인 드라마들 또한 다수 제작되었다.

---

3 1990년대 디자이너, 광고제작자 등이 드라마 주인공들로 자주 등장한 것은 당시 소비와 외양의 사회로의 전환과 그에 대한 욕구들이 투영된 것이며, 2000년대 의사들에 대한 드라마들이 자주 등장한 것은 사회적 위험과 불안의 확산에 따른 치유와 안정에 대한 욕구가 반영되었기 때문이다.

이러한 드라마에서 주인공으로 등장하는 사법 전문가들의 공통점은 모두 '정의롭고', '신뢰할 만한 존재들'이라는 것이다. 이들은 개인적 유혹을 물리치고 결국은 국민이 가장 불신하는 대표적인 집단인 정치인들과 재벌들의 유착을 공정과 정의에 따라 단죄하는 집단으로 묘사된다. 이재협(2010)은 1998년부터 2010년까지의 총 8편의 드라마 분석을 통해 사법 전문가, 특히 검사의 이미지는 선과 악의 대립, 정의와 자본의 대립에서 선과 정의를 담당하고 있다고 지적한다. 특히 이들은 사회적 약자의 마음마저 어루만지는 인간적인 면모를 갖추어 시청자들에게 한층 감동을 준다(이재협 2010, 383-386). 이러한 현상은 사법 전문가들을 신뢰하고 싶은 국민의 욕구가 드라마에 반영된 결과라 할 것이다. 지배집단의 권력독점이 커지고 있는 사회 속에서 일반 국민이 기댈 수 있다고 생각하는 것은 결국 법이며, 그 법을 수행하는 사법 전문가들이 최종적 신뢰의 대상으로 여겨지는 것이다.

그러나 지난 한 세기 동안 다른 국가에 비해 급격한 사회 변동과 경제 성장을 이루어온 한국의 실제 현실 속에서는 실상 사법권이 오랜 기간 정치적 권력이나 정부와 엄격히 분리되지 못한 상태에 있었다. 급격한 변화를 주도했던 권위주의 정부에 의한 일방적인 통제 속에서 사법권 역시 충분히 독자적인 영역을 구축하지 못하였다. 급격한 사회 변화와 경제 성장으로 인해 사회 각 분야의 다양한 요구와 이견의 정도는 더 클 수밖에 없었으나 권위주의 정부 아래에서는 여러 집단 사이에 존재하는 갈등이 일방적으로, 적어도 표면적으로는 통제됐고, 그 중심에 정부 권력과 손잡은 사법체계가 존재했다. 이러한 현실 속에 한국 사회의 사회 갈등과 공적 신뢰도의 하락, 특히 사법권에 대한 불신은 적어도 민주화가 본격화되기 이전까지는 수면 아래 억압된 채 잠재적인 위험 인자로서 자리해 왔다.

권위주의적 정부와 군부의 퇴장 그리고 민주주의의 발전에 따라 잠재됐던 각종 갈등요인이 분출되기 시작하였다. 예를 들면, 노사 갈등의 경우는 1987년 6·29선언 이후에 폭발적으로 늘어나 1987년에는 총 3,748건에 이르는 시위, 농성, 파업이라는 극단적 대치상황이 발생했다. 1988년에 들어오면서 쟁의 건수가 1,873건, 1989년에 1,616건, 1990년에 322건, 1991년에 234건으로 매년 계속해서 감소하기는 했지만, 이는 이러한 사건과 쟁점 들을 해결해 나가는 과정에서 한국 사회의 대표적인 갈등 현상인 노사 관계가 점차 새로운 모습으로 변모되고 있음을 보여주는 것일 뿐, 그 갈등이 소강 국면에 접어들었다고 보기는 어렵다. 타 분야에서도 다양한 형태의 갈등 양상이 확인되고 있다. 북한산국립공원 관통 외곽순환도로의 건설 과정이나 중저준위 방사성 폐기물 처리장 선정 과정, 사드 미사일 방어 체계 설치, 라돈 검출 매트리스 처리 과정, 탄력 근로제 관련 정책 등을 둘러싸고 발생했던, 그리고 현재도 진행되고 있는 사회적 대립이 그 대표적인 예들이라 할 것이다. 특히 기존에 정부 주도하에 일방적으로 이루어졌던 각종 국책 사업에 대해 시민단체, 이해관계 당사자인 지역민들과 노조 등의 반대 운동이 이제는 일상화되는 형국이다.

그런데 이러한 사회 갈등이 개별 부문에서 자체적으로 해결되기보다는 격심한 대치 국면으로 치닫는 경우가 많고, 이 경우 갈등 당사자나 이해관계자들은 최종적으로 사법적 판단을 구하게 된다. 법 집행자로서의 처지에 있는 사법 전문가들이 종국에는 이러한 사회적 갈등의 판단자이자 옳고 그름을 가리는 위치에 있음을 생각할 때, 이들에 대한 신뢰는 그들이 내리는 결정과 판단에 대한 사회적 수용이나 원만한 갈등 해결과도 직결된 문제라는 점에서 어느 전문가 집단보다도 그 중요성이 크다. 그러나 기대와는 달리 사법 전문가들은 끊임없이 자신의 이익, 자기 집단의 이익만을 위해 권력을 남용한 사건들을 통해 국민을 실망하게 해왔다. 이미 2010년에도 '검사 성 접대 사건'이 있었으며, 동창으로부터 금품과 향응을 받고 사건을 무마해 주었다는 이른바 '스폰서 검사 사건'이나 2016년 소위 '국정농단 사건'을 거치면서 사법 전문가에 대한 신뢰도는 근본적인 위기를 맞고 있다 해도 과언이 아니다.[4]

실제 갈등 상황에 관한 판단을 내리고 누군가의 손을 들어주는 역할을 하는 사법 전문가가 신뢰를 잃게 되는 상황이 계속되면 결국 이들이 행사한 사법권이나 판결에 대한 신뢰도 낮아질 수밖에 없다. 이는 곧 사회 전반에 대한 신뢰 하락으로 이어지게 된다. 또한, 사회적 비용 차원에서도 법적인 판결에 불복해 국가나 공공기관을 상대로 소송을 제기하는 건수가 증가하고 정부가 패소해 지급해야 하는 비용이 연간 800억 원에 달하는 등 법조계에 대한 불신으로 생기는 예산 낭비가 이미 심각한 수준이라는 점에서,[5] 사법 전문가에 대한 신뢰도 하락은 경제적으로도 큰 부정적 파급효과를 지닌다. 또한, 여기에 단순히 다수의 선택과 동조가 '진실'을 판단하는 유일한 근거가 되는 현재의 정보유통 방식이 사법 영역에 작동할 경우, 사법권의 판단에 대중이 동조하지 않고 감정적으로 반응하거나, 사법권 자체를 불신, 부정하는 사태로 치달을 위험성 또한 존재함을 간과

---

4 이는 사회 지배층에 부여되는 특권에 대한 사회적 책무를 다함의 여부, 즉 '노블레스 오블리주'의 문제와 직결된다. 사법 전문가가 공정성 구현이라는 사회적 책무를 하지 않을 때 그 부정적 파급효과가 전 사회에 걸쳐 나타날 위험성이 커진다. 한국 사회의 지배층의 권력 남용은 시간이 지날수록 그들에게 당연시되는 일이 되어가고 있으며, 그 권력 남용을 법을 통해 견제해야 할 사법 전문가가 그 권력 남용을 묵인하는 집단으로 평가받기 시작하면서 신뢰를 상실하기 시작하였다. 사법 전문가는 법에 대한 전문적 지식과 인간과 사회에 대한 윤리의식을 갖추었다고 평가받은 이들의 직업집단이다. 즉, 직업 자체가 노블레스 오블리주, 즉 지배층에 부여되는 사회적 책무를 자신에게 가장 엄격하게 적용해야 할 집단이다.

5 《뉴시스》, 〈정부, 국가 상대 소송 패소비용 연간 800억 원, 예산 낭비 심각〉, 2006년 6월 27일.

해서는 안 된다.

이상을 고려할 때, 사법 전문가나 사법체계에 대한 신뢰의 문제는 깊이 있는 학문적 접근이 필요한 중요한 사안이다. 이들에 대한 총체적 불신이 조성될 경우, 국가 제도 차원에서 이를 대신할 다른 기반이 존재하지 않는 만큼, 필연적으로 사회 전반의 신뢰 구조에 불균형이 커질 수밖에 없다. 또한, 사법 전문가가 법에 입각한 객관적 판단을 내리더라도 대중이 그 행위 자체를 불신하며 그 배경에 무언가 이권이 개입되어 있을 것이라고 끊임없이 의심하는 사회 분위기는 현실에 대한 제대로 된 대처를 점점 더 어렵게 하고 사회 불안과 분열을 심화시킨다. 이런 환경 속에서 사람들은 자신이 수긍할 만한 판단을 얻어내기 위해 추가적인 비용을 지급하게 되고, 법보다는 감정적 호소와 집단적 정서에 입각한 반응이 실제 진실을 호도하는 상황이 전개될 수 있다. 사법 전문가에 대한 사회 신뢰가 사회 갈등 해소나 해결 기제로서 사회 갈등을 봉합하는 힘으로 작용하는 중요한 사회 자본이다 보니, 이들의 신뢰성에 대한 긍정적인 기대가 손상된 사회는 또 다른 대가와 희생을 요구하게 된다. 사법 전문가의 일방적 권위만이 인정되는 과거로의 회귀를 주장할 수는 없더라도 적절한 수준에서 이들의 공신력을 회복할 방안에 대한 고민이 필요한 이유이다.

이 장에서는 이러한 사법 전문가에 대한 신뢰도를 다른 국가 및 타 전문가들과의 비교하에 파악하고자 한다. 특히 사법 전문가 내부의 시선에서, 개별 부문에서 자체 해결되지 못한 격심한 갈등 상황에 대한 해결 및 판단 주체로서의 사법체계에 대한 신뢰도 수준을 살펴보고 이를 바탕으로 사법 전문가의 청렴도, 나아가 신뢰도를 높이기 위한 몇 가지 방안을 검토하고자 한다. 이 작업은 현시점에서 사법 전문가들에 대한 신뢰 수준이 어떠한 모습을 보이는지를 세계적 추세 속에서 파악하는 한편, 타 전문가 집단과도 비교함으로써 횡단적 차원에서 먼저 현실을 진단하고, 이에 더하여 한국적 특수성을 드러내 주는 '전관예우'라는 현상을 포함해 사법 전문가들에 대한 사법체계 내·외부의 인식과 그 함의를 구체적으로 드러내 보려는 시도이다. 또한, 이렇게 도출된 '현실'에 대한 설명은 향후 발생할 수 있는 사회적 '결과'에 대한 예측과 대비로 이어질 때 더 큰 의미가 있는 것인 만큼, 탐색적 수준에서 사법 전문가 집단의 신뢰도가 의미하는 바와 사회적 영향에 대해 논의하고자 한다.

3 사법 전문가에 대한 신뢰

3.1 국제 비교 결과

〈표 7-1〉은 국제투명성 기구의 2017년 〈세계 부패 바로미터〉 자료 중에서 사법 전문가, 즉 판사에 대한 부패 인식을 정리한 것이다. 이 조사에는 여러 가지 형태로 전문가 집단의 부패 현황에 관한 질문이 포함되어 있다. 사법 분야 전문가와 관련해서는 판사에 대한 부패 정도를 평가하는 문항이 존재한다. 구체적으로 〈표 7-1〉은 이러한 판사에 대한 평가 중에서 부패한 사람이 전혀 없을 것으로 판단한 응답자의 비율을 보여준다. 이는 어떤 의미에서 일종의 판사에 대한 청렴도 내지는 신뢰도에 대한 평가 지표라고 할 수 있는데, 이 문항에 대해서는 117개국의 수치가 제시되어 있다.

구체적인 내용을 살펴보면 1위는 홍콩으로 전체 응답자 중 60%가 판사를 청렴하다고 평가하였다. 2위인 일본은 전체 응답자 중 54%가 판사를 청렴하다고 생각했다. 그다음으로 스위스(45%), 네덜란드(42%), 스웨덴(40%) 순으로 그 뒤를 따랐다. 이 밖에 영국, 오스트레일리아, 그린란드, 프랑스, 독일 등 대부분의 선진국이 10위권 안에 포함되어 있음이 확인된다.

한국의 경우는 판사의 청렴도에 대한 평가가 상대적으로 매우 낮은 편이다. 한국에서 판사의 청렴도에 대한 평가는 조사 대상 117개국 중 90위이다. 한국에서는 전체 응답자 중 약 5%의 응답자만이 판사가 전혀 부패하지 않고 청렴하다고 평가하였다. 이러한 평가는 대만(6%), 멕시코(5%)와 나이지리아(5%) 등과 유사한 수준을 보여준다. 한편 한국에서 판사에 대한 평가를 구체적으로 살펴보면, '전혀 부패하지 않았다'가 5%이고, '어느 정도 부패했다'가 46%, '대부분 부패했다'가 33%, '모두 다 부패했다'가 8%로 나타났다. 이 수치는 한국 사회 전체의 청렴도 수치에 비해서도 낮은 것이다. 2017년 국제투명성기구의 자료에 의하면 한국의 부패 인식 지수(CPI)는 세계 51위이며 개발도상국보다는 높으나 OECD 평균보다는 낮은 수준을 보인다. 그런데 이에 비해 판사에 대한 부패 인식 지수는 그 분포가 훨씬 더 부정적인 쪽에 몰려 있고, 다른 국가들과 비교할 때도 더 낮은 수준이다.

물론 이렇게 상대적으로 낮은 평가가 판사나 사법 부문에 대한 평가에만 국한되는 것은 아니다. 공공 부문의 다른 분야에 대해서도 낮은 평가가 이루어졌다. 구체적으로 살펴보면, 청와대(15%), 종교지도자(8%), 경찰(6%), 세무 공무원(5%), 국회의원(2%), 중앙정부 공무원(2%), 지자체장(2%) 순으로 청렴하다는 평가를 받았다.

표 7-1 판사에 대한 청렴도 평가 결과

순위	국가	전혀 부패하지 않음
1	Hong Kong	60%
2	Japan	54%
3	Switzerland	45%
4	Netherlands	42%
5	Sweden	40%
6	UK	40%
7	Australia	38%
8	Greenland	36%
9	France	35%
10	Germany	33%
11	Jordan	31%
12	Mauritius	30%
13	Belgium	29%
14	Tajikistan	28%
15	Niger	27%
16	Botswana	23%
17	Lesotho	21%
18	Azerbaijan	20%
19	Estonia	20%
20	India	19%
…	…	…
86	Taiwan	6%
…	…	…
90	Korea	5%
91	Mexico	5%
92	Nigeria	5%
93	Benin	4%

출처: 국제투명성 기구(Transparency International 2017).

* "How many of the following people do you think are involved in corruption, or haven't you heard enough about them to say?"에 대해 '전혀 없다'고 한 응답 비율임.

3.2 전문가 집단 비교

사법 전문가와 다른 부문의 전문가를 비교하는 것은 사법 전문가가 우리 사회에서 갖는 위상을 더욱 명확히 확인하는 데 필요하다. 왜냐하면, 한 사회에서 특정 분야의 전문가에 대한 평가는 다른 분야의 전문가에 대한 평가와 필연적으로 관련되어 있기 때문이다. 물론 판사라는 직업과 판결이라는 사회적 행위는 절대적인 기준에서 판단해야 할 필요가 있지만, 그런데도 이들에 대한 평가와 다른 전문가에 대한 평가를 완전히 분리하기는 어렵다. 만약 그 사회에서 공공 부문이나 전문가에 대한 평가가 전반적으로 낮거나 혹은 높다면, 특정한 전문가에 대한 평가 역시 상대적인 관점에서 이해해야 한다.

〈표 7-2〉는 주요 전문가의 다양한 특성에 대해 평가를 보여주고 있다. 특정한 전문가에 대한 신뢰도 평가가 있다면, 그러한 신뢰도 평가가 어떠한 맥락에서 나왔는지에 대한 분석을 그 전문가에 대한 다른 특징이나 요소에 대한 평가를 통해서 할 수 있다. 이를 통해 현재 사법 전문가가 갖는 위상과 신뢰도를 더욱 명확히 살펴볼 수 있으리라 생각한다.

실제 사법 전문가에 대한 전반적인 평가 결과를 보면, 신뢰도 차원에서 사법 전문가는 3.24점으로 보통을 다소 웃도는 수준의 신뢰도를 보여주고 있다. 이는 과학자, 의사, 교사, 순수 예술가, 대학교수, 스포츠인, 전문 경영인의 뒤를 이어 8위이지만, 그 점수가 5점 만점인 리커트 척도로 평가했을 때, 보통 수준인 3점을 다소 넘는 정도이고, 법을 집행하는 주체이자 가장 공정하고 믿을 만한 대상으로 여겨져야 할 사법 전문가에 대한 사회적 기대를 생각할 때 예술가나 스포츠인, 전문 경영인보다도 그 점수가 낮다는 것은 다소 실망스럽다. 이와 대조적으로 사법 전문가가 상대

표 7-2 전문가의 특성 평가 결과 (5점 만점)

	신뢰성	전문성	영향력	윤리성	공익성	권위
대학교수	3.41	4.03	3.52	3.40	3.23	3.76
사법 전문가	3.24	4.23	3.90	3.34	3.38	4.23
과학자	3.80	4.24	3.57	3.71	3.74	3.57
군 장성	3.10	3.27	3.25	3.16	3.35	3.77
스포츠인	3.39	3.53	3.57	3.28	3.16	3.12
종교인	2.98	3.03	3.06	3.35	3.10	2.92
방송 연예인	3.01	3.16	3.87	3.02	2.94	3.10
언론인	3.01	3.39	3.66	3.11	3.23	3.20
시민운동	3.02	2.83	2.98	3.20	3.54	2.59
노조	2.72	2.55	2.79	2.83	2.96	2.62
교사	3.58	3.63	3.16	3.65	3.51	3.05
파워 블로거	2.65	2.76	2.93	2.84	2.74	2.70
경찰 간부	2.82	3.11	3.18	2.90	3.13	3.57
대기업 소유주	2.61	3.18	3.75	2.56	2.85	4.01
지자체장	2.97	3.21	3.52	3.07	3.30	3.84
금융인	3.17	3.54	3.28	3.20	3.14	3.62
전문 경영인	3.28	3.74	3.55	3.17	3.22	3.82
국회의원	1.91	2.72	3.86	2.15	2.47	4.12
의사	3.68	4.28	3.67	3.46	3.47	3.82
고위 공무원	2.91	3.32	3.66	3.02	3.17	4.02
순수 예술가	3.44	3.74	2.93	3.42	3.01	2.72

출처: 김수정·이명진·최샛별(2017).

적으로 높은 평가를 받는 부분은 전문성, 영향력, 권위이다. 특히 사법 전문가는 권위 면에서 다른 분야에 비해 뚜렷하게 평가 점수가 높았다. 사법 전문가(4.23점)는 국회의원(4.12점), 고위 공무원(4.02점), 대기업 소유주(4.01점)와 더불어 권위 측면에서 최고로 높은 평가를 받고 있다. 그러나 이러한 권위가 현대 사회에서 전문직 종사자에게 지식이나 능력 이외에 요구되는 다른 차원을 포함한 것으로 보기는 어렵다. 일반적으로 권위는 물리적인 능력이나 위력을 의미하는 권력(power)과 달리 다른 사람들이 대상이 되는 인물이나 제도에 대해 그 가치의 우위성을 자발적으로 인정하는 것을 의미한다. 다시 말하자면, 권위는 정당성을 기반으로 하는 것이다. 물론 근대 이전에는 전통이나 카리스마적인 우월성을 통해 권위가 가능했지만, 현대 사회에는 합리성이나 전문성, 혹은 윤리성에 기반을 둔 경우가 많다.

그런데 사법 전문가에게 부과된 권위가 과연 앞에서 살펴본 청렴도나 윤리성 같은 신뢰도와 직결된 요소들 면에서 이들이 사회적으로 인정받고 있다는 의미일지에 대해서는 다시금 생각해 볼 필요가 있다. 앞서 국제 비교를 통해 살펴본 청렴도, 신뢰도의 기준이 될 수 있는 사법 전문가의 공익성(3.38점)이나 윤리성(3.34점)에 대한 점수를 이 조사에서 따로 살펴보면 사법 전문가의 점수는 최상위권에 있다기보다는 평균보다 다소 높은 정도이다. 따라서 사법 전문가의 권위에 대한 평가는 현대 사회에서 전문가들의 권위에 수반되는 사회적 존경(social honor)이나 청렴도, 신뢰도 등을 기반으로 하기보다는 권력에 기반을 둔 측면이 크다고 볼 수 있다.

이러한 특징은 한국 사회에서 사법 전문가의 권위가 갖는 의미를 잘 나타내준다. 공익성이나 윤리성에 기반을 둔 사회적 존경, 신뢰의 경우에는 상대적으로 지속성이 높다. 반면에 단순한 물리적 권력에 기반을 둔 권위는 권력의 변화에 더욱 민감하게 반응할 가능성이 있다. 따라서 이들의 권력이 추락할 때 사법 전문가의 권위가 훼손되고 이들에 대한 전반적인 신뢰도 역시 더 크게 하락할 수 있는 위험 요소가 존재하는 셈이다.

표 7-3 일반 국민과 사법 전문가의 사회 신뢰도 (10점 만점)

	사회에 대한 신뢰도	사회 구성원에 대한 신뢰도
일반 국민(1,014명)	6.34	6.39
법조 직역 종사자(1,391명)	4.96	5.06
– 법원 판사(271명)	5.58	5.29
– 법원 직원(292명)	5.62	5.74
– 검찰 검사(63명)	5.94	5.62
– 검찰 직원(170명)	5.13	5.06
– 변호사(438명)	4.25	4.53
– 변호사 사무원(153명)	4.03	4.59
– 기타(4명)	6.25	5.25

3.3 사법 전문가 내부의 자기 인식

이제 사법 전문가 집단 내부의 시선에서 사법 전문가 집단에 대한 이들의 신뢰도를 일반인들의 인식과 비교하고자 한다. 〈표 7-3〉은 일반 국민과 사법 전문가[6]의 한국 사회에 대한 신뢰도를 비교한 것이다. 가장 특이한 점은 일반 국민보다 사법 전문가의 사회에 대한 신뢰도와 사회 구성원에 대한 신뢰도가 상대적으로 더 낮다는 것이다.

일반 국민의 사회에 대한 신뢰도(6.34점/10점)나 사회 구성원에 대한 신뢰도(6.39/10점)도 절대적인 수준에서 높다고 보기 어려운데, 사법 전문가의 경우는 각각 4.96점과 5.06점으로 일반 국민보다도 낮은 점수를 보였다. 이러한 평가는 법조 직역 종류별로도 다르다. 먼저, 사회에 대한 신뢰

6 여기서 사법 전문가는 법조인뿐만 아니라 법원 직원, 검찰 직원, 변호사 사무원을 포함한 법조 직역 종사자 7개 사법 전문가를 포함한다. 그러나 이 집단은 통계적으로 하나의 모집단으로 대표성을 갖는 집단으로 표본 추출된 것이 아니다. 단순하게 여러 직역을 포함한 개념으로 사용된다. 따라서 개별 직역으로 나누어보는 것이 더욱 정확한 결과 해석 방법이다.

표 7-4 능력과 노력에 대비한 소득 평가

단위 : %

	적다	적절	많다
일반 국민(1,014명)	46.5	42.7	9.0
사법 전문가(1,391명)	62.2	32.6	4.5
– 법원 판사(271명)	67.9	29.2	2.2
– 법원 직원(292명)	51.4	41.8	6.2
– 검찰 검사(63명)	69.8	23.8	6.3
– 검찰 직원(170명)	60.0	35.3	3.5
– 변호사(438명)	63.9	30.4	5.3
– 변호사 사무원(153명)	68.0	28.1	2.6
– 기타(4명)	25.0	50.0	25.0

도를 보면, 검사(5.94점)가 상대적으로 높고, 그다음은 판사(5.58점)였다. 반면에 변호사(4.25점), 변호사 사무원(4.03점)은 상대적으로 그 점수가 더 낮았다. 사회 구성원에 대한 신뢰는 법원 직원(5.74점)이 가장 높고, 그다음은 검사(5.62점)이다. 사회 신뢰도라는 측면에서 사법 전문가 중 가장 낮은 수준의 신뢰도를 보인 집단은 변호사(4.25점)와 변호사 사무원(4.03점)이었다.

다음으로 노력과 능력보다 자신의 소득을 평가하는 항목을 살펴보았다. 이 부분에서도 일반 국민보다 사법 전문가의 평가 점수가 상대적으로 낮게 나타났다. 일반 국민 중 46.5%가 '자신의 노력이나 능력보다 자신의 소득이 낮다'고 평가하는 반면에, 사법 전문가의 경우 그 비율이 62.2%에 달한다. 특히 검사는 69.8%, 판사는 67.9%, 변호사는 63.9%가 능력이나 노력보다 상대적으로 자신의 소득이 낮다고 인식하고 있었다.

이 결과를 고려한다면, 법조계에 대한 외부의 부정적인 평가도 큰 문제이지만, 법조계 내 구성원들의 인식에도 문제의 소지가 있음을 느낄 수 있다. 법조계 외부에서는 그들만의 리그나 지나친 권력이라는 비판적 평

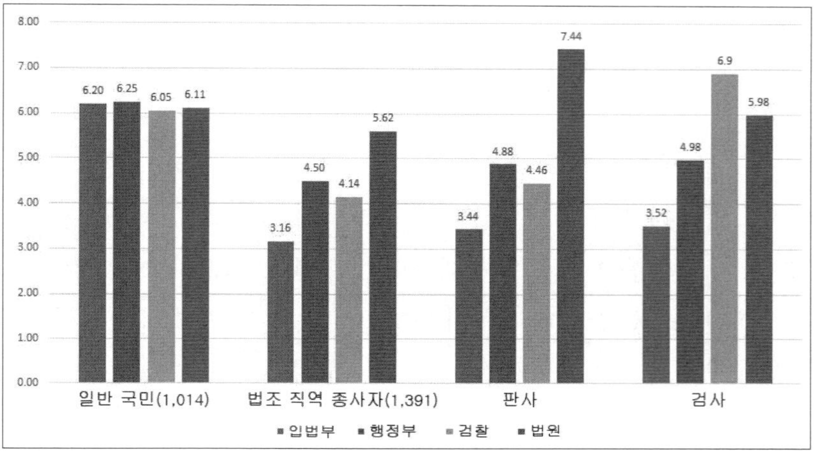

그림 7-1 공공 부문에 대한 신뢰(10점 만점)

가의 목소리가 높다. 그런데 사법 전문가는 일반 국민보다 사회 신뢰도도 낮고, 자신들의 노력이나 능력에 대한 보상도 불만족스럽다고 여기고 있다. 이러한 차이는 법조계를 둘러싼 문제의 심각성을 보여준다.

전반적인 신뢰도와 아울러 공공 부문에 대한 신뢰도 역시 기본적인 인식을 보여주는 중요한 지표가 될 수 있다. 여러 공공 부문 중에서 〈그림 7-1〉은 행정부, 입법부, 법원과 검찰에 대한 신뢰도를 보여주고 있다. 무엇보다도 사법 전문가는 일반 국민보다 공공 부문에 대한 신뢰도가 낮다. 공공 부문에 대한 일반인들의 신뢰도 역시 절대적으로 높은 수준이 아님에도 불구하고 이들에 비해 사법 전문가의 신뢰도가 모든 기관에서 낮게 나타난다. 일반 국민의 경우는 사법 전문가보다 신뢰도 평가에서 부문별 큰 차이를 찾기 힘들다. 다만 상대적으로 행정부–입법부–법원–검찰 순서로 점수가 높은 편이다.

한편 사법 전문가는 전체적으로는 공공 부문에 대한 신뢰도가 낮고 자신들이 직간접으로 속하거나 연계된 검찰이나 법원에 대한 신뢰도 역시 일반인보다 오히려 더 낮았다. 순위상으로는 법원–행정부–검찰–입법부 순서로 신뢰도가 높게 나타나지만, 개별 직역별로 차이가 크게 난다. 법원에 대해서는 판사의 신뢰도 평가(7.44점)가 다른 대상에 대한 평가보다 월등히 높다. 검찰에 대한 검사의 신뢰도 평가(6.90점)도 법원, 행정부, 입법부에 비해 높으나, 법원에 대한 판사의 신뢰도보다는 낮다. 각자 자신이 속한 조직은 그나마 신뢰하고 있고, 검사는 법원에 대한 신뢰도가 검찰에 이어 두 번째지만, 판사는 검찰을 입법부보다도 덜 신뢰하는 것으로 나타난다. 따라서 판사의 관점에서 바라본 검찰과, 검사의 관점에서 바라본 법원의 신뢰도 사이에 일종의 불균형이 존재한다고 볼 수 있다.

추가로 이러한 신뢰도 특히 법원에 대한 신뢰도가 최근 사건에 영향을 받은 바가 있는지를 검토해 보았다. 〈표 7–5〉를 보면 '최근 1년 사이 법원에 대한 신뢰도에 변화가 있었는가'라는 질문에 대해 일반 국민의 8.4%가 사법 전문가의 39.5%가 '변화가 있었다'고 응답하였다. 신뢰도의 하락 혹은 상승 비율을 살펴보면 일반 국민의 경우는 상대적으로 특별한 차이가 없다. 변화하였다고 응답한 사람 중에서도 51.8% 정도가 하락했다고 답변하였다. 반면에 사법 전문가의 경우는 그 수치가 93.4%에 달하고 있다.

이러한 법원에 대한 신뢰도를 법조 직역 종류별로 살펴보았다. 사법 전문가 중에 법원에 대한 신뢰감의 변화가 가장 큰 집단은 법원 판사이다. 응답자 중 46.1%가 최근 1년 사이에 법원에 대한 신뢰감에 변화가 있고, 대부분이 신뢰감이 감소했다고 응답하였다. 그다음으로는 검사로 응답자의 42.9%가 법원에 대한 신뢰감이 변화했고, 변화했다고 응답한 모든 응답자가 법원에 대한 신뢰도가 하락하였다고 답했다.

이렇게 사회 신뢰도와 마찬가지로 공공 부문 중 정부에 대한 신뢰도 역

표 7-5 최근 1년 사이 법원에 대한 신뢰감 변화

단위 : %

	그렇다(감소 비율)	그렇지 않다
일반 국민(1,014명)	8.4(51.8)	91.6
사법 전문가(1,391명)	39.5(93.4)	60.5
– 법원 판사(271명)	46.1(99.2)	53.9
– 법원 직원(292명)	39.0(85.1)	61.0
– 검찰 검사(63명)	42.9(100.0)	57.1
– 검찰 직원(170명)	32.9(91.1)	67.1
– 변호사(438명)	42.5(97.3)	57.5
– 변호사 사무원(153명)	26.1(82.5)	73.9
– 기타(4명)	25.0(0.0)	75.0

시 일반 국민보다는 사법 전문가의 평가가 상대적으로 낮게 나타났다. 아울러 법원에 대한 신뢰 수준을 살펴보면, 일반 국민보다 사법 전문가의 변화가 뚜렷했으며, 대부분 부정적으로 변화하였다는 점에 주목해야 할 것이다. 법원에 대한 일반 국민의 평가가 절대적으로 높다고 할 수는 없지만, 특별히 최근에 부정적인 인식이 더 급증했다고 볼 수 있는 근거는 없다. 반면에 사법 전문가의 평가는 일반 국민보다 상대적으로 부정적이고, 최근에 그러한 경향이 더 강해진 것으로 보인다.

사법 전문가에 대한 일반적 시선이나 신뢰도가 그다지 긍정적이지 못한 상황에서 사법 전문가들 내부적으로도 사법체계나 그 체계 내 특정 집단을 불신하는 경향이 강화되고 있고, 사법체계 외부의 일반인과 내부인들 사이에서, 그리고 같은 사법체계 내에서의 다른 직역 사이에서 상호 신뢰도에 대한 평가의 괴리가 커지고 있음은 결코 가벼이 넘겨서는 안 될 사안이라 생각한다.

4 공적 신뢰의 회복

분석 결과는 사법 전문가의 신뢰도 제고를 위해 우리 사회가 향후 지향해야 할 변화의 방향성에 대해서 몇 가지 중요한 시사점을 제공해 준다. 먼저 사법 전문가의 신뢰도 상승을 위해서는 크게 사회 전반적인 반부패 활동과 사법제도 개선 활동을 고려해야 한다고 본다. 물론 어느 특정한 요인이 결정적인 것이라고 보기는 어렵다. 다만 이러한 두 가지 주요 요인을 고려하면서, 현재 사법 분야의 청렴도 제고를 위한 전략적인 접근을 시도해야 할 것이다. 전관예우 문제의 심각성이나 전반적인 사법부에 대한 신뢰도 하락과 관련하여 단선적인 대응보다는 더욱 입체적이고 전략적인 접근이 필요하다는 의미이다. 무엇보다도 사법부를 비롯한 공공 부문과 전문가에 대한 전반적인 신뢰도 하락이라는 전반적인 흐름과 더불어 최근 사법 전문가 내부에서 사법부에 대한 평가가 하락한 원인을 철저히 규명하여 그에 대한 영향을 최소화할 수 있도록 대책이 수립되어야 할 것이다.

다음으로는 전관예우 문제 해결을 비롯한 사법부 신뢰도 개선을 어느 방향에 맞추어 진행할 것인가에 대한 고민이 필요하다. 무엇보다도 대상을 분명히 하는 작업이 선행되어야 한다. 직접적인 제도 개선은 사법 전문가가 주된 대상이 될 것이다. 반면에 직간접적인 경험보다는 대중 매체에 근거해 사법 전문가들을 판단하는 일반 국민의 경우는 구체적인 법원 내 제도 개선보다는 넓은 의미에서 점진적으로 사법 전문가들의 청렴도를 높여 실질적인 신뢰도를 높이는 방안을 모색해야 한다고 본다. 이 과정에서 청렴도 제고 노력이 제대로 평가받기 위해서는 여론이나 정치권에 끌려간다는 인상을 주기보다는 보다 선제적이고 과감한 노력을 통해 자체적으로 이미지를 쇄신해 나가려는 사법권 내부의 노력이 필수적이다.

더불어 외부의 반부패 활동을 적극적으로 받아들이거나 활용할 필요가 있다. 예를 들어, 행정부에서 실시하고 있는 청렴도 조사를 도입할 수 있다. 국가권익위원회가 2002년부터 시작한 공공기관 청렴도 측정제도는 각급 공공기관의 주요 민원인과 소속직원 등을 대상으로 부패 경험과 부패 위험성에 대해 설문조사를 해 기관의 청렴도를 점수로 측정하는 제도로, 평가대상인 기관들은 설문조사의 결과를 통해 부패 취약 분야를 점검한다. 기본적으로 기관(업무)을 단위로 한 부패 관련 문제의 실태를 파악하고, 부패 발생실태와 함께 기관(업무)을 단위로 한 부패문제의 유발요인을 규명하여 기관 관련 부패문제의 실태와 더불어 취약요소 등을 밝힘으로써 부패문제에 대한 합리적인 대응을 도모하는 내용으로 진행된다. 기관 단위 청렴도 지수에 따라 유사기관 사이에 비교를 통해 부패문제 해소에서 경쟁체제를 구축하고 그에 기초한 자발적이고 적극적인 반부패 활동을 유도하는 이러한 제도의 도입을 통해 사법체계 내의 자정력을 점진적으로 높여나갈 수 있을 것으로 보인다.

국제기구의 제안 사안도 검토할 필요가 있다. 사법 분야의 청렴도 제고를 위해 여러 방안이 있겠지만, 국제적으로 비교적 자주 언급되는 몇 가지 차원이 있다. 물론 이러한 차원들이 한국 사회에서 어느 정도 의미가 있고, 어느 정도 효율적인가는 다른 문제일 수도 있지만, 국제적인 기준에서 보편적으로 언급되는 차원에 대한 검토는 그 자체로 의미가 있을 수 있다. 여기에는 주로 사법체계와 관련된 것으로 판사 임명(judicial appointments), 근무 환경(conditions), 책무성과 규율(accountability and discipline), 투명성(transparency) 등 네 가지 차원이 포함되어 있다. 이 네 차원에서의 실태 파악과 개선 노력이 중장기적 계획으로 수립되어 다각적으로 추진된다면 분명 장기적 차원에서 사법 전문가 집단에 대한 신뢰도 제고에 도움이 될 수 있을 것이다.

마지막으로는 외부로부터의 강한 견제나 장치를 도입하는 것도 한 방법이다. 예를 들면, 의회형 옴부즈맨(Ombudsman) 제도의 도입을 검토할 수 있다. '옴부즈맨 제도'는 사법 분야의 청렴도 제고를 다른 기관의 견제 기능을 통해 지향하는 것이다. 옴부즈맨은 스웨덴어로 다른 사람의 대리인을 가리키는 용어이다. 최근에는 옴부즈맨은 의회감찰관(Parliamentary Commissioner), 불평처리관(Grievance Man), 중개조정인(Mediator), 국민상담관(Public Counsel), 시민보호관(Citizen's Defender) 등으로 불리기도 한다. 옴부즈맨 제도는 일반 시민을 대리하여 행정부를 통제하거나 국민과 정부 기관 간의 분쟁을 알선·조정·중재하여 국민의 권리를 구제하고, 법규에 얽매인 행정기관에 시정 권고를 내리는 제도이다. 아울러 행정의 실효성을 높이는 기능 및 행정정보의 공개를 확대하는 기능도 포함하고 있다(국민고충처리위원회 2004).

최근에 옴부즈맨 제도는 스웨덴뿐만 아니라 북유럽 국가와 독일, 뉴질랜드, 영국 및 미국 등으로 퍼졌다. 그러나 개별 국가의 옴부즈맨 제도의 내용은 역사적 특수성과 조건에 따라 다르다. 일단 소속 유형에 따라, 스웨덴의 경우에는 의회형 옴부즈맨 제도를, 다른 나라의 경우는 행정부형 옴부즈맨 제도를 채택하고 있다. 의사결정 방식에 따라서도 다양한 제도가 있다. 복수의 옴부즈맨이 옴부즈맨 개인별로 의사결정을 한다든가, 아니면 옴부즈맨 전체의 합의에 따라 의사결정을 할 수도 있다. 많은 국가에서는 1인 옴부즈맨이 결정하지만, 오스트리아나 뉴질랜드의 경우는 3인, 스웨덴의 경우 4인의 합의를 통해 결정하는 구조를 견지한다. 그러나 합의제 옴부즈맨 제도하에서도 담당 분야가 정해져 있으므로 해당 옴부즈맨이 주로 결정하게 된다. 다만 유사 사례에 관한 결정을 번복하거나 옴부즈맨의 운영과 관련된 사안을 결정하는 경우에만 서로 합의를 통하여 결정하는 것이 일반적이다. 마지막으로 업무 영역에 따라서도 일반 옴부즈맨의 경우는 전체 행정기관의 행정 전반을 대상으로 하지만, 전문 옴부즈맨의 경우는 특정한 행정 분야 또는 특정한 행정기관만을 대상으로 하는 등 다양한 제도 운용이 가능하다(국민고충처리위원회 2004).

사법 분야 청렴 제도와 관련해서는 스웨덴의 의회형 옴부즈맨 제도에 주목할 필요가 있다. 한국과 같은 행정부형 옴부즈맨 제도와 달리 스웨덴 의회 옴부즈맨은 의회에 의해 선출된다. 물론 직무상으로는 독립적으로 활동한다. 4년의 임기가 보장되며 재선할 수 있다. 공식적으로는 자격요건에 법조경력이 필요하지는 않지만 실제로는 거의 첫 번째 자격요건으로 법률적 훈련을 거친 경력이 필요하다. 따라서 대부분 판사 등의 경력을 가지고 있으며 정치적으로 중립을 지키도록 한다. 의회 옴부즈맨은 각료나 선출직 공무원을 제외한 중앙정부와 지방정부 전체는 물론, 이들 기관의 구성원과 공공사업을 집행하는 사람을 감독한다. 즉, 의회 옴부즈맨의 관할 범위가 중앙정부 및 경찰, 법원과 교도소 그리고 군대에까지 이르는 것이다. 특히 스웨덴의 의회 옴부즈맨의 경우는 핀란드 옴부즈맨처럼 사법부에 대한 기소권과 관할권을 가지고 있다(국민권익위원회 2013).

물론 이러한 제도의 도입 실효성은 한국적인 특성과 상황에 따라 달라질 수 있다. 아무리 선진국에서 효과 있는 제도라도 단순히 이식한다고 해서 우리 사회에서도 효과를 발휘할 거라는 보장은 없다. 그러나 조직 내부로부터의 개선과 개혁 노력에도 불구하고, 사법 전문가에 대한 불신이 커지고 있다는 현실을 비추어볼 때, 다각적인 시도가 필요하다. 이러한 시도 없이는 사법 전문가의 신뢰도 하락이 결국 한국 사회 전체에 대한 신뢰도 하락과 사회적 갈등의 확산 그리고 사회적 비용의 급증으로 이어질 것이기 때문이다.

8장 집단지성과 정보사회의 명암

"우리는 현실에서 집단지성이 아닌
집단감성을 경험하고 있다."

1 집단지성의 출현

21세기에 들어 산업사회의 근본적인 틀이 바뀌고, 새로운 형태의 패러다임이 퍼지고 있다. 기존 질서가 퇴색하고, 공간적으로는 전 지구적이며 시간상으로는 동시대적인 이른바 '세계화'가 진행되면서, 기존의 제조업 중심의 산업 구조가 정보의 생산, 가공, 유통업으로 바뀌고 있다. 심지어 기존의 정보화를 넘어 로봇화와 인공지능을 기반으로 하는 4차 산업혁명과 이에 따른 지식정보사회에 대한 논의도 활발하게 진행되고 있다.

그중 한 영역이 지식의 창출과 활용 방식이다. 전통적으로 인간 사회에서 지식은 전문가를 중심으로 형성되고 전승되었다. 이러한 지성을 '피라미드형 지성'이라고 한다. 고대나 중세에 귀족이나 승려에 의해 보존되고 전승된 지식이 대표적인 예이다. 현대 사회에서도 전문가 자격증, 학위 등 다양한 형태를 기반으로 하는 전문가를 중심으로 지식이 창출되고 배분되는 경향이 크다.

표 8-1 지적 능력의 종류와 특징

	피라미드형 지성(수직형)	집단지성(수평형)
정보구성	폐쇄 환경	개방 환경
지식 원동력	수동적인 상의하달	창의적인 발상과 참여
지성 분배	중앙 집결	분산
변화 형태	정적	동적
경제 파급력	적음	많음
형성 수단	물질적 재산이나 지식	사람

출처: 박재천·신지웅, 2007, 〈웹 2.0 플랫폼에서의 집단지성 활용방안 연구〉, 《한국 인터넷 정보학회지》, 제8권 2호.

최근에 정보통신기술의 확산에 따라 사회문제 해결이나 사회혁신과 관련하여 다른 방식의 지식 창출과 활용 형태인 '집단지성(collective intelligence)'이 주목받고 있다. 이 개념은 협력, 집합적 노력, 혹은 경쟁을 통해 공유되고 합의된 지적 능력을 의미한다. 이 개념은 미국의 생물학자인 휠러(Wheeler)가 제시한 것으로 알려져 있다. 휠러는 흰개미가 개별 개체로는 미약하지만, 집단 내 협업을 통해 생존하는 과정을 관찰하면서 흰개미가 상호작용을 통해 집단 수준에서 형성하는 지적 능력에 주목하였다.

인간 사회의 많은 지적 능력이 전문가를 중심으로 하는 수직적인 피라미드형 지성과 달리 상호작용을 통해 형성적 수평형 지성을 뜻한다. '수직형 지성'이 중앙집중형 분배 방식과 정적인 변화 형태를 따른다면, '수평형 지성'은 개별 분산 방식과 동적인 변화 형태를 기반으로 한다. 특히 인간 사회에서 형성된 집단지성은 다양한 방법으로 기억되고 보전되고 때로는 다른 지역으로 전파되고 다음 세대로 전승될 수 있다(〈표 8-1〉 참조).

집단지성은 자연과학과 사회과학 등 다양한 분야에서 예를 찾아볼 수 있다. 특히 사회학, 언론학 컴퓨터 공학 분야에서는 집단지성이 중앙집중적인 구조를 필요로 하지 않고 인터넷 같은 분산형 네트워크에 기반을 둔 자기조직형 지식이라는 측면에서 '공생 지성(symbiotic intelligence)'이라고 불리기도 한다.

2 정보사회와 집단지성의 기능

많은 학자가 정보사회에서 집단지성의 기능과 효과에 주목하였다. 무엇보다도 독일의 사회철학자인 하버마스(Habermas 1989)의 '공론장(public sphere)'과 관련이 있다. 공론장(public sphere)은 사회 구성원 사이에 공공의 문제를 합리적 토론을 통해서 합의하는 공간이다. 이 공간은 사적 관계에 기반을 둔 공간도 아니지만, 공적 관계에 기반을 둔 국가의 영역에도 속하지 않은 중간 영역에 해당한다. 참여자는 사적 이익을 추구하는 것이 아니라 공공의 이익을 추구하는 능동적인 역할을 통해 시민성을 실현한다. 공론장은 합리적 시민 참여와 공론 형성을 근간으로 하는 숙의민주주의의 발전에 중요한 역할을 한다.

하버마스는 현대 사회에서 민주주의를 유지하기 위해서는 건전한 공론장을 유지할 필요가 있다고 주장하였다. 고대 아테네의 민주주의나 계몽주의의 출현을 통한 부르주아 민주주의 혁명과 시민사회의 발달에 자유로운 시민이 공론을 형성하는 장소인 공론장이 결정적인 역할을 하였다는 것이다. 그런데 하버마스가 직접 사이버공간에서 집단지성을 통한 공론장 형성을 언급하지는 않았다. 그렇지만 그의 공론장 개념은 집단지성의 유용성을 언급하는 데 자주 이용된다. 현대 사회에서 개인이 공공의 문제를 논의할 기회가 많지 않다. 시간과 공간의 제약뿐만 아니라 사회경제적 제약으로 인해 다른 사람과 의견을 교환할 기회를 얻기 어렵다. 사이버공간에서는 이러한 각종 제약을 극복할 수 있다. 다양한 사회 구성원이 공론장에 참여하여, 공공성을 지닌 공론을 형성하게 된다. 이러한 과정을 집단지성의 발현 과정이라고 할 수 있다.

하버마스보다 프랑스의 철학자 레비(Levy 1999)의 집단지성에 관한 논의는 더욱 직접적이다. 그는 사이버공간에서 극대화되는 집단지성의 효과에 주목하였다. 특히 그는 사이버공간에서 집단지성의 확산과 창발 효과를 강조하였다. 사회가 더욱 복잡하고 역동적(다이내믹)으로 변화된다는 복잡계 이론에서는 사회가 수많은 요소로 구성되어 있으며, 이러한 구성요소는 상호작용을 한다고 본다. 이때 구성요소의 개별적인 특성과는 다른 거시적인 새로운 현상과 질서가 나타나게 되는데, 이러한 새로운 성질의 출현을 '창발'이라고 한다. 바로 집단지성이 이러한 창발 효과라는 것이다.

그는 개인 사이에 자유로운 지식과 정보가 상호교환되는 온라인에서 집단지성이 발현될 것으로 예측하였다. 전문가같이 지식을 독점하는 중앙의 규제와 제한이 존재하지 않는 온라인에서는 개인의 역량이 극대화되고 지식의 창발성과 역동성이 증가할 수 있다는 것이다. 일반 시민도 기존 규제와 제한에서 벗어나 지식과 정보를 교환함으로써 지속해서 고도의 가치를 창출할 수 있다고 주장하였다.

이러한 집단지성의 가능성과 효과를 여러 부문에서 찾아볼 수 있다. 무엇보다도 개인이 쉽게 접하는 인터넷상에서 '위키피디아'나 '네이버 지식인 서비스' 같은 서비스를 통해 특정 주제나 질문에 관해 대중의 답이 공유되고 수정되면서 집단적인 지식 산출의 예를 찾아볼 수 있다.

전문 영역에서도 집단지성에 기반을 둔 여러 시도가 진행되고 있다. 예를 들면, 데이터 분산처리를 통해 슈퍼컴퓨터급 성능을 발휘하게 하는 클러스터링 기술개발로 구성된 네트워크가 주목을 받고 있다. 이 기술을 이용하면 평범한 개인용 컴퓨터들을 병렬로 연결해 슈퍼컴퓨터에서나 가능했던 연산을 처리할 수 있다. 이러한 기술을 이용한 대표적인 네트워크가 '세티(SETI, Search for Extraterrestrial Intelligence at home) 계획'을 위한 병렬네트워크이다. 이 계획은 1999년 5월에 시작되었으며 세계 226개국, 한국인 5,000명 이상을 포함한 200만 네티즌이 자신의 컴퓨터가 아무 일도 하지 않을 때 자동으로 외계에서 수신한 전파정보를 분석해 중앙본부로 보내면 그것을 모아서 외계인이 만든 신호를 찾는 것이다(SETI 2020). 물론 개별 참가자가 의식적으로 외계인과 관련된 지식을 직접 창출하는 것은 아니지만 네트워크에서 제한된 활동을 통해서 새로운 형태의 지식을 탐구하는 데 참가한다. 이러한 종류의 네트워크는 게놈 연구, 기상변화나 대양의 흐름 같이 슈퍼컴퓨터급 성능을 요구하는 다양한 연구 분야에 쓰이고 있다.

이와 비슷한 시도로는 인텔과 옥스퍼드대학, 국립암연구재단, 미국암협회, 그리고 소프트웨어 업체인 유나이티드 장치 등을 주축으로 백혈병 등의 연구를 목표로 하는 '박애(Philanthropic) P2P 프로그램'으로 명명된 야심적 공동계획이 있다. 이 계획도 세티 계획처럼 개인 인터넷 사용자가 소프트웨어를 내려받아서 설치하면, 이 소프트웨어를 통해 주 자료 처리센터가 개인 컴퓨터로부터 분석 결과를 전달받는다(Intel 2001).

다른 유사한 유형의 집단지성의 예를 행정이나 사업 분야에서도 찾아볼 수 있다. 미국, 영국, 캐나다의 경우는 신속한 민원 서비스를 위하여 행정부처와 산하기관, 공기업 사이에 자료와 서비스 연동을 추진하고 있다. 예를 들면, 영국에서는 공공네트워크를 구성하여 민간 부문에도 각종 자료와 서비스를 제공하려 하고 있다. 몇몇 기업에서도 개방형 연구·개발 정책을 펴고 있다. 즉 제품이나 서비스 개발에 외부전문가의 참여를 유도하기 위하여 적극적인 기술 개방 정책을 펴고 있다. 프록터 앤드 갬블(P&G)은 50% 이상의 새로운 아이디어와 기술, 그리고 제품을 외부에서 가져오고자 한다. 물론 이러한 변화를 가속한 것은 다양한 형태의 미디어 융합 기술이다. 기업 사이에도 개방형 네트워크가 성장하고 있다. P&G, 뒤퐁, 바이엘, 하니웰, 캐터필러, 지멘스 등과 같은 기업이 함께 1999년에 만든 'yet2.com'의 경우는 웹 기술을 기반으로 기술을 사고파는 사람들을 한데 모아서 그들이 가지고 있는 지적재산이 가진 부가가치의 극대화를 지향하고 있다.

여기에 프로그램상의 문제를 미리 발견해 제거하는 버그 바운티(bug bounty), 병원의 여러 분야 의사들이 참여하는 통합진료, 경영 분야나 정치 행정 영역에서 사용하는 예측시장 시스템(prediction market system), 많은 데이터와 지식의 결합으로 만들어지는 인공지능(AI)의 발전 등 수많은 집단지성 시스템들이 사회 각 분야에서 미래사회를 이끄는 동력으로 자리 잡은 지 오래다.

집단지성은 사회혁신(Social Innovation)을 위해서도 다양하게 활용되고 있다. 사회혁신은 기존의 방식으로 해결하기 어렵거나 새롭게 발생하는 사회문제를 새로운 방법으로 해결하고, 사회의 시스템을 변화시켜 사회적 가치를 실현하는 것이다(한국정보화진흥원 2012). 특히 사회혁신은 문제 해결에 있어서 시민의 참여와 협력 그리고 개별 지역의 실정에 맞는 실효성을 강조한다. 디지털 사회혁신은 사회혁신을 위해 각종 정보통신기술을 활용하는 것을 의미한다.

여러 사회에서 기존 체제의 비효율성으로 인한 사회 갈등 격화와 경쟁

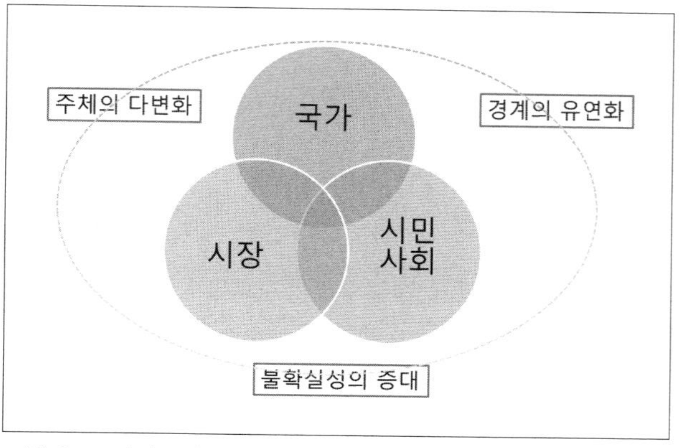

그림 8-1 사회문제의 재구성과 사회혁신

력 저하 등 다양한 사회문제가 증가하고 있다. 이에 따라 한국 사회의 사회적 필요와 문제에 대한 새로운 해결책을 창안하고 구현하는 과정의 필요성이 대두되고 있다. 또한, 지역 차원에서 주민들의 생활 속 문제들(쓰레기, 교통, 환경, 교육, 주차, 의료 등)과 지역의 현안을 해결하는 데 지역주민들의 역량과 참여 욕구가 높아졌다. 사회혁신은 이러한 문제 해결을 위한 시도로 볼 수 있으며, 지역사회 혁신은 지역적 차원에서 주민들의 생활 속 문제들을 해결하는 데 방점을 두고 있다. 전통적인 발전 모형은 주요 행위자로 국가와 시장만 상정하지만, 사회혁신은 공공 부문과 민간 부문의 협력뿐만 아니라 시민사회 부문의 적극적인 협력을 요구한다(〈그림 8-1〉 참조).

그런데 사회혁신 수행 과정에서 지역사회를 중요한 기반으로 삼아야 할 필요가 있다. 전통사회 이래 지역사회는 실제의 공동체가 자리 잡은 물리적 공간으로 볼 수 있다. 획일적인 중앙정부의 발전계획이 각 지역사회의 발전을 보장하는 것은 아니며, 각 지역의 현황과 구성원의 욕구가

표 8-2 디지털 사회 혁신의 예

영역	명칭	내용	주체
보건	Careables	-개인의 특성에 맞는 건강 관련 물품을 생산할 수 있는 디지털 협업 체제 플랫폼을 운영	보건전문가, 시민
교육	Fab Lab Barcelona	-디지털 기술을 통해 또래 집단 학습 모형을 제시함으로써 기존 방식의 교육 문제를 해결	지방자치단체
먹거리, 환경	Open Source Circular Economy	-순환경제 관련 웹비나 등을 개최	시민단체
이민과 사회 통합	Techfugees	-이민자와 난민을 위한 앱 개발 -이민자와 난민 관련 행사 개최	시민단체
디지털 민주주의	서울혁신기획관 (SIB)	-정책 설계와 집행에 있어서 시민 참여 강화 -순환, 협력, 사회적 영향을 강화하는 각종 정책을 집행	지방자치 단체
도시개발	Barcelona Activa	-도시개발 관련 시민 의견 방영 플랫폼 개발 -도시개발 관련 행사 개최	지방자치단체
문화와 예술	Arts and Heritage Matched Crowdfunding Pilot	-영국 예술위원회와 헤리티지 복권 기금과의 협업을 통해 크라우드 펀딩 실시 -문화와 예술 분야의 프로젝트 지원 플랫폼 운영	중앙정부, 민간, 시민단체
과학	Smart Citizen	-일반 시민이 환경 자료를 수집하고 분석하여 환경 문제를 해결할 수 있도록 기구, 방법론 등 지원	전문가, 시민
금융과 경제	Openspending	-현재 영국 시민이 웹상의 인포그래픽을 통해 세금 사용 내용을 확인할 수 있도록 정보 제공 -앞으로 모든 정부와 기업 재무 관련 정보를 제공할 예정	시민단체

다를 수 있다. 게다가 사회혁신 자체도 구성원의 구체적 문제 해결 능력 향상을 목표로 한다는 점에서 사회혁신의 주요기반으로 지역사회를 설정할 필요가 있다.

또한, 지역사회의 생활 속 문제를 발견하고 이를 해결하는 데 직접적인 이해관계가 있는 주체가 바로 주민인 점을 고려할 때 주민 중심으로 문제 해결의 협력적 거버넌스가 구축될 필요가 있다. 이러한 관점에서 네트워크를 기반을 둔 주민의 적극적인 참여를 주요 요소로 하는 디지털 사회 혁신(digital social innovation)도 집단지성의 하나의 형태로 볼 수 있다. 〈표 8-2〉는 수많은 공사기관에서 활성화되어 있는 '크라우드소싱 제안제도', 지방자치단체에서 경쟁적으로 도입하고 있는 '리빙랩(LivingLab)'이나 '커뮤니티 매핑(community mapping)' 등을 포함한 디지털 사회혁신의 사례를 제시하고 있다.

3 집단지성의 두 얼굴

정보사회에서 주목받는 집단지성의 특성과 관련하여 몇 가지 점을 고려할 필요가 있다. 첫째, 집단지성 자체가 정보사회에만 국한된 현상은 아니다. 사실 집단지성이라는 개념이 생물학에서 기원한 개념이니만큼 정보사회에서 나타난 새로운 형태의 지성은 아니다. 인류는 초창기부터 집단 내 상호작용을 기반으로 하는 집단지성을 기반으로 각종 위험을 극복하였다. 어쩌면 인간 본성을 나타내기 위해 자주 사용하는 '사회적 동물' 같은 철학적 개념이 바로 사회 속에서 인간이 집단으로 지식을 생산하고 공유하는 것을 의미한다고 볼 수 있다. 프랑스 사회학자인 뒤르켐도 개인이 시공간을 넘어서 지식을 공유하기 때문에 사회가 고급 지성을 구성한다고 주장하였다.

물론 이러한 집단지성의 도구나 범위 혹은 속도가 정보통신기술의 발달로 인해 비약적으로 증가한 것이다. 따라서 집단지성이 기존의 지식 창출 유형을 대체한 새로운 체계로 간주하고 이상적인 효과를 기대하는 것

표 8-3 집단지성의 두 얼굴

긍정적 측면	부정적 측면
집단행동과 참여 가능성 증가	이성적 토론의 가능성 감소
순간적인 피드백 증가	집단 수준의 감성적 반응 가능성 증가
자유로운 정보의 소통과 공유	특정 세력에 의한 정보의 왜곡
시민의 의견 반영 확대	대중영합주의의 가능성 증가

은 적절한 접근법이라고 보기 어렵다.

둘째, 집단지성이 갖는 실질적인 효과를 다양하게 살펴볼 필요가 있다. 정보사회 초창기에 집단지성에 대한 낙관론이 팽배하였다. 집단지성이 가져다주는 긍정적인 측면이 집중적으로 조명을 받았다. 집단지성을 통해 많은 사람의 순간적인 피드백이 가능하므로 시민의 참여와 집단행동의 가능성이 증가하게 된다. 더 나아가 행동의 결과를 즉각적으로 논의할 수 있으므로 새로운 형태의 사회참여와 운동이 이루어질 가능성이 크다. 그러나 집단지성이 현실에서 발현되는 방식을 살펴보면, 집단지성의 부정적 측면도 주목해야 할 필요가 있다. 가장 중요한 측면은 이성적 토론의 가능성이 작아지고 있다는 점이다. 소수의 선동가에 의해 감정적으로 대중들이 휘둘리는 경우가 많다.

셋째, 토론의 재료가 되는 지식과 정보가 얼마나 객관적이고 적절하게 유통되고 있는지에 대해서 부정적인 의견이 많다. 정확한 정보가 적절하게 완전히 공개된다고 가정하는 것은 마치 시장이 완전 자유경쟁체제라고 간주하는 것만큼 비현실적인 가정이다. 오히려 집단지성의 기반이 되는 창발성이 지식 창출이 아니라 정보의 유통과 확산 과정에서만 발견되기도 한다. 한 대학에서 1,000명 정도의 학생이 수강하는 대형 사이버 강의의 기말고사에서 700명 이상의 학생이 오픈 채팅방을 개설하고 집단으로 답안을 공유한 사례도 있다. 여기에 정보유통이나 확산 과정에서 이성적인 토론보다는 감정에 기반을 둔 반응이 나타나는 경우도 많다. 심지어 집단행동을 일으키기도 한다.

4 집단지성의 미래

많은 사회에서 사이버공간의 확장에 기반을 둔 정보 창출과 확산의 변화는 집단지성의 영향력을 증가시켰다. 이에 따라 전통적 방식의 정보 창출의 담당자인 전문가 집단의 권위가 도전받고 있다. 게다가 전문가 집단의 폐쇄성에 따른 부정적인 요인은 그들의 전문성과 신뢰성을 감소시켰다. 심지어 다른 외부요인에 따라 전문가의 판단이 영향을 받는 일이 자주 일어남에 따라 객관성에 대한 의문도 제기되고 있다. 결국, 전문가의 위상 하락이 한층 커지고 있다.

이에 따라 대중이 전문가 집단의 '전문성'이나 '능력', '선의', '투명성' 모두를 신뢰하지 않으며, 전문가 개인의 의견을 믿는 것이 아니라 비록 비전문가 집단이라도 다수의 사람을 거치며 집단으로 가공되고 인정된 정보나 지식이 더 객관적이라고 판단하고, 그러한 다수의 검증을 통해 '인정받은' 아주 소수의 전문가만을 믿고 신봉하기에 이르렀다. 아울러 전문가 집단이 제공하는 콘텐츠에 대한 신뢰의 상실은 곧바로 그들의 사회적 지위나 권위의 하락으로 이어져, 전문가에 대한 사회적 신뢰의 수준 및 구조의 근본적인 변화를 일으켰다. 전문가들이 누리는 권위가 그들이 생산한 지식이 옳고, 사회를 이해하는 객관적이고도 과학적인 토대를 제공한다는 대중의 믿음에서 비롯되었던 만큼, 신뢰의 위기가 곧바로 권위 차원에서도 심각한 하강 국면으로 이어진 셈이다.

전문가의 권위 하락은 사회 전반에 대한 신뢰 하락으로 이어지기 쉽다. 전문가가 공적, 제도적 신뢰를 담당하는 이들인 만큼 이들이 신뢰를 잃게 되면 결국 제도 집행에 대한 신뢰 또한 떨어지게 되고 나아가 사회 전반에 대한 신뢰도도 낮아지게 되는 것이다. 실제 기존의 경험적 자료들을 분석해 보면, 전문가에 대한 신뢰와 사회 전반에 대한 신뢰는 대체로 연동하는 경향이 있는데, 이는 전문가 집단이 신뢰를 받느냐가 총체적인 사회적 신뢰의 기반이 되고, 이 부분에 문제가 발생할 때 공적 신뢰 전반에 위기가 올 수 있음을 시사한다.

전문가의 권위 하락은 '사회적 비용'을 증가시킨다. 의료 전문가에 대한 불신은 환자들이 백화점에서 쇼핑하듯이 다수의 병·의원을 오가도록 만들었고, 과잉진료에 반대하는 반의학 서적 출간 붐을 일으키기도 했다. 공교육과 교사를 믿지 못하는 풍조가 사교육 시장의 기형적 팽창이나 조기 유학, 대안 교육의 확장 등으로 귀결된 것도 또 하나의 예이다. 또한, 법적인 판결에 불복해 국가나 공공기관을 상대로 소송을 제기하는 건수가 증가하고 정부가 패소해서 지급해야 하는 비용이 연간 800억 원에 달하는 등 공적 기관 및 법조계에 대한 불신으로 생기는 예산 낭비도 심각한 수준이다.

그런데 집단지성이 전문가를 완전히 대체하는 새로운 유형의 대안이라고 단정하기는 어렵다. 집단지성에 내포된 위험인자에 관해서 고려해야 한다. 정보나 지식을 취사선택하고 확산시키는 대중의 능동적인 선택과 행위가 한층 중요해졌다. 민주적인 의사소통의 가능성도 커졌다. 그러나 최근 사이버공간에서 정보의 유통과 소통 방식을 살펴보면 '지성적인' 시민의 능동적인 참여를 찾아보기 어렵다. 개인이 자신의 이성적인 판단이나 객관적인 근거를 찾기보다는 타인의 생각과 행동에 의존하는 경우가 많다. 일정 수의 사람들이 진위와 관계없이 특정 사실을 옹호하게 되면 다른 사람들도 따라가게 되는 '사회적 폭포 효과(social cascades)'나, 사회적 규범이나 대다수의 의견 등에 개인의 의견이나 행동을 동화시키는 심리적 경향인 '사회적 동조 현상'이 자주 일어난다. 많은 이들이 다수의 생각을 근거로 삼아 특정한 신념을 고수하거나 그에 순응하고, 사회적 분위기나 반응을 참고하여 다수와 부딪치는 것을 피함으로써 집단에서 소외되지 않으려 하는 것이다(안지수·이원지 2011).

이렇게 단순히 다수의 선택과 동조가 '진실'을 판단하는 유일한 근거가 되는 현재의 정보유통 방식은 그 자체로 문제가 있을 뿐 아니라 그 안에서 다양성을 허용하지 않는다는 점에서 특히 위험하다. 서로비키에 의하면 대중이 지혜를 지니기 위해서는 무엇보다 지혜의 주체인 대중이 '다양하게' 구성되어 '다양한 목소리'를 낼 수 있어야 하는데, 이러한 다양성이 제대로 갖추어지지 않을 때 갈등과 불안은 증폭된다(Le Bon 1974). 진실을 판단하는 데 있어 진실에 접근하게 해주는 지식을 제공하는 전문가의 권위가 낮으면 대중들은 그 판단에 있어 양분되거나 지나치게 감정적으로 되기도 한다. 이 문제들을 극복하지 못할 때 집단지성은 카소봉(Casaubon)이 이야기한 '근거 없는 믿음'의 주체로 전락하고(Clark 1997, 183), 사회의 신뢰구조는 그 기반에서부터 위태로워진다.

결국, 집단지성이 현실에서 의미 있는 결과를 만들어내기 위해서는 광범위한 정보의 유통으로는 충분하지 않다. 정보 창출과 확산에는 시민성과 지성을 갖춘 개인이 필수적이다. 무엇보다도 이러한 과정에서 해당 분야에서 전문가의 역할이 강화될 필요가 있다. 전문가 집단 내에서만 이루어지는 지식의 생성과 전승, 즉 연구와 교육을 시민을 대상으로 확대할 필요가 있다. 더욱 다양한 분야에서 전문가의 적극적인 사회참여가 필요하다.

둘째, 개인들 사이에 협업이 필요하다. 신뢰를 높이고 소통을 원활히 하기 위한 중요한 요소가 바로 협업이라고 할 수 있다. 협력은 일종의 행위적인 측면으로 개인이 만나서 연계를 하여 성과와 결과를 극대화하는 것이다. 개인과 집단은 성공적인 협업을 통해 협업의 가치를 확인할 수 있고, 이를 통해 이들 사이에 신뢰가 증가하고 소통을 확대할 수 있다.

물론 각종 정보통신기술도 협업을 원활하게 하는 데 도움을 줄 수도 있을 것이다. 예를 들면, 교육 현장에서 학제적 연구처럼 학제적 교육을 각종 융합 미디어를 통해서 구현할 수 있을 것이다. 또한, 다른 학교, 다른 지역 학생들과의 협업도 바로 이런 기술을 통해 효과적으로 수행할 수 있을 것이다.

4부
사회 통합을 지향하며

9장 세대 갈등과 사회 통합

"나이는 숫자에 불과하지 않다."

1 세대 갈등의 위기

최근에 우리는 신문, 방송이나 인터넷을 통해 '세대'와 관련된 위와 같은 이야기를 심심치 않게 듣게 된다. 이러한 매체에 등장하고 있는 세대의 종류가 다양하다. 노년 세대의 활기찬 측면을 강조한 '플래티넘 세대'라는 용어가 사용되기도 하고, 동시에 비하하는 '틀딱충' 같은 용어가 등장하기도 한다. 다양한 세대에 관한 용어도 등장하고 있다. 완숙한 중년 세대를 뜻하는 'WINE 세대', 반항적이고 자신만의 개성만을 찾는 'X세대'에서부터, 튀는 패션에 쇼핑을 즐기는 'Y세대', 높은 구매력을 보이고 유행에 민감한 'Z세대' 등 최근의 사회적 흐름을 반영하는 각종 세대가 등장하고 있다. 세대의 폭도 다양하다. '1년 사이에도 세대 차이를 느낀다'는 말처럼 좁은 연령대를 포함하는 세대가 있는가 하면, 비교적 다양한 연령층을 포함하는 세대도 있다.

물론 한국 사회에서 이러한 세대에 관한 관심과 이해의 노력이 새삼스러운 것이 아니다. "요즘 젊은 애들 버릇이 없어" 혹은 "요즘 젊은이를 보면 말세야"라는 고대 문명의 유물에 나온 이야기까지 거슬러 올라갈 필요도 없다. 최근까지 여러 유형의 세대 차이의 문제가 등장하였다. 그런데 단순한 가치관의 차이를 넘어서 세대 갈등의 문제로 비화하고 있다. 우리 사회의 압축적(compressed) 혹은 응축적(condensed) 변화와 사회 변동은 개별 세대에게 매우 다른 경험을 제공한다. 이에 따라 다양한 측면에서 세대별로 '다름'과 '경계'를 형성함으로써 세대 차이를 가져온다. 세대 갈등의 중요한 원인인 세대 차이는 결국 한국 사회의 변화에 따른 각 세대의 다른 사회적 경험을 통해 발생한 것이다.

그런데 이러한 세대 갈등이라는 과제는 보다 중요해지고 있다. 무엇보다도 세대와 관련된 쟁점이 폭이나 깊이가 커지고 있다. 이에 따라 변화 속도를 따라가지 못하는 세대와 빠르게 변하는 세대 간의 갈등이 커지는 양상이다. 이러한 갈등 현상은 사회적 연대의 약화를 불러일으키고 사회적 협력 비용을 증대시키고 정부의 정책 수행 효율성을 감소시킬 수 있다. 2016년 현대경제연구원에서는 우리 사회에서 각종 사회 갈등 비용이 3조 원에 이른다고 밝히고 있다. 이에 따라 갈등수준이 OECD 평균보다 1.5배 정도 높고, 1인당 GDP의 27% 정도되는 비용이 갈등 때문에 지출된다는 연구도 있다.

게다가 우리 사회의 갈등 해결 능력이 세대 갈등의 심화 경향을 따라가지 못하고 있다. 전에는 세대 간 차이에도 불구하고 지속적인 경제 발전을 통해 '갈등'의 문제를 해결하였다. 예를 들면, 그동안 경제 발전은 각 세대에게 불만스럽지만, 희망적인 메시지를 던져주었다. 사회가 끊임없이 사회 구성원들에게 기회를 주고 역동적으로 발전했기 때문에, 각 세대는 물질적으로 자신의 삶을 만족스럽게 생각하였다. 심지어 현실이 어렵더라도, 미래에는 희망이 있으므로 현재의 어려움을 극복할 힘을 얻기도 하였다. 그러나 이러한 희망적인 미래에 대한 낙관적인 기대는 1997년 외환위기, 2008년 금융위기와 함께 종말을 고하게 되었다. 한국 사회가 하드웨어적인 측면과 아울러 소프트웨어적인 측면에서도 질적인 변화를 겪었다. 이러한 급격한 변화는 자살률 급증, 가족 붕괴, 이혼율 급증, 고용불안, 취업난 등으로 나타나고 있다. 이 장에서는 한국인이 생각하는 세대 차이의 현황을 여러 가지 방법을 통해 살펴보고자 한다.

2 세대 차이

2.1 세대별 동질성

정치, 경제, 사회의식의 조사 결과에서는 세대별 차이가 크게 드러나지 않는다. 이는 일반적으로 세대 갈등의 주요 요인으로 간주하였던 부분에서 세대 차이가 생각보다 크지 않다는 것을 의미한다. 그렇다면 세대 내에서는 어느 정도 동질성이 있는가를 살펴보고자 한다. 일반적으로 집단관계의 문제를 보는 방법에는 내적인 측면에서 내부 응집력을 보는 방법과 외적인 측면에서 집단 간의 차이를 보는 방법, 두 가지로 나누어 볼 수 있다. 이러한 분류 방법을 기준으로 삼는다면, '집중도'는 전자에 해당하는 것으로, 이는 집단을 형성하고 있는 사람들이 내부적으로 얼마나 같은가를 보는 것이다. 다시 말하자면 이 개념은 집단 내부의 응집력을 살펴보는 것이다. 한편, '사회적 거리'라는 개념은 후자에 초점을 맞춘 것이다. 이는 갈등 집단들의 모습을 고립된 속성이라기보다는 '관계'라는 전체적

표 9-1 세대별 국제 관계에 대한 집중도

	20대	30대	40대	50대	60대
남북통일	0.384	0.378	0.346	0.343	0.308*
협력 국가	0.374	0.353*	0.380	0.433	0.475

* 가장 낮은 집중도를 보이는 세대를 표시함.

인 틀 속에서 보여줄 수 있으며, 그 관계를 일반적인 서술방법과는 달리 구체적인 지표를 통해서 표현할 수 있다.

여기서는 세대 내에서 정치, 경제, 사회의식의 집중도 혹은 동질성을 알아본다. 이를 위해 우선 세대별로 개별 항목에 대한 평가를 살펴보고 이러한 평가항목을 종합한 요약지표(summary indices)를 살펴보기로 한다. 〈표 9-1〉은 세대별로 개별 평가항목에 대한 집중도를 보여주고 있다. 일반적으로 '집중지표(concentration index)'는 다음과 같이 계산할 수 있으며, 흔히 한 사회나 집단의 동질성을 측정하기 위해 사용되고 있다. 이 집중도 지표는 쉽게 설명하자면, 한 쌍, 즉 두 명의 사람을 무작위로 뽑았을 경우 같은 의견을 가진 그들 두 사람이 뽑힐 확률을 의미한다. 이 지표의 최댓값, 즉 어떤 항목에 관해, 한 집단 내의 모든 의견이 일치할 때 값은 1이고, 최솟값, 즉, 각 항목에 관해 의견이 고르게 분포되어 있을 경우는 그 값은 1/k이 된다(여기서 k는 항목의 수). 분산지표는 전체 확률인 1에서 집중지표를 뺀 값이다.

〈표 9-1〉은 세대별로 국제정치에 대한 의식의 집중도를 정리한 것이다. 먼저 남북통일에 대한 세대별 집중도를 살펴보자. 남북통일에 대한 태도에서 집중도에서 세대별로 큰 차이를 보이지는 않는다. 다만 상대적으로 큰 집중도를 보이는 세대는 20대이다. 적어도 남북통일에 대한 태도에서 20대가 상대적으로 큰 집중도를 보이는 것은 '서두르기보다 여건 성숙을 기다림'이라는 항목에 응답이 보다 집중되어 있기 때문이다. 반면에

표 9-2 부정부패에 대한 집중도

	20대	30대	40대	50대	60대
부정부패(과거)	0.337	0.359	0.330	0.332*	0.335
부정부패(현재)	0.325	0.330	0.303	0.302*	0.315
부정부패(미래)	0.260*	0.277	0.278	0.273	0.286

* 가장 낮은 집중도를 보이는 세대를 표시함.

60대는 상대적으로 다양한 의견을 밝히고 있다.

협력 국가에 대해 상대적으로 더욱 다양한 의견을 가지고 있는 세대는 20대와 30대이다. 기성세대가 미국을 중심으로 하는 전통적인 우방국에 대한 협력을 중시했지만, 젊은 세대의 경우는 좀 더 다양한 국가와 협력을 해야 한다고 생각하는 경향이 상대적으로 크다.

한편, 부정부패에 대한 의견은 한국 사회 전체의 과거와 미래에 대한 신뢰와 관련이 깊은 문제이다. 한 사회가 부패했다는 이야기는 그만큼 그 사회를 믿기 어렵다는 것을 의미한다. 따라서 우리는 부정부패에 대한 의식을 통해 간접적으로 각 세대의 한국 사회에 대한 신뢰도를 알아볼 수 있다. 과거와 현재 부정부패에 관해서는 의견 차이가 세대별로 거의 드러나지 않는다. 다만 50대의 집중도가 상대적으로 낮은 편이다. 즉 50대가 상대적으로 더욱 다양한 의견을 가지고 있다는 것이다.

미래의 부정부패에 관해서는 전체적으로 집중도가 약해졌다. 즉, 미래 한국 사회의 부정부패에 관해서는 과거나 현재의 부정부패에 비해 좀 더 다양한 의견을 가지고 있는 것으로 나타났다. 미래 부정부패에 관해서는 20대가 상대적으로 더욱 다양한 의견을 밝히는 것으로 나타났다. 이러한 결과는 전체 사회문제에 관한 심각성, 실업 문제, 범죄문제에 대한 의식에서도 나타난다.

사회문제에 관해서도 세대별로 뚜렷한 의견 차이를 보이지 않다. 다

표 9-3 세대별 정치, 경제, 사회문제에 대한 집중도

	20대	30대	40대	50대	60대
전체 사회문제 심각성*	3.483*	3.920	3.799	3.953	3.980
빈부 문제	0.444*	0.505	0.508	0.499	0.498
부동산 문제	0.428	0.495	0.443	0.424	0.407*
실업 문제	0.560*	0.575	0.618	0.654	0.680
범죄문제	0.314*	0.349	0.324	0.322	0.351
지역 갈등 문제	0.331	0.291	0.284	0.289	0.283*
이념 갈등	0.348	0.299*	0.316	0.318	0.295
세대 갈등	0.349	0.329	0.350	0.286*	0.302

* 가장 낮은 집중도를 보이는 세대를 표시함.
** 개별 사회문제를 심각하다고 보는 비율을 기초해서 계산함.

만 20대가 다양한 항목에서 상대적으로 더욱 다양한 의견을 밝히고 있다. 20대의 경우 모두 8개 항목 중 4개 항목에서 집중도가 상대적으로 제일 낮다. 그러나 20대와 다른 세대와 차이는 크지 않다. 그렇다고 연령 측면에서 가까운 30대가 유사한 경향을 보이는 것은 아니다. 다시 말하자면, 세대와 관련하여 정치, 경제, 문제에 대한 의식에서 연령에 따른 특정한 경향을 찾아보기 힘들다.

2.2 세대별 감성적 의미

세대별 특성은 앞서 소개한 감성 조절 이론에 기반을 두어 주요 차원을 선정하고, 이들 사이에 거리를 구하였다.[1] 이 분석을 통해 우리는 각 세대가 있는 상대적인 위치를 알 수 있다. 이를 위해 각 세대에 대한 평가의 평균값을 구하고 이를 거리 척도로 환산하여 다차원척도 분석기법을 통해 분

1 구체적으로 복잡한 자료를 단순한 몇 개의 차원에 배치하는 다차원척도 분석기법(multi-dimensional scaling)을 이용하여 분석하였다.

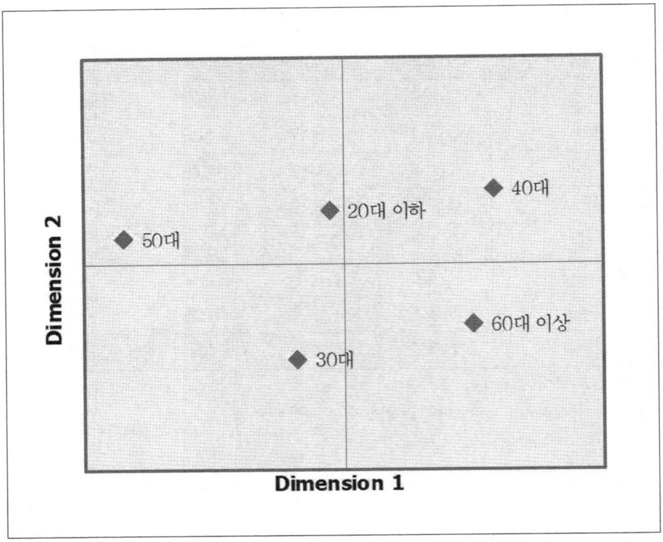

그림 9-1 감성적 의미 세대별 평가(멀다-가깝다)

석하였다.

이러한 이론적 논의를 기반으로 감성적 의미의 첫 번째 항목으로 각 세대가 다른 세대와 얼마나 감성적으로 가까운가를 살펴보았다. 먼저 상대적으로 좀 더 큰 차이를 보이는 1차원에서는 40대와 60대 이상과 50대 사이에 차이가 두드러졌다. 그다음으로 좋다 나쁘다 차원에서는 40대와 30대 차이가 가장 두드러졌다. 이러한 결과는, '멀다-가깝다'라는 기준으로 본다면, 연령에 따른 차이보다는 일종의 사회적, 역사적 경험에 의한 코호트 효과에 의한 차이라고 볼 수 있다. 주목할 만한 것은 20대에 대한 거리감 평가이다. 20대 이하의 경우 정중앙에 자리 잡고 있진 않지만 다른 세대에 비해서는 상대적으로 그 차이가 작은 편이다.

위의 결과는 '멀다-가깝다'라는 항목이 세대 사이에 존재할 수 있는 전반적인 사회적 거리에 대한 것이다. 반면에 '좋다-나쁘다'라는 항목은 우

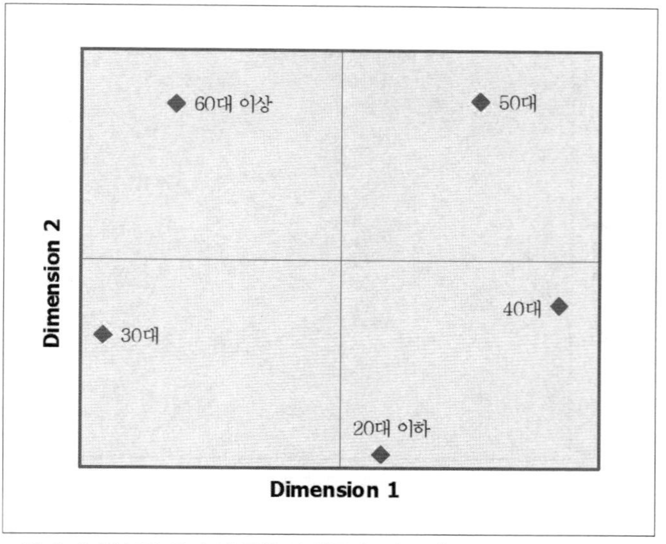

그림 9-2 감성적 의미 세대별 평가(좋다-나쁘다)

리가 일반적으로 논의하거나 접하게 되는 세대 갈등의 하나의 원인을 살펴보는 데 유용하다. 이 차원은 더욱 직접적인 감성을 반영하기 때문이다. '멀다-가깝다' 항목과 차이가 두드러진 점은 기성세대와 젊은 세대 사이에 차이가 두드러진다는 것이다. 상대적으로 50대와 60대가 하나의 집단을 이루고 20대, 30대, 40대가 다른 하나의 집단을 이룬다. 전반적인 사회적 거리에 관한 항목과는 달리 이 항목에서는 중간지대에 속하는 세대가 없다. 각 세대에 대한 평가가 일종의 오각형을 이루고 있다.

앞서 조사된 '좋다-나쁘다'라는 항목은 매우 개인적인 측면과 관계가 깊지만 '약하다-강하다'라는 측면은 사회적인 측면과 생물학적인 측면과 관계가 깊다. 따라서 이러한 평가는 사회적인 위치, 정치적, 경제적 권력과 관련이 깊다. 예를 들면, 사회 여러 부문에서 중요한 위치를 차지하고 있는 20대, 40대, 50대의 경우는 이 항목에서는 상대적으로 높은 평가

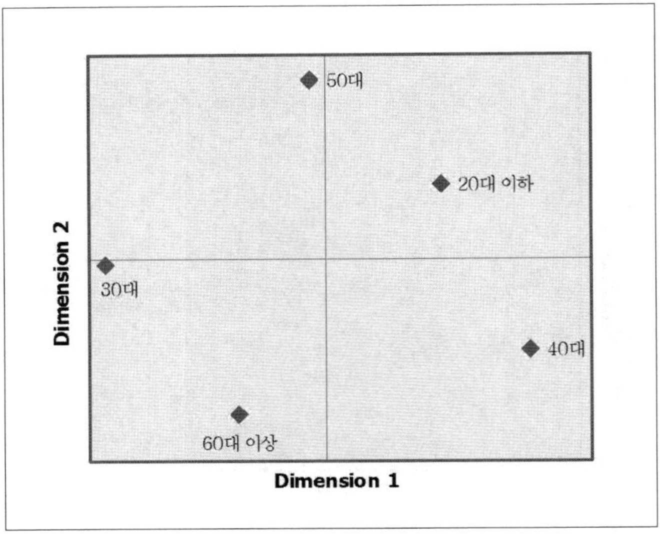

그림 9-3 감성적 의미 세대별 평가(약하다-강하다)

를 받고 있다. 20대의 경우는 사회적인 측면이라기보다는 생물학적인 측면에서 상대적으로 높은 평가를 받기 때문에 50대와의 거리가 비교적 가깝다. 반면에 60대의 경우는 상대적으로 낮은 평가를 받고 있다. 이 역시 생애주기를 고려할 때 이해할 만한 결과이다. 주목할 만한 결과는 30대에 대한 평가이다. 상대적으로 30대는 다른 세대에 비해 상대적으로 차이가 크게 나는 편이다.

마지막 평가항목은 물리적인 측면과 관련이 깊다. 따라서 자연스럽게 생애주기를 기준으로 '느리다-빠르다'라는 평가가 이루어지고 있다. 20대의 경우가 상대적으로 가장 빠르다는 평가를 받고 있다. 그다음으로 30대, 40대 순서로 '빠르다'라는 평가를 받고 있다. 반면에 50대와 60대의 경우는 차이가 거의 드러나지 않는다.

한국 사회의 중요한 쟁점 중의 하나는 신뢰이다. 지난 한 세기 동안 한

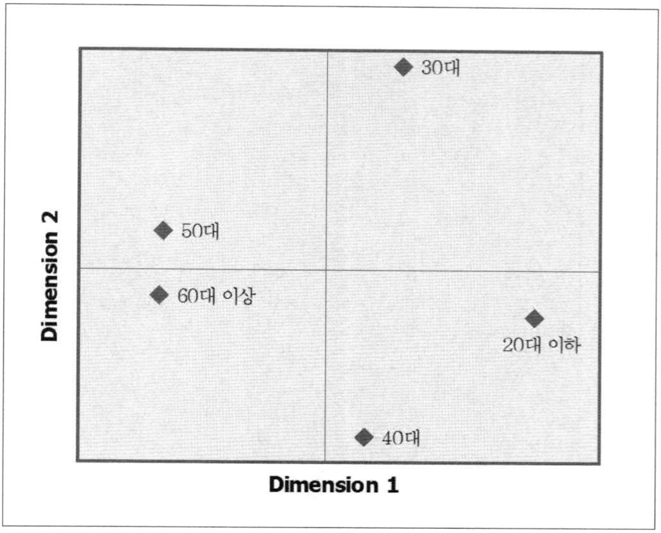

그림 9-4 감성적 의미 세대별 평가(느리다-빠르다)

국은 다른 사회에 비해 급격한 사회 변동을 겪었다. 한 마디로 압축성장이라고 불릴 정도로 경제 성장을 이루었고 이에 따라 다양한 분야에서 변화를 겪어왔다. 그런데 이러한 급격한 변화의 이면에는 권위주의 정부에 의한 일방적인 통제라는 측면이 존재하고 있다. 분명히 사회 각 분야의 다양한 요구와 이견이 존재했었고, 급격한 사회 변화와 경제 성장으로 인해 그 정도는 아마 더 컸을 것이다. 그러나 권위주의 정부 아래에서는 표면적으로 사회에서 여러 집단 사이에 존재하는 갈등이 일방적으로 통제됐다. 이 당시에는 사회 갈등이 표면화되지 않고 잠재적으로 존재해왔다.

이러한 한국 사회의 특징은 공공성 확립과 공공 영역이라는 또 다른 과제를 제시하고 있다. 갈등과 관계가 일방적으로 결정됨에 따라 개인과 집단 사이에 존재하는 공적인 신뢰가 확립되기 어려웠다. 이러한 공적인 신

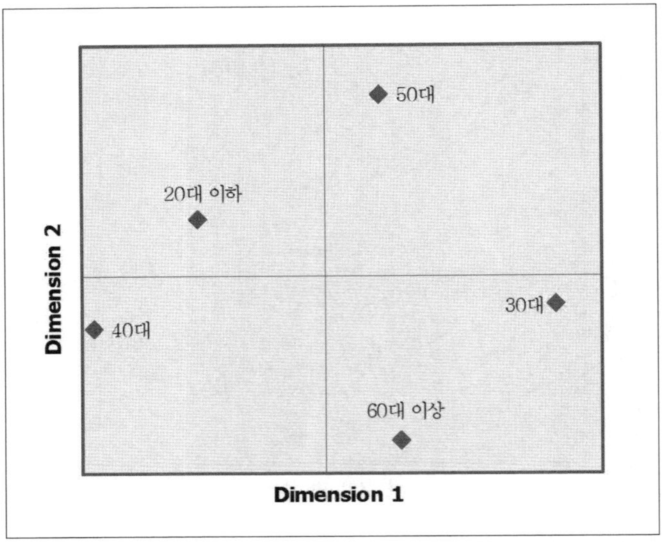

그림 9-5 감성적 의미 세대별 평가(믿기 어렵다-믿을 만하다)

뢰의 부재는 끊임없는 갈등과 이해의 조정이라는 사회문제를 불러일으키고 있다. 이러한 점에 세대 사이에 나타나는 신뢰의 정도를 살펴보는 것도 이 영역에서 현재 문제를 파악하는 데 큰 도움이 될 수 있다.

'신뢰'라는 항목에서 가장 두드러진 결과는 신뢰라는 변수가 하나의 차원으로만 이해하기 어려울 수도 있다는 것이다. 즉 '믿을 만하다'는 긍정적인 측면과 '믿기 어렵다'는 부정적인 측면이 항상 반대의 경향을 보이는 것은 아니라는 것이다. 예를 들면, 40대를 제외한 다른 세대는 이러한 관계가 더욱 분명하게 나타난다. 반면에 40대의 경우 신뢰라는 측면에서 평가가 더욱 복잡한 양상을 보인다. '믿을 만하다'는 측면에서는 연령과 비례하는 평가를 받았다면, '믿을 수 없다'는 측면에서는 상대적으로 가장 많은 응답 비율을 보인다. 따라서 다차원 분석에서 다른 세대에 비해 유형이 다소 다르게 나타난다. 40대는 대체로 '86세대'에 해당하는데 그만큼

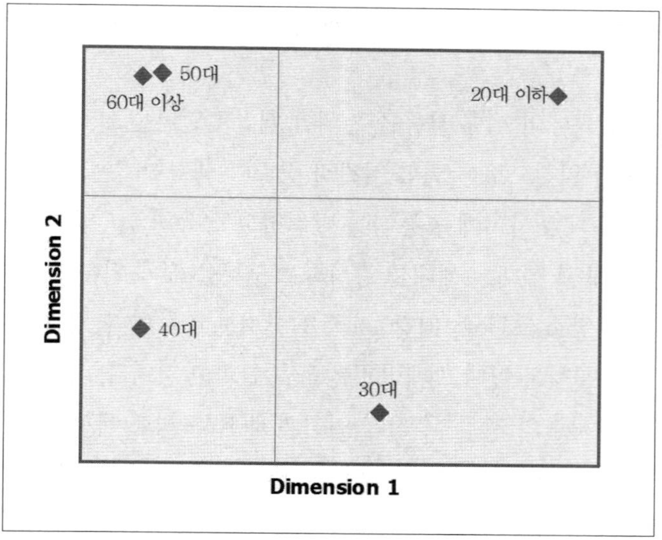

그림 9-6 감성적 의미 세대별 평가(폐쇄적이다-개방적이다)

사회적인 기대가 컸던 만큼 이에 대한 반작용도 컸기 때문이다.

'폐쇄성'에 관한 항목은 다른 항목에 비해 50대와 60대와 그 외 세대 사이에 차이가 두드러진다. 적어도 폐쇄성이라는 측면에서 50대와 60대는 크게 차이가 나타나지 않는다. 20대, 30대, 40대 사이에서는 40대의 특성이 다소 드러난다. 20대와 30대의 경우는 상대적으로 더 개방적이고 동시에 폐쇄성이 낮다는 평가를 받고 있다. 반면에 다른 중장년 세대와는 달리 40대의 경우는 연령과 폐쇄성의 평균적인 관계를 볼 때 상대적으로 더욱 개방적이다. 이는 그동안 여러 형태의 사회운동과 정권에서 386세대가 보여주었던 성향에 대한 평가로 보인다. 적어도 40대는 '나이에 비해' 상대적으로 개방적이라는 평가를 받고 있다.

3 관계의 변화—수직적 관계에서 수평적 관계로

우리가 세대 차이와 세대 갈등을 논의할 때, 그 원천을 살펴볼 필요가 있다. 대표적인 원천으로 사회화 기관과 장소를 생각할 수 있다. 이곳에서 각 세대는 자신들 사이에 공통점을 발견하고 공유하고 강화하기 때문이다. 이를 통해 각 세대는 세대를 형성하고 구분을 짓게 된다. 대표적인 사회화 기관과 장소로 학교, 직장, 가족을 살펴보고자 한다. 여기에 관련된 항목은 단일 문항은 아니고 개별 문항을 종합화한 것이다.

먼저 학창시절의 경우, 수직적 인간관계(교사–학생)에서 수평적 인간관계(친구)가 더욱 중요해지고 있다. 20대의 경우 학교를 주로 친교의 장소로 생각하는 비율이 25.4%에 이른다. 반면에 30대의 경우 이 비율이 16.6%, 40대는 10.1%, 50대는 3.2%, 60대는 3.7%에 불과하다. 기성세대가 가졌던 교사 중심의 훈육 장소가 친구 관계를 기반으로 하는 친교의 장소로 급격하게 변했다는 것이다.

직장에서도 세대별 변화가 발견된다. 다만 직장에서는 학교에서의 경험에도 불구하고 아직 기존 문화에 따라가려는 측면도 존재한다. 연령이 낮을수록 '상사의 의견에 전적으로 따른다'에 찬성하는 비율이 줄어들고 있지만, 그 정도는 상대적으로 학교에 비해 다소 약하다. 20대의 비율은 16.9%, 30대의 비율은 17.5%, 40대는 20.6%, 50대는 31.6%, 60대는 41.3%에 이른다.

반면에 이러한 세대별 차이가 상대적으로 작은 곳은 가족이다. 잘 알려진 대로 한국인에게 가족은 매우 중요한 요소이다. '가족은 무슨 일이 있어도 똘똘 뭉쳐야 한다'는 진술에 20대를 포함하여 전 세대의 평균값이 3.7점을 넘고 있다. 이를 척도로 환산하여 '동의한다'에 근접하는 수치

표 9-4 인간관계의 세대별 변화(학교, 직장, 가족)

항목	전체	19-29세	30대	40대	50대	60대 이상
	(N=1,500)	(N=295)	(N=320)	(N=335)	(N=250)	(N=300)
학교(친교의 장소)	12.1	25.4	16.6	10.1	3.2	3.7
직장(상사의 의견에 전적으로 따른다)	25.2	16.9	17.5	20.6	31.6	41.3
가족(가족은 무슨 일이 있어도 똘똘 뭉쳐야 한다)*	4.03	3.79	3.91	4.07	4.16	4.22

* 항목별로 동의하는 정도를 '전혀 동의하지 않는다'는 1점, '동의하지 않는 편이다'는 2점, '보통이다'는 3점, '동의한다'는 4점, '매우 동의한다'는 5점으로 하여, 집단별 평균값을 계산함.

이다. 다만 이러한 강한 가족에 대한 강조가 연령이 낮을수록 약해진다. 20대의 평균값은 3.79이지만, 30대는 3.91, 40대는 4.07, 50대는 4.16, 60대 이상은 4.22에 이른다.

3.1 공간의 분리와 차이

오늘날 한국 사회에서 세대 갈등 혹은 세대 차이의 주요 원천으로 활동 공간의 차이를 들 수 있다. 중요한 인간관계의 특징이 가족 중심의 '결속'에서 친구나 동료 중심의 '분리'로 변화됨에 따라 각 세대 사이에 공유되는 점이 축소되고 있다. 이러한 분리를 좀 더 확대한 중요한 원인은 아마도 인터넷 공간의 확장일 것이다. 한국 사회에서 인터넷의 발달은 다른 사회와는 여러 가지 다른 결과를 낳고 있다. 가장 중요한 결과 중 하나는 기성세대로부터 완전히 구별되는 젊은 세대만의 공간의 구성이다. 굳이 서로를 이해하거나 설득할 필요 없이 젊은 세대만의 독자적 영역을 구축함에 따라 이러한 세대 분리 현상은 강화되었다고 생각한다.

무엇보다도 대화 소재를 제공하는 데 있어서 연령에 따른 선형적인 관

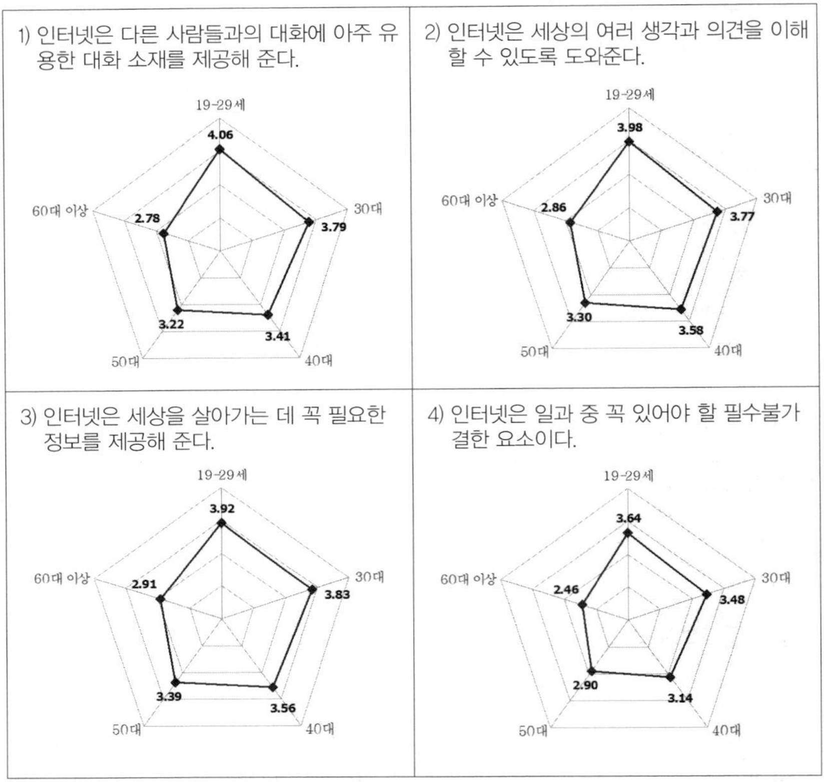

그림 9–7 인터넷, 통신 부문의 세대별 차이

계를 보인다. 즉 전형적인 연령 효과가 나타난다. 젊은 세대가 상대적으로 더욱 많이 인터넷을 통해 유용한 대화 소재를 찾는다면, 나이가 많을수록 그 비율이 상대적으로 줄어들고 있다.

인터넷을 통한 의사소통도 마찬가지이다. '인터넷은 세상의 여러 생각과 의견을 이해할 수 있도록 도와준다'는 질문에도 연령과 찬성 비율이 선형 관계를 보인다. 정보 획득의 도구로서의 인터넷 평가도 마찬가지이다. 20대, 30대, 40대, 50대, 60대 순으로 찬성 비율이 줄고 있다. 즉 동시대를 살아가지만, 기본적인 의사소통과 정보 교환의 공간에서 큰 차이를 보인다는 것이다.

따라서 젊은 세대들에게 있어서 인터넷은 하나의 독립된 공간으로 자기와 유사한 사람을 만나서 정보를 획득하고 의사소통을 하는 곳이다. 따라서 이들에게 인터넷은 이전에 다른 세대가 마을과 같은 지역공동체를 필수불가결한 장소로 생각했던 것처럼 필수불가결한 장소이다. 인터넷은 기존 사회화 기관과 장소를 대체하는 것으로 기능하기도 한다.

3.2 취향과 소비의 차이

한국 사회의 급격한 변화에 따른 각 세대는 그들만의 독특한 역사적 경험을 가지게 되었다. 이렇게 다른 세대별 역사적 경험은 무엇보다도 물질적 부문에서 취향의 다름과 소비 행태의 차이로 드러난다. 그런데 그 차이는 두 가지 측면에서 살펴볼 필요가 있다. 앞서 언급한 대로 하나의 집단이 다른 집단과 구별되기 위해서는 집단 간 차이와 집단 내 차이를 동시에 고려해야 한다. 집단 간 차이가 구별, 차이 혹은 갈등에 따라 경계가 지어진다면, 집단 내 차이는 공통점 혹은 유대와 결속에 따라 집단의 정체성이 형성된다. 따라서 이러한 두 가지 측면에서 취향과 소비의 세대별 차이를 살펴보고자 한다.

먼저 집단 간 차이를 살펴보면, 연령에 따른 차이가 두드러진다. 이러한 차이는 마치 인터넷이 연령별 차이에 따라 평가가 분명하게 다른 것처럼 연령과 생활양식 사이의 관계가 선형적이다. 먼저 가격과 상관없이 산다는 비율은 정확하게 나이가 적을수록 크다. 20대가 가장 높지만 30대, 40대, 50대, 60대 순서로 그 비율이 준다. 유행에 대한 민감도도 마찬가지

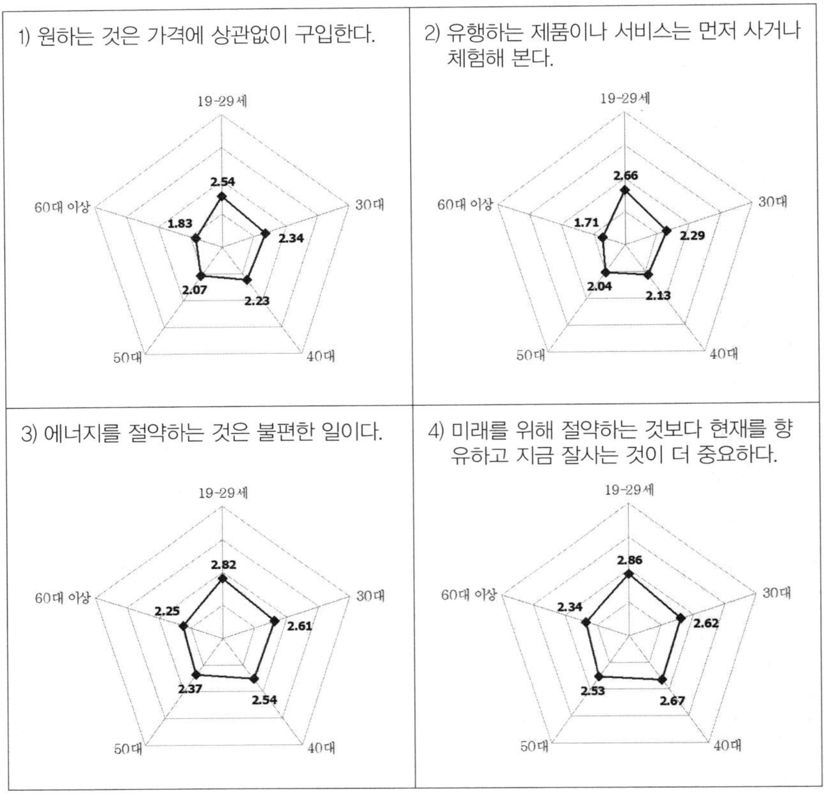

그림 9–8 소비 부문에 대한 세대별 차이

이다. '유행하는 제품이나 서비스는 먼저 사거나 체험해 본다'는 진술에 20대 찬성 비율이 가장 높지만 60대 찬성 비율이 가장 낮았다.

에너지 절약이나 환경보호에 관해서도 서구 사회와는 달리 기성세대의 찬성 비율이 높다. 젊은 세대는 현재의 삶을 누리는 데 보다 주안점을 두고 있다. 그만큼 한국 사회에서 현실적이고 물질적 소비 위주의 삶이 더욱 보편적인 것으로 퍼지고 있다.

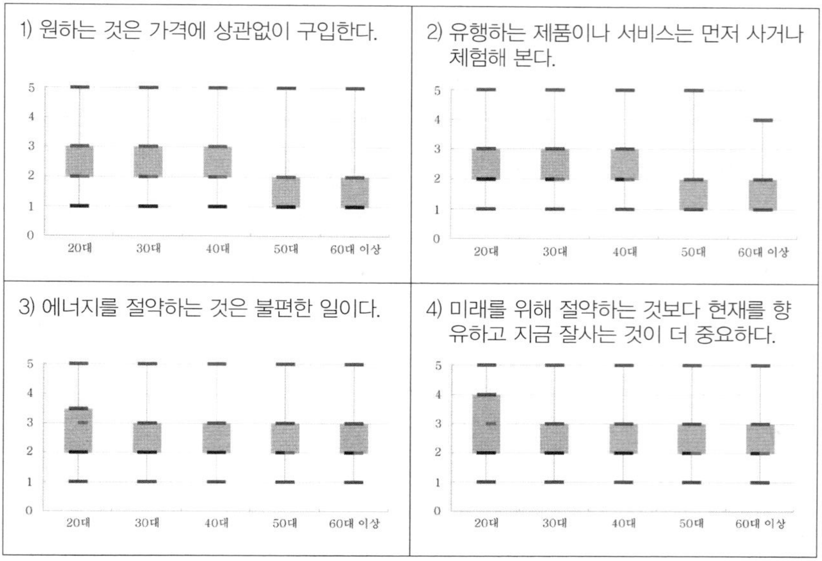

그림 9-9 소비 부문에 대한 세대 간 차이

이러한 소비문화는 대표적인 정보통신 기기인 휴대전화 사용에서 분명하게 나타나고 있다. 젊은 세대일수록 휴대전화 비용을 상대적으로 많이 지출하고 있다. 어떤 면에서 이는 젊은 세대들에 있어서 정보통신 기기 이용이 젊은 세대의 삶에 배태되어 있다는 것을 보여준다.

3.3 소비

이러한 소비문화의 세대별 차이는 그 평균만 아니라 분포도 중요하다. 앞서 언급한 대로 집단 내 차이는 하나의 개별 집단을 형성하는 데 중요하기 때문이다. 먼저 '원하는 것은 가격에 상관없이 구입한다'는 항목에서는 집단 내 차이를 볼 때, 크게 두 집단으로 나누어 볼 수 있다. 20대,

30대, 40대가 유사하고 50대와 60대가 유사하다. 유행하는 제품이나 서비스에 관한 응답도 유사하다. 크게 두 가지 집단으로 나누어 볼 수 있는데, 20대, 30대, 40대가 유사하고, 50대와 60대가 유사하다.

반면에 에너지 절약에 관해서는 20대를 제외한 다른 집단은 집단 내 차이가 유사하다. 20대의 경우는 다른 집단에 비해 상대적으로 다양한 의견을 갖고 있다. 20대의 경우는 전반적으로 에너지 절약하는 것이 불편하다고 생각하는 비율이 높을뿐더러 집단 내 차이도 상대적으로 크다. 미래에 대한 절약과 현재를 누리는 문제도 같다. 다른 집단에 비해 20대의 경우 찬성 비율도 높고 의견의 다양성 정도도 상대적으로 높다.

3.4 가족관

전통적인 한국 사회의 가장 중요한 특성으로 비교적 공고한 가족 간 유대가 자주 언급됐다. 이러한 전통적인 특성은 급격한 경제 발전과 사회의 변화에 따라 큰 변화를 겪고 있다. 사실 최근에 사회적 쟁점이 되고 여러 가지 형태의 사회문제는 직·간접적으로 가족과 연관이 있다. 예를 들면, 자살, 이혼, 노인 부양, 출산, 양육 같은 중요한 문제가 가족의 기능이 약화하고 변화됨에 따라 발생하는 경우가 많다. 가족의 유대와 강제가 약화함에 따라 가족 구성원 사이에 결속력이 약해지게 되었다. 아울러 가족의 경제활동 단위와 복지 기능이 약해짐에 따라 여러 가지 형태의 문제가 발생하고 있다. 이러한 측면에서 가족에 대한 세대별 태도와 가치의 차이는 세대 차이와 갈등의 중요한 분야로 볼 수 있다.

출산에 대한 의식은 가족과 관련한 태도와 가치 중에서 매우 중요한 분야이다. 본격적인 경제 개발이 시작되기 전인 1960년대와 1970년대에 한국 사회는 비교적 높은 출산율을 보여주었다. 실제로 경제 개발 초기에 인적 자본에 대한 효율적인 투자를 위해 산아제한이 국가의 중요한 정책으로 채택되기도 하였다. 경제가 어느 정도 수준을 넘어선 1980년대 중반부터 1990년대 중반까지의 기간에는 저출산 현상이 지속하였다. 이 기간에 출산율은 1.6에서 1.8 수준으로 다소 안정적인 수준이었다. 그러나 이러한 추세는 1997년 외환위기 이후부터 급격한 변화를 보였다. 이후 출산율이 계속 감소하여 최근에는 초저출산 현상이 지속하고 있다(통계청 2008). 한국의 2009년 출산율은 세계 최저 수준이다. 이 수치는 보스니아 헤르체고비나(1.21명)에 이어 세계에서 두 번째로 낮은 것이다. 유엔인구기금(UNFPA)의 186개국을 대상으로 조사·분석한 〈2009 세계 인구 현황 보고서〉에 의하면, 여성 1명이 평생 낳을 수 있는 자녀 수를 의미하는 합계 출산율은 세계 평균(2.54명)의 절반 이하인 1.22명으로 나타났다. 한국의 합계 출산율은 독일(1.32명), 프랑스(1.88명), 일본(1.26명), 미국(2.08명) 등 선진국 평균(1.64명)에도 훨씬 못 미친다. 만약에 이러한 추세가 계속된다면, 4,830만 명인 한국의 현재 인구는 2050년 4,410만 명까지 줄어들 것으로 예측되었다(김경희 2009).

출산에 대한 태도와 가치는 이러한 한국 사회의 변화를 그대로 반영하고 있다. 대체로 연령이 증가할수록 '여러 명을 낳는 것보다 적게 낳아 잘 기르는 것이 더 중요하다'는 진술에 동의하는 비율이 높다. 하나의 예외라면 20대의 경우이다. 30대와 40대보다 20대가 동의하는 정도가 다소 낮은 편이다.

이와 유사한 현상은 결혼의 필수성과 관련된 태도에서도 나타난다. 대체로 기성세대의 경우 '결혼이 필수적이다'라고 생각하는 경우가 많지만, 젊은 세대의 경우 그 정도가 낮다. 그러나 20대의 경우 40대보다 그 정도가 낮은 편이지만, 30대보다 상대적으로 찬성 정도가 상대적으로 높다. 그런데 이러한 현상이 출산과 육아를 경험해 보지 못한 세대이기 때문에 나타나는 현상인지 30대와 40대와 구별되는 특성으로 인한 것인지에 관한 것인지에 관해서는 더욱 장기적인 관찰이 필요하다. 만약에 이러한 경향이 일시적인 '연령 효과'에 의한 것이라면 전체 사회의 흐름에 크게 함의가 없을 것이다. 그러나 만약에 이러한 결과가 장기적으로 뚜렷하게 나타나는 것이라면, 앞으로 한국 사회의 변화에 중요한 함의를 줄 수도 있다.

반면에 아들에 대한 선호도는 연령별 차이와 추세가 선형적으로 나타난다. 즉 연령이 낮을수록 아들에 대한 선호도는 낮아진다. 실제로 이러한 가치와 태도의 변화는 출생 성비를 통해 확인할 수 있다. 통계청의 2009년도 한국 사회지표에 의하면 2008년 출생성비(여아 100명당 남아 수)는 106.4명으로 나타났다. 이는 일반적인 수준의 출생성비가 105 정도임을 고려할 때 정상 수준으로 볼 수 있다. 약 10년 전에는 출생성비에서 남아에 대한 강한 선호가 반영되었다. 1998년에는 출생성비가 110.2에 이르렀다.

육아에 대한 가치와 태도도 아들에 대한 선호도와 마찬가지 결과를 보인다. 즉 육아에 대한 가치와 태도는 연령과 선형적인 관계를 보인다. '아이는 엄마가 직접 길러야 한다'는 질문에 나이가 많을수록 찬성 정도가 높다. 이러한 경향은 가족에 대한 다른 유형의 태도와 가치에서도 확인할 수 있다. 예를 들면, '자신의 커리어를 위해서라면 출산과 양육은 보류할 수 있다'는 진술에 연령이 낮을수록 동의하는 정도가 높다. 20대의 찬성 정도가 가장 높고, 30대, 40대, 60대로 갈수록 찬성 정도가 낮다.

자식에 관한 태도도 대체로 위의 결과와 유사하다. 이혼에 대한 태도의 경우, '자녀가 있는 경우 부부 사이가 나빠도 이혼하지 말아야 한다'는 진술에 대해서 연령이 낮을수록 찬성 정도가 낮았다. 자녀의 결혼에 대한 태도도 마찬가지이다. 연령이 낮을수록 자식에 대한 부모의 희생에 부정적인 응답을 하는 비율이 상대적으로 높다. 이와 같은 경향은 출산도 마찬가지이다. '결혼했다고 해서 아이를 반드시 가질 필요는 없다'는 질문에 연령이 낮을수록 찬성 비율이 높다. 동거, 부모 부양에서도 이러한 경향을 발견할 수 있다.

이러한 개인주의의 확산과 더불어 여전히 가족을 중심으로 하는 부분에서는 강한 유대와 연대를 지향하는 경향도 발견할 수 있다. 물론 개인주의적인 경향은 연령이 낮을수록 상대적으로 강하지만, 그 정도가 다른 항목에 비해 크게 차이가 나지 않는다. 적어도 가치적인 측면에서 가족의 중요성도 다시 한번 확인할 수 있다. '우리 가족이 경제적으로 풍요롭게 사는 것이 중요하다'는 진술에 모든 세대가 중요하다고 동의하고 있으며, 세대별 차이도 크게 나타나지 않는다.

이렇게 한국 사회에서 가족에 대한 가치와 태도는 큰 변화를 겪고 있다. 이러한 변화는 연령에 따른 가치와 태도의 변화에서 잘 알 수 있다. 연령이 낮을수록 대체로 개인주의적인 경향이 강한 편이다. 결혼, 출산, 육아, 이혼 등 가족과 관련된 중요한 분야에서 이러한 경향이 나타난다. 남녀의 역할에 대한 태도와 가치관도 매우 다르다. 더욱 평등한 가치가 젊은 세대 사이에 퍼지고 있다. 그러나 이러한 가족의 변화에도 불구하고, 가족은 한국 사회에서 여전히 중요한 의미가 있다. 유대와 연대라는 측면에서, 다소 세대 차이가 나지만 가족은 여전히 중요하다. 가족을 중심으로 하는 사고나 행동 규범이 여전히 중요한 역할을 하는 것으로 보인다.

4 세대 통합의 과제

과거는 현재를 있게 한 원인이다. 과거를 통해 형성된 현재 속에서 우리는 살아가고 미래를 기대할 수도 있다. 과거의 아름다운 추억은 오늘의 내 삶을 풍부하게 해준다. 그뿐만 아니라 힘들거나 슬픈 경험 혹은 노력과 인내도 기억으로 남아 오늘의 내가 살아갈 수 있게 해주는 중요한 원천이 될 수 있다. 사실 지금 대학생이 되어 우리가 누리고 있는 자유와 행복도 그동안 대학을 들어오기 위해 많은 시간과 비용을 투여한 과거가 있기 때문일 것이다.

그러나 과거가 항상 지나간 일로만 현재에 영향을 미치지는 않는다. 과거가 바로 현재 자체가 될 수도 있다. 그것이 아름다운 기억이든지 아니면 아픈 기억이든지, 과거에 빠져 오늘을 살아가는 사람도 있다. 오늘이 너무 힘들거나 과거의 기억이 너무 아프므로 한 발자국도 못 나가고 과거에 허우적거리기도 한다.

그렇다면 과거의 역사가 우리에게 가지는 의미는 무엇일까? 과거의 역사는 오늘의 우리와 우리 사회를 형성한다. 과거의 경험과 노력을 통해 오늘날 풍요를 만들었고, 과거의 잘못된 판단과 행동이 오늘의 문제와 아픔을 만든다. 과거를 돌아보는 것은 중요하다. 과거로부터 교훈을 얻고, 현재의 잘못된 판단이나 결정을 교정할 수 있다. 그러나 과거의 역사에만 매몰된다면 우리가 사는 현재와 앞으로 살아갈 미래에 오히려 걸림돌이 될 수 있다.

기성세대가 과거라면, 청년세대는 미래이다. 그리고 현재는 기성세대와 청년세대의 교집합이라고 할 수 있다. 기성세대의 방식만을 고집하고 이에 집착한다면 과거에만 연연하는 것이다. 과거의 영광이나 아픔에 매몰될 위험이 있다. 빠르게 변화하는 사회를 과거의 잣대로 판단하고 행동하게 될 위험이 있다. 그렇다고 해서 청년세대만을 위주로 생각한다면 미래만을 바라보는 것이다. 과거의 역사로부터 어떤 교훈을 얻지 못하고, 잘못하면 똑같은 실패를 반복할 가능성이 크다. 기성세대의 귀중한 경험이 계승되지 못하고, 사회적 지식이 축적되지 못할 위험이 커진다.

그렇다면 세대 차이와 세대 갈등 문제에 접근하기 위해서 사회 구성원들은 무엇을 할 것인가? 우리가 사회 갈등 상황을 해결함으로써 궁극적으로 이루고자 하는 것이 사회 통합이다. 예전에 사회 통합은 사회적 배제가 극복된 상태(inclusion)를 가리키거나 사회가 다양한 개인을 수용하는 상태(integration)를 의미하였다. 그런데 최근에 사회 통합은 '사회 구성원들이 공동의 목표를 인지하고 이를 위한 각자의 역할을 수용하며, 이를 통해 각 개인의 욕구충족이 가능한 상태(inclusion)'를 의미한다. 이러한 점을 고려하여 세대라는 측면에서 사회 통합을 지향하기 위해서는 몇 가지 중요한 요소가 갖추어져야 한다. 많은 경우, 기회, 소통, 신뢰, 협력이 중요한 요소로 언급되고 있다.

첫 번째 요소인 '기회'는 거시적이고 환경적인 측면이 크다. 즉 사회 통합을 이루기 위해서는 무엇보다도 사회 구성원의 역량을 활용하고 극대화할 수 있는 환경이 조성되어야 한다. 하나의 방법은 성장의 속도를 높이고 경제적 발전을 고도화하는 것이다. 사실 지금까지 많은 정부에서 지향했던 정책적 방향이 이와 관련이 깊다. IT, 금융 허브화, 녹색성장, 창조경제, 혁신성장 등 새로운 기술과 서비스로 성장 동력을 새로이 찾으려는 시도들은 이러한 경제 성장을 통해서 부와 일자리를 창출하려는 것이다. 이를 통해서 각 세대에게 미래에 대한 끊임없는 희망을 제공할 수 있을 것이다. 이러한 상황은 현재가 '불만족스럽지만', 미래가 '희망적'인 사회 환경을 제공하여, 자연스럽게 세대 갈등을 적어도 표면적으로는 최소화할 수 있을 것이다.

그렇다고 해서, 이러한 노력이 과거와 같은 방식으로 진행되어서는 안 된다. 우리 사회가 나아가야 할 길이 고도의 성장이고 그러한 성장을 위해 경쟁이 필수적이라 할지라도 그러한 경쟁이 더욱 긍정적인 결과를 낳도록 유도할 필요가 있다. 예를 들면, 교육 부문에서 그 경쟁이 청소년기에 단 한 번의 결과로 결정되지 않도록 할 수 있을 것이다. 노동 부문도 마찬가지이다. 극심한 노사분규와 노동시장 유연화 문제도 사실상 노동시장으로부터의 탈락이 현재 계층에서의 탈락과 하강 이동이라는 것으로 귀결되기 때문이다. 게다가 복지가 적극적인 역할을 못하고 있다. 따라서 교육, 노동, 복지를 연계하는 선순환적인 구조를 만들 필요가 있다. 평생교육을 통해 구성원들은 노동시장과 끊임없는 연관을 가지고 이동하고, 이러한 과정을 복지로 뒷받침되는 구조를 형성할 필요가 있다.

다른 방법으로는 우리 사회가 지향하고 있는 성장 패러다임에 대한 근본적인 재고를 생각해 볼 수 있다. 그렇다고 해서 이러한 반성이 단지 복지의 확대로 연결되는 단순한 문제는 아니다. 실제로 복지제도의 확대도 상당 부분 성장을 기반으로 하고 있기 때문이다. 이러한 근본적인 재고는 '많이 벌고 많이 쓰는 모형'이 아니라 '적게 벌고 적게 쓰는 모형'으로 사회의 전체 패러다임을 전환하는 것이다. 이를 통해 무한경쟁으로 내몰리고 있는 사회 구성원이 더욱 내면적이고 더욱 소박한 행복을 추구할 수 있도록 사회문화적 환경을 바꾸어나가는 것이다. 각 세대가 서로의 욕심을 차리기 위해 서로를 비난하고 헐뜯기를 멈추어야 한다. 우리의 욕심을 줄이고 주어진 환경에서 좀 더 만족하려는 삶의 태도를 보여야 한다.

세대 통합을 위한 나머지 요소로는 소통, 신뢰, 협력을 들 수 있다. 이러한 요소를 강화하기 위해서는 무엇보다도 생활의 민주화를 위한 시민 교육을 강화할 필요가 있다. 적어도 제도적인 측면에서 한국 사회에서 민주주의는 성공적으로 유지되고 있다고 생각한다. 다만 한국 사회에서 각 사회 구성원이 보여주는 자기 권리의 적극적인 주장이 개인의 책임 완수와 타인의 권리에 대한 존중을 기반으로 하는가에 대해서는 의문이 든다. 물론 이러한 이유는 짧은 시간에 이뤄진 민주주의 정착과 경제 발전에 기인한 바가 크다. 외형적으로나 정치적으로나 경제적으로 큰 성장을 했지만, 이러한 것이 개인들의 마음과 행동에 정착되어 있다고 보기는 힘들다. 결국, 정치 민주화와 더불어 사회 민주화가 진전될 필요가 있다는 것이다. 이를 위해서는 민주시민으로서 자질을 기를 수 있는 다양한 형태의 교육이 필요하다. 사실 온라인에서 벌어지는 많은 문제도 이러한 민주시민 교육의 부재에서 기인하지 않았나 생각한다. 이러한 문제는 젊은 세대만의 문제가 아니라 한국 사회 전체 구성원의 문제이다.

이와 동시에 학교와 각종 사회화 기관에서 협업의 중요성이 더욱 강조될 필요가 있다. 그렇다면 '신뢰'를 높이고 '소통'을 원활하기 위한 중요한 요소는 바로 '협업'이라고 할 수 있다. 개인은 성공적인 협업을 통해 성과를 극대화하고 다른 사람들에 대한 신뢰를 축적할 수 있다.

그렇다면 협업을 어떻게 확대할 것인가? 가장 중요한 출발점은 전체적인 교육체계에서 협업의 가치를 보다 강조할 필요가 있다. 최근에는 경쟁의 확산과 세계화로 인해 시장의 불확실성이 증가하고 있다. 따라서 외부와의 협업과 협력이 더 필요하다. 비교과적인 측면에서 이러한 점이 강조되고 있지만, 아직 교과 내에서는 지나치게 개인적인 성취가 우선시되고 있다. 사실 이러한 교육 방향은 미디어 융합 기술과 결합하여 더욱 내집단의 강한 응집력과 배타성을 불러일으킬 수 있다. 실제로 최근 인터넷은 공론장으로 잠재력이 활성화되기보다는 사회 갈등의 중요한 원천이 되고 있다. 중요한 이유는 개인적 경쟁만을 가장 중요한 가치로 여기는 사회적 분위기와 교육 환경을 들 수 있다.

따라서 교육 현장에서 협업을 통한 성취가 더욱더 강조된다면 자연스럽게 개인 행위에서 협업의 가치가 반영될 수 있을 것이다. 아울러 장기적으로 구성원들 사이에 원활한 의사소통과 사회적 자본을 증가시킬 수 있을 것이다. 물론 이 과정에서 다른 세대를 교차하는 협업을 강조한다면 효과가 증가할 것이다.

따라서 어떤 특정한 기준을 중심으로 세대 통합을 추구하는 방식이 아니라 세대 사이에 공감하는 부분을 늘려나가는 미시적인 접근이 더욱 적절하다고 생각한다. 정책적 대안도 교육과 통합이라는 방식보다는 '다름'과 '차이'를 인정하고 이해하려는 소통의 방식으로 접근하는 그것이 더욱 적절할 것으로 보인다. 각 세대가 교차하는 지점을 되도록 많이 만들고 이를 잘 유지하는 노력을 더 높게 평가해야 한다. 예를 들면, 다양한 세대가 공유하고 즐길 수 있는 다양한 문화 프로그램을 제공할 필요가 있다. 조직 내에서도 다른 세대의 특징을 이해할 수 있는 세대 공감 프로그램을 도입할 수 있을 것이다. 사기업에서 이러한 프로그램의 도입은 중장기적으로 추진해야 하겠지만, 우선 공공 부문에서만이라도 이러한 프로그램을 적극적으로 도입할 필요가 있다. 인터넷 공간에서도 기성세대가 정보통신기술을 배우는 수동적이고 개별적인 방식이 아니라, 다양한 세대와의 만남을 증진할 수 있는 프로그램을 도입할 필요가 있다. 기존의 인터넷 공간에서 유행하고 있는 각종 소셜네트워크(social network)는 유사한 사람들을 연결하여 '끼리끼리'의 모임을 형성하는 데 그치는 경우가 많다. 실제로 선진국에서는 이러한 문제에 더욱 적극적으로 대응하고 있다. 영국에서는 2018년에 '외로움 담당 장관(Minister for Loneliness)'이 신설되었고, 프랑스에서는 사회적으로 고립된 1인 가구의 사회적 유대와 활동을 위해 각종 기관과 협회로 구성된 모나리자(MONALISA: MObilisation NAtionale contre l'Isolement Social des Agé, 노인의 사회적 고립에 대응하는 국가 활동)가 2013년에 구성되었다.

이러한 노력을 통해 세대 통합을 끌어낼 필요가 크다. 우리 사회의 가장 큰 문제점으로 신뢰의 부재가 자주 언급된다. 세대 차이나 세대 갈등의 문제도 이러한 신뢰의 부재 혹은 사회 자본이 미성숙하기 때문이다. 세대 갈등의 문제를 단순한 가치관의 충돌로 보기에는 문제의 심각성이 크다. 선진국으로의 발전이 계속 늦춰지고 있는 것도 이러한 사회 구성원 사이에 신뢰가 쌓이지 않기 때문이기도 하다. 세대 갈등을 넘어 세대 통합을 위한 우리의 노력이 절실한 시점이다.

10장 사회이동과 교육

"이동의 사다리가 사라지고 있다."

1 사회 양극화

언제인가부터 우리 주변에서 '개천에서 용난다'는 말을 듣기 힘들어졌다. 대신에 '금수저'나 '흙수저' 같은 말을 쓰면서 집안 배경이 사회에서 성공하는 중요한 역할을 하고 있다는 말을 많이 듣게 되었다. 이러한 배경에는 한국 사회에서 양극화가 빠른 속도로 진행되고 있다는 우려가 존재한다.[1] 그런데 이러한 양극화는 사회를 상층과 하층으로 나눔으로써 중간에 있는 중산층의 몰락을 수반할 수 있다. 실제로 1994년에 70% 달하던 중산층이 2002년 말에는 65%까지 줄어들었고, 이 속도는 더욱 가속화되고 있다는 지적이 제기되고 있다(유경준·김대일 2002).

소득분포의 불평등 정도를 나타내는 지니계수는 'IMF 관리체제' 이

---

1 물론 이러한 양극화 정도가 절대적으로 높은가 아니면 상대적으로 높게 느껴지는 것인가에 대한 논란이 있을 수 있다. 다만 주관적으로 느끼는 것 자체가 하나의 사회적 사실로 작동하는 것으로 간주해야 할 필요가 있다.

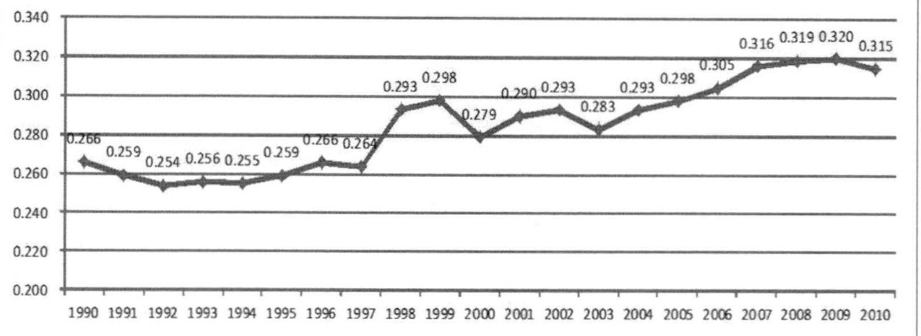

출처 : 통계청, 〈소득분배지표〉, http://kosis.kr/
* 2인 이상 도시 근로자가구의 시장소득 기준

그림 10-1 지니계수 추이

후 계속 높아지는 추세를 보였다. 통계청 발표에 따르면 〈그림 10-1〉에서 볼 수 있듯이 한국 사회의 지니계수는 외환위기 발생 직후인 1998년과 1999년에 0.293과 0.298로 급속히 증가하여 이후에도 대체로 증가하였다. 2009년에는 지니계수가 0.320에 이르러 최근 20년 사이에 가장 높은 불평등 수치를 기록하였다. 2010년에 0.315로 약간 낮아지긴 했지만, 여전히 과거보다 불평등 정도는 심해졌다. 이렇게 최근 한국 사회의 지니계수가 높아진 것은 상당 부분 양극화 현상이 불평등 지표에 반영된 것으로 볼 수 있다.

양극화 현상은 구체적으로 중산층의 약화로[2] 이어질 수 있다. 많은 경우 상층은 더욱 부를 축적하지만, 중산층 중 상당수는 하층으로 전락하는 현상이 나타난다. 최근에 나타난 중산층 약화, 하층 증가 현상은 〈그림 10-2〉에 제시되어 있다. 상위 20%에 해당하는 5분위의 시장소득은 가파

2 중산층의 감소 자체가 항상 양극화로 이어져서 사회문제가 되는 것은 아니다. 중산층 규모가 감소했지만, 상층의 증가가 하층의 증가보다 많으면 사회 전체적으로 다른 양상을 보일 수 있다.

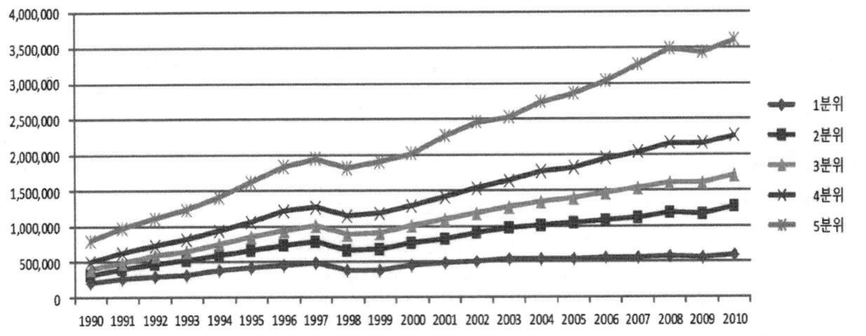

출처 : 통계청, 〈소득분배지표〉, http://kosis.kr/
* 2인 이상 도시 근로자 가구

그림 10-2 분위별 시장소득 추이

르게 증가하여 상위 20−40%에 해당하는 4분위와의 격차를 더욱더 벌리고 있다. 반면 하위 소득계층은 소득의 증가 폭이 상대적으로 미미한 편이다. 중위소득계층 비율은 1992년 76.3%에서 2012년 69.1%로 지속적으로 감소하고 있다(박소현 외 2013). 그리고 중산층의 가구소득 증가율은 2004년을 기준으로 볼 때 전체 소득 증가율 7.4%에 못 미친 3.2%에 불과하며, 전체 가구소득 중 중산층 가구소득 비중은 5.9% 하락한 것으로 나타났다.

이러한 양극화와 중산층 축소 문제는 객관적인 지표로만 드러나는 것이 아니다. 사회계층 구조의 변화와 소득 불평등 증가는 사람들의 주관적인 태도에서도 찾아볼 수 있다. 2003년 한국갤럽의 여론조사를 보면 지난 수년 동안 국민 상당수가 자신이 속한 사회계층에서 탈락했다고 느낀 것으로 나타났다. '상·중상·중간·중하·하의 다섯 단계 중 어디에 속하는가?'라는 질문에 상층은 한 명도 없고, 중상층도 8.9%에 머물렀다. 이에 비해 중간층은 34.7%, 중하층이 38.7%, 하층은 16.1%였다. 이 결과는

10년 전인 1994년 여론조사 결과와 비교하면 그 차이가 확연히 드러난다. 10년 동안 자신을 중간층이라고 인식하는 사람들이 18%포인트 줄어든 반면 중하층과 하층은 14.7%포인트와 1.5%포인트씩 늘어났다. 전체적으로 5명 중 1명꼴로 계층 하락을 경험한 것이다(조선일보 2003).

자신을 중간층이라고 인식하는 사람들이 감소하는 경향은 최근까지 계속되고 있다. 2016년 〈한국종합사회조사〉에 따르면 사회계층을 10점 척도로 최상층(10점)에서 최하층(1점)으로 구분할 때, 64.1% 응답자가 자신을 중간 이하 계층에 속한다고 인식하는 것으로 나타났다(김상욱 외 2016). 그리고 문화체육관광부의 〈한국인의 의식 및 가치관 조사〉에 따르면 2013년 중산층 비율은 43.9%에서 2019년 34.6%로 줄어들었으며, 중산층 이하 비율은 2013년 50.9%에서 2019년 59.8%로 증가하였다. 이러한 결과는 외환위기 이후 발생한 중산층 붕괴 현상이 아직 개선되지 못하고 있음을 의미한다.

더욱 문제가 되는 것은 국제적으로 비교해 보았을 때도 이러한 계층 귀속감 수준이 낮다는 사실이다. 한국은 〈국제 사회 비교 조사〉의 대상 18개국 중 계층 귀속감 수준이 네 번째로 낮았다. 한국 사람들은 포르투갈, 체코, 우루과이 사람들 다음으로 자신의 계층 수준을 낮게 생각한다는 것이다(김상욱 외 2005).[3]

과거보다 한국인이 자신이 속한 계층을 낮게 평가하는 경향은 최근 들어 한국 사회의 중산층이 생활의 불안감을 심각하게 느끼고 있음을 나타내는 것으로 보인다. 이러한 현상의 원인을 여러 가지로 지목할 수 있지만 가장 중요한 요소는 미래에 대한 불확실성이라고 할 수 있다. IMF 구

3 6.3점으로 1위를 차지한 미국을 비롯해 노르웨이(2위)와 스위스(3위) 등 1인당 국내총생산(GDP)이 많은 국가가 상위권에 속했다.

제금융 시기 이전에는 자신을 중산층으로 생각하는 중산층 귀속감과 중산층 편입에의 열망이 매우 강했다(홍두승·구해근 2002). 실제로 통계청 〈사회조사〉에서 '사회계층의 상승 이동 가능성이 크다'고 평가한 사람들의 비율이 계속 감소하는 추세를 보인다. 2009년에 세대 간 사회이동 가능성 인식 비율은 48.4%였으나 2019년에는 29.4%로 줄어들었다. 세대 내 사회이동 가능성 인식 비율도 마찬가지이다. 2009년에는 35.7%이었으나, 2019년에는 23.1%로 줄어들었다.

상승 이동에 대한 열망과 희망은 외환위기를 전후로 해서 무너지게 되었다. 거시적인 경제 현상이 자신들의 의지와는 상관없이 자신의 인생을 결정할 수 있다는 위기감을 강하게 느끼고 있다.[4] 물가를 따라잡지 못하는 은행의 낮은 금리는 그나마 모아놓은 자산을 축내고 있다. 고용의 불안정은 전 계층에 공통으로 적용되고 있지만, 그 심리적 여파는 중산층에 특히 크게 미치는 듯하다. 우량기업들마저 인원을 조정하고 명예퇴직을 유도하는 상황 때문이다(삼성경제연구소 2005). 중산층까지 포함한 이러한 불안감과 경쟁의 강화는 자녀 교육에 대한 과도한 투자로 이어지고 있다(한국교육개발원 2003; 서문희 외 2005).

전통적으로 학력을 계층 상승의 주된 수단으로 간주했고 가족주의 경향이 강한 사회적 분위기 속에서 교육은 그 어느 때보다 중요한 쟁점이 되고 있다. 자신은 계층 하락을 경험하지 않을지라도 자녀가 계층 하락을 경험할 수도 있다는 불안감이 팽배할 수 있으므로, 자녀 교육은 모든 계층에 걸쳐 핵심적인 사안이 된다. 하지만 양극화의 경향에서 계층 하락의 불안을 가장 크게 느끼는 집단은 중산층일 것이기 때문에 자녀 교육의 문

4 신광영(2008)은 이러한 현상을 "희망의 위기"로 표현하였다.

제는 중산층에게 특히 절실한 문제로 다가온다.

이 장에서는 양극화 현상과 맞물려서 나타나는 상황에 대한 한국인의 의식을 살펴보고자 한다. 특히 중산층 붕괴 경향의 사회 구조적 맥락에서 교육의 문제에 주목하여, 현재 중산층의 현실을 짚어보려고 한다. 우선 계층과 교육과의 관계를 검토해 보면서 현재 한국 사회의 중산층에게 교육이 갖는 중요성을 살펴볼 것이다. 그리고 기존 통계자료와 심층 인터뷰 자료를 바탕으로 최근 사교육의 현황과 특징 및 추세에 대해서 분석하고, 이를 통해서 중산층의 교육 차별화 전략에 대해 논의할 것이다. 또한, 이를 통해 현재 중산층의 현실을 진단하고 그 미래를 전망하고자 한다.

2 중산층과 사회이동

2.1 중산층과 교육

최근 한국 사회에서 중산층 문제가 새롭게 대두되는 큰 이유는 IMF 구제금융 이후 중산층이 축소되고 빈부격차가 증가함에 따라 정치·경제·사회 전반에 걸친 부작용이 예상되기 때문이다. 중산층의 규모는 한 사회에서 정치적, 경제적, 사회적으로 큰 의미가 있다. 중산층은 경제적으로 투자와 소비의 중심 계층이기 때문에 경제 발전에 큰 공헌을 한다(Easterly and Woolcook 2006; Banerjee and Duflo 2008). 특히 내수시장이 상대적으로 협소한 한국 사회에서 내수기반의 안정성 유지에 큰 역할을 한다. 그뿐만 아니라 사회적, 정치적으로 중산층은 사회 통합의 버팀목이 되는 계층으로 중요한 위치를 차지한다(Lipset 1959; Acemoglu and Zilibotti 1997). 따라서 중산층의 양적 혹은 질적 약화는 사회 전반에 심각한 문제를 발생시킬 수 있다. 경제적으로는 소비와 노동시장의 위축, 정치적으로 불안정한 정치 구조의 확대, 사회적으로는 노인 인구 은퇴 문제의 심화 등 다양한 형태의 문제가 동시다발적으로 터질 수 있다.[5]

한국 사회에서 사용되는 중산층 개념은 마르크스주의적 관점보다는 베버주의적 관점에 가깝다. 마르크스주의적 관점에서 중산층은 생산 관계를 반영하는 개념이다. 즉, 생산수단의 소유 여하에 따라 구분되는 자본가 계급과 노동자 계급 사이에 존재하는 모순적 계급인 중간계급(middle class)과 유사하다고 볼 수 있다(김영모 1982; 서관모 1987). 반면에 베버주의적 입장에서 중산층은 경제적 요소뿐만 아니라 비경제적 요소까지를 포괄하는 사회적 지위나 생활양식의 개념과 관련이 깊다(홍두승 1992).[6]

많은 연구에서 중산층을 사회적 지위로 이해하는 경향이 강하다. 게다가 이러한 경향은 그동안 중산층 논의가 주로 언론을 중심으로 전개되었기 때문에 더 강화되었다. 따라서 기존 논의의 중산층 개념은 생활양식, 공식 교육, 직업적 위세 등을 공유하는 집단을 의미하는 것으로 이해된다(홍두승 2006). 실제로 많은 연구가 각종 계급/계층을 구분할 때 경제적 지위를 파악할 수 있는 직업과 또 다른 경제적 지표로서 소득, 그리고 사회문화적 지표로서 교육 수준 등을 기준으로 삼았다(현대사회연구소 1985; 홍두승 2006). 구체적으로는 소득 및 자산이 중간 정도 이상이고 교육은 최소 대학교육을 받은 자로서 평가된다. 물론 이러한 중산층에 대한 개념 규정

---

5 실제로 미국에서 주택시장이 더 유지되지 못함에 따라 일정 금액의 주택을 가지고 은퇴하려는 퇴직자들이 큰 어려움을 겪고 있다. 이러한 문제는 노인 문제, 연금문제, 보험문제, 노동시장 문제로 이어지고 있다(Byron 2011; USA TODAY 2011).

6 그렇다고 '중산층' 개념이 베버의 지위 집단과 같다고 보기 어렵다(홍두승·김병조 2008).

표 10-1 다양한 형태의 중산층의 기준

분류 주체 및 기준	개념 규정
경제기획원(1985)	최저 생계비 2.5배 이상의 가구소득, 독채 전세 이상, 상용고용이나 자영업 이상의 직업안정, 고졸 이상의 학력
한상진(1987)	가구원 수별 연평균 소득의 75%인 가구, 연령대별 교육, 직업, 주택 변수 차별 적용
서울대 사회과학연구소(1987)	삶의 기회, 경제적 안정세력, 정치적 비판세력
현대경제사회연구원(1998)	월평균 250만 원 시상의 가구소득, 아파트 기준 30평 전세 이상, 자가용 보유, 안정된 직장, 고학력, 외식 등 문화 여가 생활
류상영·강석훈(1999)	중간값 소득 변화 기준으로 중간값 소득의 50%에서 150% 소득을 갖는 계층

에도 불구하고 중산층에 대한 조작적 정의의 구체적 기준에 따라 그 규모나 변화과정이 달라질 수밖에 없다(〈표 10-1〉 참조).

하지만 중산층 개념이 기존의 중간계급과 차별화되는 지점은 사회적 지위와 생활양식의 차원이 중요하게 반영된다는 특징에 있고, 여기서 교육이라는 요소는 중산층 개념을 구성하는 핵심이 될 수밖에 없다. 직업적 위세와 생활양식 등은 현실적으로 교육수준의 영향을 매우 크고 직접 받기 때문에 더욱 그러하다. 실제로 주관적 계층의식을 결정하는 요인에 관한 연구에서도 '월 소득' 변인보다 '교육 수준(대학 이상)' 변인의 표준화 회귀계수가 모든 모형에서 일관되게 큰 것으로 나타난다(김병조 2000). 다시 말해서 소득의 차원보다 교육의 차원이 중산층 귀속의식을 결정하는 데 더 큰 영향을 미친다는 것이다. 그런데 최근 한국 사회에서 나타나는 양극화와 중산층 붕괴 현상으로 교육이 중산층에게 갖는 중요성이 한층 더 두드러지게 되었다.

여기에서도 중산층을 경제적 차원의 생산 관계나 소득·자산뿐만 아니라, 사회문화적 특성과 같은 비경제적 요소에서 중간적 지위를 점하는 집단으로 보고자 한다. 기본적으로 중산층을 홍두승(2005)에서 제시된 분류 기준을 따르고자 한다.[7] 이 기준에 따르면 현재 중산층은 크게 두 부분으로 나눌 수 있다.[8] 첫 번째 집단은 비교적 높은 수준의 교육 혹은 인적 자본을 기반으로 하는 신중간계급이다. 두 번째 집단은 구중간계급으로 주로 자영업이나 서비스업에 종사하고 있다. 이들 중산층은 다른 계급에 비해 근로소득의 비중이 높고, 금융, 부동산 소득 및 이전소득의 비중이 작다. 따라서 노동시장의 악화에 따른 근로소득의 감소는 특히 중산층에게 직접적인 위기로 다가왔다(김용기 외 2010). 게다가 수능 성적 기준 상위 졸업자의 월평균 임금이 하위 졸업자의 임금에 비해 30% 이상 높다는 사실에서 알 수 있듯이 지나친 명문대학 위주와 고학력자 위주의 임금 구조는 중산층에게 더욱 어려운 상황을 만들고 있다(장수명 2006). 외환위기 이후 계속 이어지고 있는 한국 사회의 경제적 어려움과 양극화 경향은 중산층의 불안을 더욱더 부채질하는 것이다. 이러한 상황에서 중산층이 취할 수 있는 전략은 무엇일까? 최대한 자녀 교육에 투자하는 것이다.

중산층은 자녀 교육에 과도할 정도로 투자를 할 충분한 동기가 있다. 한국 사회의 발전 과정에서 학력이 사회 내의 계층적 위치를 보장한다는 점을 직접 경험한 당사자로서 중산층은 자녀의 학력 확보 실패가 바로 계층의 하락으로 이어질 것을 누구보다도 잘 알고 있을 것이기 때문이다(김종엽 2003; 장미혜 2002). 한국 사회에서는 전반적으로, 그리고 특히 사회 진출과 연관되어 대학 입학을 위한 사교육에 대한 가계의 투자 수준이 매

---

7 그러나 모든 분석에서 이러한 기준을 다 적용하지 않았다. 관련 기준을 사용하기 어려울 때, 중산층을 가구소득과 교육 등 관련 변수를 기준으로 중간에 있는 집단으로 간주하였다.

8 홍두승·김병조(2008)는 중간계급이 정확하게 중산층이라기 보기 어렵다고 주장하였다. 중간계급이 중산층에 속할 수 있고, 신중간계급이나 구중간계급의 일부는 비중산층에 속할 수 있다는 것이다. 여기에서는 엄밀한 구분범주를 사용하기보다는 다양한 차원을 반영하는 중간에 속하는 집단으로 간주하였다.

우 높다. 이러한 상황에서 양극화 경향과 중산층 붕괴의 조짐은 중산층에게 막대한 부담으로 다가온다. 실제로 중산층의 경우 가계소비지출에서 교육비가 차지하는 비율이 다른 계급에 비해 상대적으로 높다. 2009년 〈EAI-중앙일보 국민 계층의식조사〉에서는 상류층의 45.4%, 빈곤층이 11.8%, 중산층의 56%가 교육비가 가계지출에서 가장 큰 부담이라고 응답하였다(EAI-중앙일보 2009).

자녀 교육에 대한 과도한 지출은 주택시장의 침체와 은퇴 준비의 미비 등과 결합하여 중산층의 미래를 더욱 어렵게 만들 수 있다. 한국 사회의 인구 구조 고령화는 점점 더 빨라지고 있다. 한국 사회는 지난 2000년 65세 인구 비중이 전체의 7%를 넘어 UN이 공식 분류하는 고령화 사회로 접어들었다. 2020년 현재 고령자의 인구비율이 전체인구의 15.7%를 차지하는 고령 사회(65세 이상 인구비율이 14% 이상인 사회)이다. 이러한 상황에도 불구하고 젊은 세대의 미래에 대한 준비는 소홀하다. 2005년 가족실태조사에 따르면 자녀를 둔 가구의 경제적 여건은 그렇지 않은 가구에 비해 상대적으로 나쁘다. 무엇보다도 자녀 양육과 교육여건을 위해, 많은 사람이 전세와 사글세 형태로 거주하고 있다. 아울러 전체 생활비에서 자녀 사교육비의 지출 비중이 크다. 자녀 사교육비는 모든 가구에서 월평균 소득의 10%를 넘는 부담이 되고 있다(장혜경 외 2005). 이러한 사실은 통계청이 발표하는 국가통계에서도 나타난다. 2010년 사교육실태조사에 따르면 초·중·고교 학생 1인당 월평균 사교육비는 24만 원으로 나타났고, 사교육 참여율은 73.6%로 나타났다. 이러한 자료를 기반으로 한국 사회에서 사교육비 총액은 약 20조 9천억 원으로 추정된다(통계청 2011).

중산층의 자녀 교육에 대한 과도한 투자는 어떤 결과를 낳을 것인가? 당장 중산층 가구의 삶의 질이 하락할 것이다. 하지만 앞으로 더 심각한 결과를 초래할 수도 있다. 물론 자녀 교육 투자에 성공한 중산층은 최소한 세대 간 계층 재생산에 성공하거나 계층 상승을 이룰 수 있을 것이다. 그러나 과도한 투자에도 불구하고 자녀의 학업성취가 성공적이지 못할 경우, 다음 세대에 하층으로의 하락을 감수해야 하는 상황에 부닥칠 수 있다. 그리고 투자의 성공 여부와 무관하게 자녀 교육에 대한 과도한 물질적 투자는 정작 부모 자신은 노후에 물질적으로 궁핍해지면서 세대 내에서 하층으로의 하락을 경험하게 되는 상황을 초래할 수 있다. 그리고 성인기에 접어든 자녀들에 대해 추가적인 경제 지원을 할 여력을 크게 상실하게 된다. 특히 학력 재생산에 실패한 자녀들에게는 계층 유지에 추가적인 부담으로 작용할 수 있다. 사회 전반의 양극화가 이러한 과정을 통해서 한층 가속화될 가능성이 있다. 다시 말해서 중산층 붕괴의 조짐은 중산층의 교육에 대한 과도한 투자로 이어지면서 중산층의 위험을 오히려 증가시키고 있다는 것이다.

2.2 계층과 교육의 관계

중산층의 자녀 교육에 대한 과도한 강조는 사실 근거 없는 집착에 불과한 것은 아니다. 계층과 교육 사이의 밀접한 관계에 대해서는 생활경험을 통해서 주관적으로 검증될 뿐만 아니라, 학계에서도 수많은 연구가 이루어져 왔다. 무엇보다도 교육수준은 사회계층을 결정하는 핵심적 차원 중 하나이다(Blau and Duncan 1967). 그리고 부모의 사회계층은 다시 자녀의 교육수준에 영향을 미치면서 세대 간에 계층이 재생산되는 경향이 발견된다. 그래서 오늘날 교육은 계층적 지위를 확보하고 전수하기 위한 핵심적 기제가 된다.

학업성취에 영향을 미치는 변인들로 가족 배경 변인이 중요하게 고려되며, 여기서 핵심적인 위치를 차지하는 것이 부모의 사회경제적 지위를 측정하는 변인들이다. 중학교와 고등학교 학생들을 대상으로 학업성취에 영향을 미치는 주요 요인들을 사회계층, 사교육, 교사, 수업 태도로 설정하고 이 요인들의 직접 효과와 간접 효과를 분석했을 때 다른 요인에 비해 사회계층의 효과가 상대적으로 가장 크게 나타난다고 보고되기도 한다(유한구 2006). 이 연구에 따르면 부모의 직업 지위와 학력 연수, 그리고 가구 수입으로 측정된 사회계층 요인이 사교육과 수업 태도를 매개하여 학업성취에 영향을 미치기도 하지만, 직접적인 효과도 상당한 것으로 나타난다.[9] 여기서 사회계층의 직접적 효과는 결국 부모의 사회 자본과 문화 자본의 효과를 의미하는 것으로 해석되고 있다.

이처럼 대부분의 연구는 부모의 사회경제적 지위 변인이 자녀의 학업성취에 미치는 영향을 크게 두 가지 차원으로 구분한다. 우선 경제적 차원으로 부모의 물질적 지원이 자녀의 교육 정도를 높일 수 있다. 사교육을 통한 자녀의 학업성취가 그 전형적인 예가 될 것이다. 그러나 최근에는 가족의 사회·문화적 자원이 미치는 영향이 더 주목받는 경향이 있다(김현주 2007). 따라서 계층의 경제적 차원에 주목할 때 사교육을 통한 부모의 물질적 지원이 중요한 매개 변인으로 거론되며, 계층의 사회·문화적 차원은 사회 자본과 문화 자본이라는 개념을 통해 매개 변인을 구성하는 것이 최근의 추세이다.

경제 자본이 질 높은 사교육 구매에 동원이 되며 동시에 문화 자본으로

9 사교육은 학업성취에 그다지 큰 영향을 미치지 않는 것으로 보고되고 있는데, 이 보고서에서 인정하고 있듯이 여기서 사교육 요인은 사교육을 받고 있는지를 통해 측정되었다. 따라서 측정의 정밀성에 있어서 한계를 고려해야 한다.

변형되면서 자녀들의 학업성취에 영향을 미칠 수 있으므로, 경제 자본과 문화 자본이 결합하면서 그 영향력이 훨씬 효과적으로 될 것이라는 주장도 있다(김종엽 2003). 〈한국교육고용패널〉의 1차와 2차 자료를 분석한 연구에 따르면 사교육비가 학업성적에 미치는 영향이 발견되며, 아울러 사교육비의 투자가 부모의 학력과 직업, 관심 등 사회·문화 자본의 측면과 결합했을 때 학업성적 향상의 효과가 큰 것으로 나타난다(김현주 2007). 다시 말해서 부모의 경제 자본이 문화 자본 및 사회 자본과 상호작용하면서 자녀의 학업성취에 영향을 미친다는 것이다. 그렇다면 문제는 중산층이 자신의 경제 자본, 문화 자본, 사회 자본을 자녀 교육을 위해 어떻게 최대한 활용하는가에 있다고 볼 수 있다.

3 중산층의 교육 차별화 전략

어차피 사교육비 지출은 어느 선에서 한계에 직면하게 된다. 대학 등록금 부담도 날로 커지는 상황에서 사교육에 마냥 경제 자본을 투여할 수는 없을 것이다. 여기서 사교육의 질을 둘러싼 경쟁이 매우 중요하게 된다. 그리고 사교육의 여러 영역(혹은 과목) 중에서 선택과 집중을 할 필요성이 더욱더 중요해진다. 물론 많은 돈을 낼수록 양질의 사교육을 확보할 가능성이 있을 수 있다. 가능하다면 많은 영역에서 사교육의 도움을 받는 것이 좋을 수도 있다. 그러나 물리적 자원에 한계가 있고 자녀들의 학습시간 또한 어느 선에서 한계가 있는 것이 현실이다. 그래서 보다 더 중요한 것은 일정 비용 범위 내에서 어떠한 사교육이 더 효과적일지에 대한 판단일 수 있다.

여기서 부모의 사회 자본과 문화 자본이 중요하게 작용할 수 있을 것이다. 무엇보다도 사회 자본은 우선 정보 획득이라는 매우 중요한 기능을 수행할 수 있다. 사회 자본은 사회 연결망을 통해서 확보되는데, 특정 연결망에 속하기 위해서는 그 연결망에 맞는 문화 자본을 소유하고 있는지가 매우 중요한 역할을 할 수 있다. 사교육을 포함한 여러 요인을 고려하고도 부모의 사회경제적 지위가 자녀의 학업성취에 직접적인 영향을 미친다는 결과는 결국 이렇게 잘 드러나지 않는 다양한 측면의 사회 자본 혹은 문화 자본의 효과일 가능성이 있다.

이 지점에서 양극화의 또 다른 의미를 생각해 볼 수 있다. 중산층의 연결망이 매우 현실적인 차원에서 중요하게 작용할 수 있으며, 이는 다른 계층 구성원을 연결망에서 효과적으로 배제하는 것이 필수적임을 의미한다. 그리고 그 '다른 계층'이란 하층이 될 것이며, 중간층의 하층이나 더 나아가서 중간층의 중층에까지 범주가 확대될 가능성도 농후하다. 이러한 방식으로 사회생활 내에서 실질적으로 계층 분리가 이루어질 수 있으며, 이는 양극화의 또 다른, 그리고 어쩌면 더욱더 본질적인 측면이 될 수 있다고 본다.

따라서 현재 교육은 중산층에게 있어서 계층 재생산을 위한 전쟁에 절실히 필요한 무기가 된다. 누가 이 무기를 충분히 확보하는가, 그리고 누가 더 양질의 무기를 갖추고 있는가가 매우 중요한 문제가 된다. 결국, 계층 재생산을 위해 동원할 무기에서 차별화를 도모할 수밖에 없게 된다(방하남·김기헌 2002). 사실 사교육 자체가 비교적 균등한 학교 교육에 불균등성을 도입하기 위한 차별화 전략이라고 볼 수 있다(김종엽 2003). 이러한 맥락에서 여기에서는 다양한 출처의 자료들을 활용하여 중산층의 자녀 교육 투자 행태를 제시하고 그 의미를 설명하고자 한다.

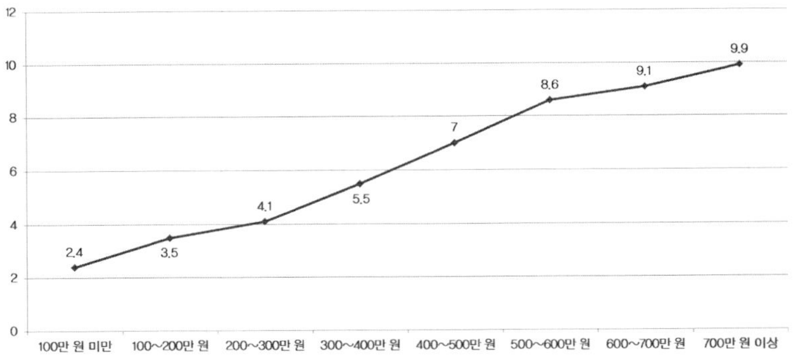

출처 : 통계청, 2018, 〈가계동향조사〉.

그림 10-3 가구소득 구간별 교육비 지출 비율(단위 : %)

3.1 교육비 지출

가구소득별로 교육비 지출 비율은 〈그림 10-3〉과 같다. 개별 소득 범주별로도 자녀 교육비의 부담은 확연하게 드러난다. 교육비는 모든 가구에서 월평균 소득의 10%를 넘고 있지 않다. 그러나 가구소득이 증가함에 따라 교육비 지출 비율이 계속 증가한다. 가구소득이 300만 원 미만 가구의 교육비 지출 비율은 5%를 넘지 못하지만, 가구소득이 600만 원 이상 가구의 비율이 9%를 넘어간다.

통계청은 2007년부터 한국 사회의 사교육 실태를 매년 조사하여 보고하고 있다. 이 통계에 따르면 전체적으로 사교육비도 꾸준히 증가하고 있다. 통계청의 〈2018년 사교육비 조사〉 결과에 따르면, 사교육비 총액은 약 19조 5천억 원으로, 2017년 18조 7천억 원보다 8천억 원(4.4%) 증가하였다. 학교급별로 살펴보면 초등학생 8조 6천억 원으로 5.2% 올랐고, 중학생 5조 원, 고등학생 5조 9천억 원 각각 증가했다. 교과 사교육비 총액

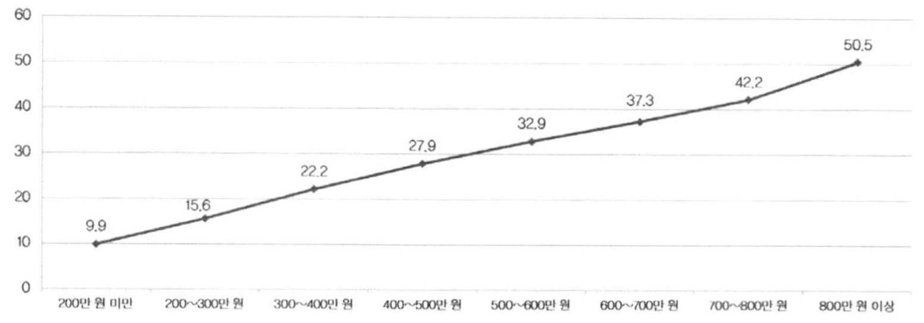

출처 : 통계청, 〈2018년 사교육비 조사보고서〉.
* 사교육 비용은 전체 학생 1인당 월평균 금액임.

그림 10-4 가구소득별 사교육 비용(단위: 만 원)

은 14조 3천억 원으로 2017년 13조 6천억 원 대비 7천억 원 증가했고, 이 중 영어와 수학이 차지하는 비율이 상대적으로 높다. 구체적으로 국어는 10.2% 증가한 1조 4천억 원, 영어 5조 7천억 원, 수학 5조 5천억 원으로 나타났다. 예체능 및 취미·교양 등은 5조 1천억 원으로 역시 전년 대비 2천억 원 증가했다. 과목별로 음악이 1조 6천억 원, 미술 9천억 원, 체육 2조 1천억 원으로 나타났다.

2018년 자료에 따르면, 가구소득이 높을수록 사교육 참여율이 높아지고 사교육 비용도 더 지출하는 것으로 나타난다. 사교육 참여율은 소득수준이 높을수록 꾸준히 상승한다. 월평균 소득 200만 원 미만 가구의 사교육 참여율은 47.3%이고, 800만 원 이상 가구의 참여율은 84%로 나타났다. 〈그림 10-4〉에서처럼 가구소득별로 보았을 때 소득수준 격차에 따른 사교육비 지출 격차도 크게 벌어졌다. 월평균 소득 200만 원 미만 가구는 1인당 사교육비가 9만 9천 원으로 나타났다. 반면에 800만 원 이상 가구의 월평균 1인당 사교육비는 50만 5천 원으로 나타났다. 가장 낮은 소득수준과 가장 높은 소득수준을 비교할 때 사교육비 지출 액수가 5배 정도 차이가 난다. 사교육 참여율과 사교육 비용이 증가할수록 학생의 성적이 좋다는 자료를 고려할 때, 이는 부모의 소득이 높을수록 사교육을 통해 자녀의 성적이 향상될 수도 있음을 추측하게 한다.[10]

3.2 차별화 전략으로서의 영어 교육

앞서 살펴본 것처럼 계층별로 교육, 특히 사교육의 비용 지출 면에서 분명한 차이가 나타난다. 특히 영어와 수학 과목의 사교육 비용 지출에 대한 계층별 차이를 살펴보면 영어 교육이 상층의 교육 차별화 전략에 중요한 요소가 될 수 있음을 짐작하게 한다. 사실 한국 사회에서 영어 혹은 영어 교육은 특수한 의미가 있다. 한미관계라는 특수적인 역사로 인한 중요성이다(윤지관 2002; 이승렬 2004; 강내희 2005). 아울러 보편적인 학습과 사회생활 능력(최샛별 2003; 이동연 2007)의 차원에서도 높게 평가받는 것이 현실이다.

이러한 경향은 다른 여러 아시아 국가에서처럼 세계화와 신자유주의의 확산과 더불어 점점 가속화되고 있다(박휴용 2009). 심지어는 영어가 '언어의 블랙홀'이라는 표현이 나올 정도이다(파월 2010). 이러한 상황에서 영어 능력은 계층이 가진 자원 차이의 상징이면서 그러한 차이를 만들고 유지하는 중요한 도구로 볼 수도 있을 것이다(최샛별·최유정 2011).

영어 교육이 자녀 교육에서 계층별로 나타나는 질적 차이를 만드는 또

---

10 물론 이 자료를 통해서 인과관계를 확신할 수는 없다. 자녀가 공부를 잘할수록 더 투자하려는 동기가 부여되어 사교육을 더 시키고 더 좋은(즉 더 비싼) 사교육을 시키려고 할 수도 있기 때문이다. 그리고 소득이 높은 가정이 그렇게 할 수 있는 여력이 있을 것이다.

표 10-2 계급별 소득대비 영어 교육 투자 의향 비율

단위 : %

중상계급	신중간계급	구중간계급	근로계급	도시하류계급	기타
14.74	12.67	13.57	14.67	13.53	11.47

다른 이유는 비용이나 기간의 문제일 것이다. 사실 언어는 오랜 기간 문화적인 경험을 통해 습득되고 축적되는 것이다. 게다가 영어권과의 지리적 거리로 인해 이러한 경험은 자연스럽게 상당한 시간과 비용을 요구하게 된다. 따라서 계층별 자원의 차이가 자녀 영어 교육에 결정적인 영향을 줄 수밖에 없다(최샛별·최유정 2011). 여기에서는 〈문화 생산과 소비의 사회적 지평〉 설문조사 자료와 인터뷰 자료를 사용하여 영어 교육과 관련된 계층별 차이를 보여주고자 한다.

〈표 10-2〉는 계급별 영어 교육 투자액 의향 차이를 보여주고 있다. 계급 구분은 홍두승(2005)을 기반으로 한다. 가장 많은 투자액 의향을 보이는 계급은 중상계급이다. 이들은 수입의 14.74%까지 투자할 의향을 보였다. 그다음으로는 근로계급, 구중간계급, 하류계급 순으로 나타났다. 모든 계급이 수입의 10% 이상에서 거의 15%에 이르는 비용을 자녀의 영어 교육에 투자할 의향이 있다는 점은 주목할 만하다. 그런데 수입에서 엄연히 차이가 존재하기 때문에 도시하류계급의 14%와 중상계급의 14%는 그 실질 액수에서 커다란 차이가 있을 것이다. 그런데도 중간계급과 중상계급은 그들 수입의 13-15% 정도를 기꺼이 자녀의 영어 교육에 투자하려 한다는 점을 알 수 있다.

양적 자료에서 나타나는 이러한 계급별 차이는 질적 자료인 인터뷰에서도 잘 나타나 있다. 중상계급의 경우는 경제적인 자원뿐만 아니라 자녀의 미래에 대한 계획이 비교적 구체적이다. 다음은 중상계급에 해당하는 10개 가구 인터뷰 내용 중 일부이다.

사례 1 야, 근데 1년은 쫌 짧다. 가면은, 어 이번에는 애들 1년은 짧더라, 저희가 다녀보니까 애들이 적응하고 언어가 될 때쯤에 또 오니까, 또 이번에 학교를 다니니까 달라지잖아요. 기본이 2년이더라? 외고에 갈 때도 2년이 인정되더라, 2년이 최소한, 그럼 1년 있다가 자기는 들어오고, 내가 거기서 유학 비자를 받아서 1년 더 데리고 있다가, 1년만 기러기 하자. 다 결정을 내놨거든요? 딱 해놓고 준비를 하다 보니까 조금 미안한 거예요. 애들한텐 물어본 적이 없고. 그냥 가자, 가서 2년 있는 거다.

사례 2 캐나다에 아버님 친구분도 계시고, 아버님이 또 막 알아봐 주시고. 그래서 알아봐 주시네, 이러면서 가려고 마음을 먹었는데, 그리고 애들도 지금보다 더 나은 환경에서 한 2년 정도 공부해 보고. 그러고 들어와도 한국 생활 적응할 나이고, 한 5학년 때쯤 오니까? 지금 아니면 못 갈 것 같고, 가서 제대로 된 영어권이란 어떠냐는 걸 제대로 느껴보고, 너희들이 하는 영어는 정말 아무것도 아니다 느껴야지 조금 더 동기가 되지 않을까.

중산층에 해당하는 신중간계급과 구중간계급은 중상계급과는 달리 다양한 국내 사교육을 통해 영어 교육을 하고 있다. 자녀 영어 교육에 대한 의지와 활동은 중산계급 못지않지만, 수단에 있어서는 상대적으로 제한적이다. 다음은 중산층에 해당하는 가구 인터뷰 내용이다.[11]

---

11 예를 들면, 필리핀 같은 동남아 국가 중에서 영어 상용 국가가 어학연수의 대안으로 급부상하고 있다. 부유층의 전유물이었던 어학연수가 중산층까지 급격히 퍼졌다. 2000년 3,477명에 불과했던 필리핀 영어 연수생은 지난해 2만 명으로 늘었다. 단기적인 어학연수에 나서는 학생들까지 합치면 연 10만 명에 이른다는 분석도 있다(매경이코노미 2007).

사례 6　영어학원은 작년 10월? 그전에는 그룹 과외를 했고요, 선생님이 집으로 오세요. 이제 일주일에 3번? 이렇게요, 수업 한 시간씩 해주시니까요.

사례 7　아니요 영어 유치원 말고 그냥 사설 유치원을 보냈고요, 아이가 다섯 살 때 교회 유치원을 보냈어요, 그런데 원감 선생님이 오셨는데 2학기 후반에, 그분이 영어 교육에 굉장히 관심이 많은 분이었는데, 기도를 영어로 하는 거예요, 저희 아이는 그걸 못 알아들은 거예요, 그래서 엄마 나 영어 좀 시켜줘, 그래서 제가 그때부터 영어를 시켜줬던 것 같고요.

반면에 근로계급이나 하층계급의 경우는 전혀 다른 상황이다. 앞서 언급한 중상계급이나 중간계급과 달리 자녀에 대한 미래 설계 그리고 투자 같은 것이 어렵다. 따라서 영어 교육 같은 구체적인 것보다는 사교육에 대한 투자 자체가 쉽지 않다.

사례 10　그래서 저희는 애들 셋 키워도 막내는 아직 어려서 그런다 치지만 학원을 제대로 보내보질 못했어요. 저는 보내달라고 하면 보내주지 일부러 가라 권유도 못 해봤어요. 내가 능력이 안 되니깐 보내주고 싶은 마음이 있는데, 그렇지만 둘째는 보내달라고 했는데도 몇 개월 보내주고 못 보냈죠.

이러한 차이가 더욱 구체적으로 나타나는 것은 영어에 대한 계층별 의견 차이이다. 〈표 10-3〉은 이러한 의견의 평균값을 계급별로 보여주고

표 10-3 계급별 영어 관련 태도(5점 만점)

	사회에서 중요	교육에서 중요	영어 유치원	영어 교육 강제	유학, 어학연수
중상계급	4.32	4.32	3.38	3.06	3.57
신중간계급	4.05	4.10	3.29	3.27	3.42
구중간계급	4.04	4.07	3.19	3.30	3.39
근로계급	3.91	4.00	3.15	3.00	3.20
도시하류계급	3.87	4.00	3.03	2.93	3.23
기타	3.86	3.86	2.96	3.08	3.00

있다. 계급별로는 상위 계급의 평균값이 대체로 높다. 대체로 중상계급, 신구중간계급, 근로계급, 도시하류계급/기타 네 개의 집단으로 구분된다. 하나의 예외는 영어 교육을 강제하는 문항인데, 여기서는 중상계급보다 신중간계급, 구중간계급에서 동의하는 정도가 더 높다. 이는 중간계급이 영어의 중요성을 특히 절감하고 있다는 방증으로 볼 수 있다. 그리고 항목의 성격에 따라 응답 유형이 다소 다르다. 사회생활에서 영어 교육의 중요성이나 학교에서 영어 교육의 중요성, 영어 교육을 강제하는 문제에 대해서 계급별로 동의 정도가 높은 편이다. 그런데 경제력이 중요한 역할을 하는 자녀를 영어 유치원에 보내는 문제나 유학, 어학연수를 보내는 문제에서는 역시 계급 차이가 상대적으로 큰 편이다.

그런데 이러한 영어 교육에 대한 의견에서 중산층, 다시 말해 중간계급의 특성이 드러난다. 〈그림 10-5〉과 〈그림 10-6〉은 앞서 제시한 계급별 영어 관련 태도 중에서 영어가 갖는 중요성을 인지하는 항목과 자녀에 대한 영어 교육 투자를 같이 살펴보았다. 그림에서 제시된 실선은 일종의 평균선으로 볼 수 있는데 중상계급, 구중간계급, 도시하류계급, 기타 계급은 평균선에 있거나 그 아래에 있다. 그런데 신중간계급의 영어 중요도에 대한 태도에 비해 상대적으로 자녀를 영어 유치원에 보내겠다는 의지

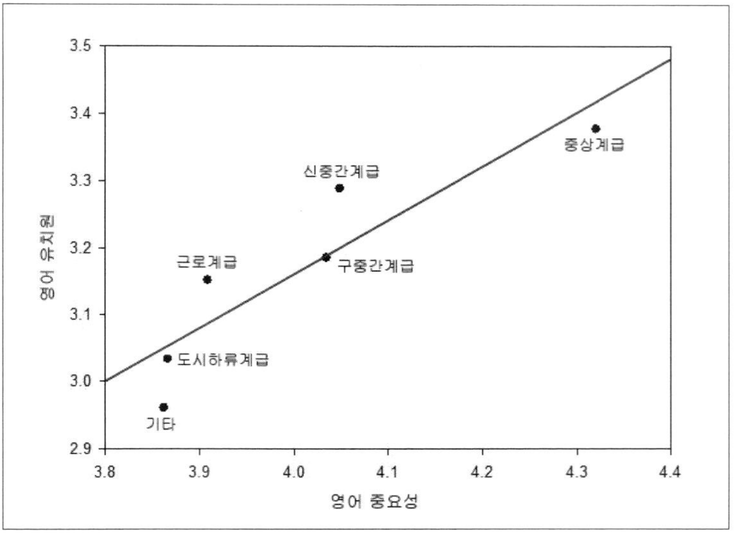

그림 10–5 계급별 영어 중요성 인식과 영어 유치원 지원 의향

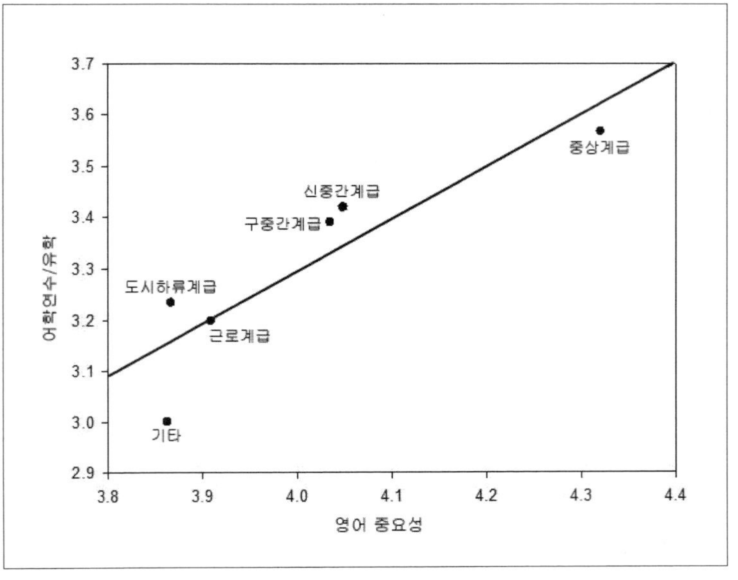

그림 10–6 계급별 영어 중요성 인식과 어학연수 및 유학 지원 의향

표 10-4 계급별 문화 자본 수준

중상계급	신중간계급	구중간계급	근로계급	도시하류계급	기타
11.55	11.55	10.02	9.85	7.07	6.86

* 16개 항목(본인과 직계가족) : 자가용 소유, 박사학위, 명문대 출신, 외국어 능력, 고등고시 등 합격, 전시회, 예술공연 1년에 4회 이상 관람, 미술품 구매, 전문서적 50권 이상 소유, 서양 악기 두 개 이상 소유, 1년 이상 해외 체류, 해외여행 연 2회 이상, 골프 회원권 소유, 사회 저명인사와 교류, 업무상 국제우편물 10개 이상 수신, 별장 소유.

가 상대적으로 강한 편이다. 이러한 경향은 어학연수나 유학과 영어 중요도 두 개 변수를 비교할 때도 유사하게 나타난다. 중상계급의 경우 영어 중요성 인지에 비해 어학연수나 유학을 보내겠다는 의사가 평균적인 경향과 유사하지만 신구중간계급, 도시하류계급, 근로계급은 평균보다 약간 높거나 평균에 근접해 있다.

결국, 이러한 차이는 문화 자본의 차이와 직결되어 있다. 사실 부모의 계급이 자녀의 영어 실력에 영향을 주고 이들의 자녀 세대의 계급을 재생산하는 '잉글리시 디바이드(English divide)'(반경하·서현아 2009)의 근저에는 학부모의 관심과 자원의 차이가 존재한다(최샛별·최유정 2011). 〈표 10-4〉는 문화 자본 정도를 측정하는 16개 항목을 기준으로 개별 계급의 문화 자본 수준을 비교한 것이다. 이러한 문화 자본 수준에서는 뚜렷하게 집단 구분이 된다. 가장 높은 수준을 보이는 계급은 중산계급과 신중간계급으로 평균값이 각각 11.55로 나타났다. 그다음으로 높은 수준을 보이는 계급은 구중간계급과 근로계급이다. 마지막으로 도시하류계급과 기타 계급으로 나타난다.

상층은 물론 특히 중산층은 자녀의 영어 교육에 상대적으로 많은 투자를 함으로써 차별화를 하고 자녀의 계층 재생산 내지는 계층 상승의 가능성을 도모하려는 것으로 보인다. 이러한 차별화 전략에는 두 가지의 의도가 깔린 것으로 볼 수 있다. 첫째로 영어 능력 자체가 한국 사회에서 중요한 문화 자본으로 기능하는 것이 현실이라는 점이다. 둘째로 영어 능력은 단순히 일차적인 학업성취, 즉 대학 진학에 국한되는 것이 아니라 외국 학위 취득과 더 나은 직업 획득에 결정적인 도움을 줄 수 있기 때문이라는 점도 중요하게 고려되는 것으로 보인다. 상층 주부의 인터뷰 내용에서 이러한 의도는 잘 드러나고 있다.

> 사례 4 그러니까 남편이 커서 유학을 가서 영어가 부족해서 너무 힘들었어요. 영어가 좀 더 나으면 한 2년은 단축했을 것이라며 맨날 그러면서, 애는 잘 키워서 영어를 잘해서 내가 이런 걸 할 때 얘가 조금 더 보완되고 (…) 그래도 이게 괜찮은 직업 같으니까 그렇게 그런 길도 자기가 (…) 나름 이렇게 길을 이렇게 짜놓고.

특히 중산층은 계층 하락의 위협 속에서 대학 진학이라는 단순한 학력 성취를 넘어서서 자녀들의 문화 자본 습득과 좋은 직업 확보에 유리한 조건을 갖추게 하는 전략을 적극적으로 동원하려 한다고 볼 수 있다. 이 과정에서 자신의 계층 위치에서 활용 가능한 경제 자본, 문화 자본, 사회 자본을 효과적으로 투여하려고 할 것이다. 사회 자본도 정보 채널로서 특히 중요한 역할을 할 수 있는데, 다음의 어느 중산층 주부의 이야기는 이를 잘 보여준다.

> 사례 8 아무리 내가 스펙을 좋게 해도 애가 잡을 힘이 없으면 못하는 거잖아요. 그래서 실속을 다질 거야. 그러면서도 이 네트워크를 놓칠 수 없는 게, 솔직히 유치원 엄마들은 다 오픈하잖아요. 근데 특히 여기 엄마들은 오픈이라는 게 없어요. 자기네들끼리 정해서 재가

> 우리 아이랑 맞을 것 같은데, 요렇게 요렇게 해서 (…) 제일 처음에는 네트워크가 어떻게 되냐면, 들어와서 생활체육을. 그 스타벅스 앞에 딱 신입생 엄마들이 기다리면서 운동팀을 빨리 짠다 그러면 그 운동팀에 들어가야 하는 거예요. 아니 연대, 이대 유치원 나온 애들은 또 걔네끼리만 놀아요. 거기에도 들어가 있어야 해요.

경제 자본과 문화 자본 그리고 사회 자본 모두에서 중산층은 분명히 하층보다 우위에 있을 것이다. 하지만 양극화와 중산층 붕괴의 상황은 중산층 내부의 치열한 경쟁을 불가피하게 한다. 현재 중산층의 일부는 자녀 세대에서 하층으로 전락할 수 있다는 위기의식이 매우 현실적으로 다가오기 때문이다. 따라서 중산층은 교육 투자에서 하층과의 차별화는 물론 같은 계층 내에서도 차별화를 도모할 것이다. 그 중심에는 영어 교육이 있고 이를 위해 가용한 모든 자본을 효율적으로 동원하려 하는 것으로 보인다.

4 중산층 자녀 교육의 미래

현재 한국 사회에서는 중산층은 여러 가지 측면에서 위기를 겪고 있다. 절대적인 이들의 비율이 줄고 있을 뿐만 아니라 이들이 전체 소득에서 차지하고 있는 비율도 상대적으로 점점 줄고 있다. 이러한 상황에서 중산층은 자식 세대에서 계층 재생산에 실패할지도 모른다는 위기감을 느끼게 되고, 이는 자녀 교육에 적극적인 투자를 할 강력한 동기로 작용한다. 교육수준이 중산층의 지위 획득에 핵심적인 요소라는 것을 잘 알고 있기 때문이다. 그래서 주어진 경제 자본, 문화 자본, 사회 자본을 최대한 효율적으로 동원하려는 전략을 따른다. 여기에서 사교육비 지출이 대표적인 투자 전략이 될 것이다.

그런데 어차피 지출 가능한 사교육 비용은 한계가 있을 수밖에 없다. 이는 대부분 상층계급에도 해당하는 상황이다. 그러므로 질적인 차원에서 사교육 투자 전략을 세워야 하고, 그러한 차별화 전략의 핵심에는 영어 교육이 자리 잡은 것으로 보인다. 그리고 그와 함께 주어진 문화 자본과 사회 자본을 효과적으로 활용하는 것도 중요한 부분을 차지할 것이다.

중상계급은 여러 가지 형태의 자원을 동원하고 있다. 근로소득뿐만 아니라 문화 자본이나 사회 자본 같은 다양한 자원 동원 능력을 바탕으로 자녀 교육을 할 수 있다. 하류계급의 경우 제한된 자원으로 인해 자녀 교육에 대한 투자 자체가 제한적이다. 자녀의 미래에 구체적인 계획이나 이를 실현하려는 도구가 거의 없다. 반면에 중산층은 자녀 교육에 대한 열망은 크지만 이를 실현하려는 도구가 중상계급보다 제한적이다. 이에 따라 다른 계급보다 사교육 투자로 인한 고통도 심하다. 공교육을 통한 대안을 계속 추구하고 있지만, 공교육에 대한 불신이 심각한 수준에 있는 것으로 보인다. 어느 중산층 주부의 이야기는 이를 잘 보여준다.

> 사례 7　저는 학교 방과 후는 별로 안 시키는 편이에요. 한번, 컴퓨터를 시켜봤는데 (…) 그 수강신청 안 한 아이는 한 시간 동안 거의 바보를 만들어놓은 그런 일이 있었기 때문에 (…) 에이 내가 학교는 절대 안 시킨다, 싼 게 비지떡이다.

물론 이러한 상황의 저변에는 교육을 통한 사회이동 혹은 지위 유지에 대한 열망뿐만 아니라 이러한 상황을 만들어내는 노동시장의 현실이 있다. 학교별로 보상체계가 크게 차이나고, 노동시장 진입이 단선적이고 일회적인 독특한 한국 사회의 특성으로 인해 교육 부문에서 극심한 경쟁이 벌어지고 있다. 게다가 이러한 상황은 노동시장이 더욱 불안정해지고 내수와 수출의 선순환 구조가 무너진 현실에 비추어 보다 악화할 가능성이 크다. 적어도 자녀와 가족을 중요시하는 한국 사회의 특성이 변하지 않는 한 이러한 경쟁 구조는 계속 유지될 가능성이 크다.

아마도 이러한 현실에 처한 한국 사회에서 중산층은 더 큰 어려움을 겪을 가능성이 크다. 이러한 현실은 계급의 분절화와 재구성이라는 큰 변화와 맥락을 같이한다. 중산층 내에서도 사회적·문화적 차이가 날로 확대될 가능성이 크다. 하층으로 하강 이동을 경험할 가능성도 커진다. 따라서 중산층이 과거와 같이 사회 통합의 중요한 원천이라기 보기는 힘들다(구해근 2007). 질적으로나 양적으로나 중산층의 기능이 매우 제한적이다.

중산층의 교육 차별화 전략은 계층 분리를 촉진할 위험성이 있다는 점도 생각해볼 필요가 있다. 이러한 차별화 전략에서는 안 그래도 계층에 따라 구별되는 경향이 있는 사교육 영역을 중심으로 다른 계층(하층)을 배제하는 방식으로 문화 자본과 사회 자본이 동원될 수밖에 없기 때문이다. 상층도 기본적으로 유사한 전략을 동원할 것이다. 이 경우에 배제의 대상은 아마도 하위 중산층이 될 것이고, 상위 중산층은 선택적 포섭 대상이 될 수도 있지만 역시 일반적으로 배제의 대상이 될 가능성이 크다. 따라서 경제 자본의 격차에 더하여 문화 자본과 사회 자본의 격차는 중산층의 상층 진입을 더욱더 어렵게 만들 것이며, 현재의 경제 상황을 미루어볼 때 하층 하락의 가능성은 더 커질 수 있다.

교육 차별화 전략이 성공적으로 적용되었을 때 중산층의 세대 간 상향이동은 물론 가능할 수 있다. 그런데도 전반적인 경제·사회 구조의 변화 없이는 중산층 약화라는 전반적인 경향을 피하기 어려울 것으로 보인다. 어차피 전체적이고 상대적인 현상이기 때문이다. 특히 교육 차별화 전략을 통한 경제 자본의 사교육에 대한 과도한 소비는 중산층의 계층 하락을 오히려 촉진할 가능성이 충분히 있다.[12]

이러한 측면에서 중산층을 어떻게 유지하고 복원할 것인가 하는 문제는 다른 어떤 문제 못지않게 중요한 사회적 의제라고 생각한다. 여기에 교육비 문제는 핵심적인 것이다. 따라서 대학교육의 부담을 낮추는 문제는 중요하다. 이와 아울러 학력차별에 기반을 둔 노동시장 문제 그리고 단선적이고 일회적인 노동시장 진입 구조도 변화시킬 필요성이 있다고 생각한다. 사실 교육은 하나의 독립적인 부문이라고 보기 어렵다. 단순한 학습기회의 제공 자체가 의미 있는 결과를 만들기 어렵다. 생애 전 단계에 걸쳐 학습을 통해 노동과 복지가 구현되고, 다시 학습과의 상호작용을 통해 지속적 발전이 가능하도록 하는 상호연계시스템이 필요하다(변종임 외 2007). 단순하게 학습의 기회만을 제공하는 것을 넘어서, 노동과 복지를 연계시켜 전 생애에 걸쳐 다수의 교육기회 제공, 노동시장 진입, 복지제도 혜택이라는 통합정책을 고려할 필요가 있다고 생각한다.

12 물론 이러한 논의는 앞으로도 자녀 교육에 대한 투자 경향이 지속하리라는 것을 전제로 한다. 그러나 중산층의 자원의 한계나 신세대의 개인주의 성향의 강화에 따라 자녀 교육 투자 자체가 약화할 가능성도 있다.

11장 한국 사회와 한국인

"사회적 연대와 통합을 위한 노력이 필요하다."

1 응축성장과 한국인의 가치와 태도

지난 한 세기반 동안 한국인은 급격한 사회 변동을 겪었다. 이러한 사회 변동은 서구 사회의 경우 거의 200년 이상 오랜 기간에 걸쳐 일어났다고 알려져 있다. 한마디로 '압축성장'이라고 불릴 정도로 짧은 시간 동안 빠른 변화가 일어난 것이다. 이 변화는 단지 물리적으로 시간을 압축해서 발생한 것은 아니라, 한국인의 삶을 송두리째 흔들어놓았다. '조용한 아침의 나라'로 불릴 만큼 조용하고 변화가 없는 사회에서 살던 한국인이 생과 사를 넘나드는 격동의 시기를 보내게 되었다.

그런데 이러한 급격한 변화의 이면에는 국제적인 질서의 변화나 권위주의 정부에 의한 일방적인 통제라는 외부환경의 변화라는 측면이 크다. 생존의 문제에 있어서 개인의 선택이나 의지가 중요한 것이 아니었다. 분명히 사회 각 분야의 다양한 요구와 이견이 존재했었고, 급격한 사회 변화와 경제 성장으로 인해 그 정도는 아마 더 컸을 것이다. 다만 이러한 환경에서는 사회에서 존재하는 개인의 의지와 갈등이 억눌려왔다. 표면적으로는 사회 갈등이 최소한인 것처럼 보였다. 아마도 다렌도르프가 언급한 것처럼 사회 갈등이 현실화되지 않고 잠재적으로 존재해 왔던 것이다(Dahrendorf 1958; 1959).

그러나 제도적인 민주화에 따라 개인의 의지와 욕구가 여러 분야에서 분출하고 있다. 지금도 온라인이나 오프라인 가릴 것 없이 다양한 의견이 표출되고 있다. 때로는 이러한 의사 표현이 감정적인 비난이나 심지어 특정 대상에 대한 저주로 치달을 때도 있다. 이러한 상황은 변화된 한국인의 태도와 가치를 반영하고 있다. 따라서 여러 가지 사회문제를 해결하기 위하여 현재 한국인의 특성을 파악할 필요가 있다. 여기에서는 가족과 직업, 민주주의, 기업, 고립 사회, 다문화 수용성, 전문가 신뢰, 세대, 사회이동, 교육 등 여러 분야에 관한 한국인의 가치와 태도를 통해 그 특성을 살펴보았다. 특히 사회 정체성 이론을 폭넓게 적용하여 감성적인 측면을 분석하였다.

개별 분야별로 나타나는 특징은 다양하다. 한국인의 삶의 기반이었던 가족에 대한 생각이 변화하고 있다. 실제로 여러 가지 이유로 인해 혼자 사는 사람 비율이 30%에 육박하고 있으며 그 기간도 점점 길어지고 있다. 강한 가족주의나 사회적 연대에 기반을 둔 사회에서 사회 구성원의 고립과 우울감을 걱정해야 하는 사회로 변화하고 있다. 같은 문화와 혈연을 기반으로 하는 단일민족 의식도 변화를 겪고 있다. 한국인이 역사적으로 경험하지 못한 규모나 유형의 이주민 유입에 따른 사회적 문제가 발생하고 있다.

그런데 중요한 것은 한국 사회가 이처럼 변화하는 한국인의 의지와 욕구를 적절하게 반영하고 있지 못한다는 사실이다. 공공 부문에 대한 신뢰가 여전히 낮은 수준이다. 공공 부문이나 시장에서 큰 역할을 하는 전문가나 대기업에 대한 부정적인 평가가 여전히 크다. 시민의 의견을 공공의 장에서 대표하는 국회나 국회의원에 대한 극단적으로 부정적인 평가는 이제 새삼스러운 일은 아니다. 시민사회를 대표하는 각종 시민단체나 노조에 대한 평가도 그렇게 높다고 볼 수 없다. 일상생활 속에서는 극단적이고 개인적인 범죄이지만 2008년 설날에 발생한 숭례문 화재나 2018년 대법원장 출근차 방화사건 같이 공공기관에 대한 자신의 불만을 극단적 방법으로 표출하는 경우가 늘어나고 있다. 유사한 사례는 일상이 되어버린 상대방에 대한 극단적인 공격이나 혐오가 난무하는 각종 시위나, 온라인이나 오프라인에서의 의견 표출에서도 찾아볼 수 있다.

그러나 이러한 상황이 단순한 성장통이라고 보기에는 그 문제의 심각성이 크다고 생각한다. 단순하게 물리적인 시간이 흘러감에 따라 압축된 성장의 문제가 해결될 것으로 보기 어렵다. 그동안 질적 변화를 수반한 '응축성장(condensed development)'을 통해 한국인의 가치와 태도가 질적으로 변화하였다. 한마디로, 변화한 한국인을 위한 새로운 규칙과 체계가 필요한 상황이다. 개인이나 집단의 파편화되고 극단적인 감정 표출을 넘어서 유대를 기반으로 하는 새로운 형태의 사회 통합이 필요하다고 생각한다.

2 사회 통합과 사회 자본

우리가 사회 갈등 상황을 해결함으로써 궁극적으로 이루고자 하는 것은 사회 통합이다. 연구자에 따라 다른 개념을 사용하지만 대체로 사회 통합은 사회 구성원 사이에 갈등이 발생하지 않고 '적절한 상태'가 유지되는 것을 의미한다. 여기에서 적절한 상태란 상호관계가 지나치게 약하거나 지나치게 강하지 않은 것을 의미한다. 사회 구성원 사이에 상호관계가 지나치게 약하면 갈등이 발생하고 사회 해체로 이어질 가능성이 크다. 반면에 상호관계가 지나치게 강할 때는 표면적으로는 강한 통합과 지나친 사회적 억압 상황이 전개될 수 있다(전상진 2006).

예전에 사회 통합은 사회적 배제(exclusion)가 극복된 상태를 가리키거나 사회가 다양한 개인을 수용하는 상태(integration)를 의미하였다. 역사적으로는 프랑스에서 사회보장제도의 틀로 보호받지 못한 사람들의 상태를 '사회적 배제'라고 하였다. 이들은 대체로 교육, 기술 수준 등이 낮아 빈곤과 실업으로 고통을 받는 사람들이다. 인종이나 민족적인 이유로 인해 한 사회에서 차별받는 사람도 여기에 속한다. 물론 사회적 배제가 항상 하나의 고정된 차원에서만 발생하는 것은 아니다. 빈곤이나 실업, 소수 민족, 인종 문제 등이 겹칠 수 있고, 사건이나 시간에 따라 배제의 범위나 형태가 달리 나타날 수도 있고, 개인이나 집단 등 다양한 수준에서 발생할 수 있다.

그런데 최근에 사회 통합은 더욱 적극적인 의미를 지니게 되었다. 즉 '사회적 포용(inclusion)'의 개념으로 발전하고 있다. 포용은 사회 구성원 사이에 상호인정, 연대, 참여 등 다양한 개념을 포함한다. 최상의 포용은 사회 구성원 모두가 성, 인종, 집안 배경 등 귀속적 지위(ascribed status)와 상관없이 정치, 경제, 사회, 문화 분야에서 동등한 기회가 주어지는 것을 의미한다. 이를 통해서 '사회 구성원들이 공동의 목표를 인지하고 이를 위한 각자의 역할을 수용하며, 이를 통해 각 개인의 욕구충족'을 할 수 있다(노대명 2009).

그렇다면 사회적 포용을 실현하고 사회 통합을 이루기 위해서는 어떠한 요소가 중요할까? 많은 경우, 기회, 소통, 협력, 신뢰가 중요한 요소로 언급되고 있다(이정아 외 2009). 그런데 이들 요소는 같은 수준에서 놓고 보기는 힘들다. 먼저, 첫 번째 요소인 '기회'는 환경 혹은 기반과 관련이 크다. 즉 사회 통합을 이루기 위해서는 무엇보다도 사회 구성원의 역량을 활용하고 극대화할 수 있는 환경이 조성되어야 한다. 물론 사회경제적인 기반이 우선되어야 할 것이다. 그다음 요소인 '소통'과 '협력'은 사회 통합으로 향하는 과정으로 볼 수 있다. 마지막으로 '신뢰'는 소통과 협력을 통해 사회 구성원이 통합된 상황 자체로 볼 수 있다.

이러한 사회 통합의 요소인 기회, 소통, 협력, 신뢰를 활성화하려면 무엇보다도 높은 수준의 사회 자본을 유지하는 것이 필요하다. 사회 자본은 '사회 구성원들 사이에서 협조 또는 협력을 가능하게 해주는 사회 네트워크, 규범, 신뢰'를 의미한다(Putnam 1993). 사회 자본은 정부, 정부 기관 등과 같은 공식적 기관과 단체, 협회 등과 같은 비공식적인 기관의 네트워크를 통해 나타나는 일반적 신뢰와 상호호혜의 원칙을 핵심으로 하고 있다(Putnam 2000; 1993). 개인들은 상호작용 없이도 타인, 기관, 제도 등에 대해 신뢰하게 된다. 이러한 사회 심리적 속성으로 인해 신뢰는 사회 자본(social capital)의 형태로 확장되었다.

이러한 사회 자본은 공식적이거나 비공식적인 관계의 연결망을 통해 획득할 수 있는 실제적이고 잠재적인 자원이다. 이 자원은 특정 행위자가 동원할 수 있는 연결망의 규모와 그 연결망에 포함된 사람들이 소유한 자본에 따라 달라질 수 있다(Bourdieu 1986, 248). 사회 자본을 사회 구조적 측면으로 확장을 하면 한 개인이 사회 구조 또는 사회적 관계에 참여함으로써 특정한 행동을 할 수 있게 하는 사회 구조 또는 사회적 관계의 측면으로 볼 수 있다(Coleman 1990, 302).

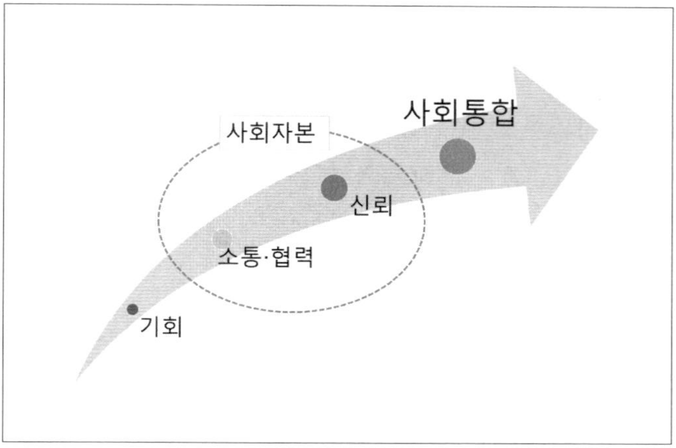

그림 11-1 사회 통합의 과정

즉 사회 자본은 개인들 상호 간의 관계를 통한 연결망으로 된 자원으로서 집단에 소속되어서 타인을 통해 얻을 수 있는 자원 또는 이익이라고 할 수 있다. 사회 자본의 크기는 사회적 상호관계 또는 동원 가능한 네트워크의 범위에 따라 결정될 수 있다. 이러한 사회 자본은 그 관계적 특성으로 인해 유동적이며, 지속적인 관리가 필요한 자원이다(정선기 2012). 따라서 사회 자본은 다른 자본들과 같이 생산적이며, 어려운 목적을 성취할 수 있게 해주는 사회적 기능을 하고 있다(Coleman 1990, 302). 또한, 사회 자본은 사회 구성원 또는 집단 간의 상호관계에 관한 질(quality)과 특성을 나타낸다. 사회 자본은 개인이 사회적 관계나 소속된 집단을 통해 가치 있는 자원 또는 상징적 자원을 획득할 수 있는 능력을 의미한다. 또한, 사회 자본은 다수의 제도에 대한 신뢰 또는 확립된 생활양식에 대한 헌신을 통해 개인들이 공동의 참여를 통해 집합행동의 이득을 누리는 것을 의미한다(이재열 2006).

하나의 기능이나 특징을 가진 사회 자본만이 존재하는 것은 아니다. 사회 자본을 크게 '관계적 사회 자본(relational social capital)'과 '제도적 사회 자본(institutional social capital)'으로 나누어 볼 수 있다(Krishan 2000). 관계적 사회 자본은 '개인이 사회적 관계나 집단의 소속 여부를 통해 가치 있는 경제적 또는 상징적인 자원을 획득하는 능력'을 의미하며, 제도적 사회 자본은 '다수의 개인에 의한 공동의 참여 또는 제도에 대한 신뢰와 확립된 생활양식에 대한 헌신을 통해서 집합행동의 이익을 누리는 것'을 의미한다. 사회 자본은 참여자들이 협력을 통해 공유한 목적을 효과적으로 성취할 수 있게 하는 신뢰, 연결망과 같은 사회조직의 특징이라고 할 수 있다(이재열·남은영 2008, 179-180).

사회 자본의 정의에 대한 학자들의 시각이 다양하므로 이를 측정하는 방식도 다양하다고 할 수 있지만, 기본적으로 유사한 공통된 요소를 가지고 있다. 즉, 사회 자본은 사회적 관계를 통해 형성되는 자본으로 물리적인 형태로 존재하는 '물적 자본'과 지식과 기술의 형태로 존재하는 '인적 자본'과는 구별되는 개념이다. 사회적 관계를 통해 형성되는 사회 자본은 사회 신뢰, 협력적 네트워크, 상호호혜적 규범을 핵심적인 요소로 분석되고 있다는 점에서 일정 부분 합의가 이루어졌다고 볼 수 있다(서형준·명승환 2015, 5).

사회 자본은 신뢰와 상호호혜성의 규범을 토대로 공동의 목표를 위한 사회 구성원들을 협력할 수 있게 하기도 하고, 사회 구성원들의 일탈 행동을 제약하기도 한다(홍성운 2012; Coleman 1988). 폐쇄적인 사회에서는 타인의 행위에 대한 효과적인 감시와 제재를 가능하게 함으로써 궁극적으로는 대인 간의 신뢰를 촉진하게 되며, 집합행동을 하기 정당성을 확보하여 행위자들의 자원을 모아서 새로운 일에 공동으로 참여할 수 있도록 유도한다(이재열 2006; Coleman 1988).

표 11-1 사회 자본의 특징

이론적 의의	자본의 소유자	자본의 소유자에게 주는 이익	자본의 존재 형태	연구의 핵심	분석 수준
개인이 아닌 사회적 관계 속에서 파생되는 자본	집단(사회집단)	정보의 취득, 사회적 연대와 결속의 창출	개별 행위자가 아닌 사회적 관계 속에 존재하는 신뢰와 결속 관계	개인 또는 집단 사이의 관계 유형	개인/집단 또는 제도

자료: 유석춘·장미혜(2002, 98) 재구성

그리고 사회 자본은 민주주의, 교육, 복지, 지역 활성화 등의 문제를 해결할 수 있는 핵심적인 자원으로 볼 수 있다(이재열 1998). 사회 자본의 축적은 이익집단 간의 갈등과 집단이기주의를 극복하게 하고, 사회 구성원들의 자발적 협조를 통해 사회 통합을 이룰 수 있는 중요한 요소이다(장용석 외 2009, 47). 또한, 사회 자본이 활성화되면 '집합행동의 딜레마(The Dilemma of Collective Behavior)'[1]를 극복할 수 있어서 사회 번영과 삶의 질을 높여줄 수 있는 근거가 될 수 있다. 따라서 사회 자본은 민주주의의 정착과 발전, 제도적 운영에 대한 수월성의 확보, 시민사회와 사회참여의 활성화 등을 위한 유용한 자원으로 인식되고 있다(박수미 2002).

이렇게 사회 자본은 개인들이 소유하고 있는 다양한 네트워크를 통한 사회적 관계 속에서 자신의 목적을 성취하기 위해 동원할 수 있는 자산으로 간주하거나(Lin 2001), 사회적 관계 안에서 실재적 또는 잠재적으로 얻어지는 자원으로 간주한다(Coleman 1988; 1990). 정부의 측면에서 보면 사회 자본의 축적은 정치적 안정과 국정 운영의 효율성을 증대시켜 정부 제도

1 집합행동의 딜레마(The Dilemma of Collective Behavior)는, 공공재(도로, 경찰 등)는 생산이 되면 사회 구성원들 모두가 공유하게 되는 것이며, 합리적인 개인은 공공재 생산에 대한 부담을 지지 않으려고 하므로 공공재 생산을 위한 집합행동에 개인들의 참여를 어떻게 유도하느냐가 관건이 된다(박수미 2002, 15).

에 대한 효과적 작동을 촉진하고, 부패를 감소시키는 기능을 한다. 또한, 사회 자본은 공동선을 지향하는 시민사회를 가능하게 하여 사회 구성원들 간의 참여와 협력을 통해 공동의 이익을 위한 생산적인 상호작용을 창출하여 사회의 역동성과 안정성을 높여 사회적 통합에 이바지한다(홍성운 2012; 이재열 2006; Newton 1999a).

정부는 사회 자본의 축적과 확대를 위해 중요한 역할을 하게 된다. 사회 자본은 국가 제도에 의해 생성될 수도 있고, 파괴될 수도 있다. 민주적 질서의 확대, 사회적 차별의 개선 등은 사회 신뢰의 생성과 관련이 있으며 사회 신뢰는 정부 신뢰도 촉진한다(Stolle 2001; Granovetter 1985). 한국의 사회 자본은 OECD 국가 중에서도 하위 수준에 머물러 있다. OECD는 사회 자본을 크게 공적 신뢰와 사적 신뢰를 통해 조사하고 있으며, 한국의 사회 자본지수는 OECD에 포함된 32개 국가 중에서 29위로 나타났다. 또한, 공적 신뢰는 32개국 중에서 31위로 나타나 사적 신뢰보다 더 낮게 나타났다(서형준·명승환 2015, 2).

결과적으로 사회 자본은 개인이 가지고 있지는 않지만, 그 개인과 연결된 사회적 관계를 통해 타인의 자원을 동원할 수 있는 능력이라고 할 수 있으며, 사회 자본은 신뢰나 규범을 공유하고 있는 집단에 존재하게 된다. 신뢰는 사회적 관계를 전제로 하게 되며, 그 관계 속에서 존재하게 된다. 신뢰는 관련 행위자들의 협동을 가능할 수 있게 하고, 감시와 통제에 대한 비용을 감소시킬 수 있다는 점에서 사회 자본의 대표적인 형태라고 할 수 있다(박찬웅 2000).

사회 자본의 한 유형으로서의 신뢰는 사회 구성원들을 협력할 수 있게 하여 사회적 갈등과 불안정성을 해소할 방안으로 대두되면서 관심이 높아지고 있다(김왕식 2011). 신뢰는 복잡해지고 다양해지는 현대 사회의 갈등과 불안정성에 대한 조정과 관리를 통해 더욱 조화롭고 호혜적인 공동체적 질서를 만들어갈 수 있는 해답을 제공할 수 있다(김신영 2010, 93). 복잡한 현대 사회에서 개인들은 제도에 대한 의존이 높아지기 때문에 제도에 대한 신뢰는 필연적으로 나타날 수밖에 없다(Giddens 1990). 제도에 대한 사회 구성원들의 신뢰는 제도의 정당성과 밀접한 관계가 있으며, 근대사회의 많은 제도가 신뢰를 토대로 하고 있다. 제도가 신뢰를 부여하는 기반이 되기 위해서는 제도가 신뢰를 받을 수 있어야 한다(한준 2003). 제도에 대한 신뢰는 개인들 간의 의도를 모르는 행위자들 사이에서도 상황을 예측할 수 있게 하고 안정적으로 대처할 수 있게 한다(김용학·손재석 1998).

3 사회적 연대와 통합의 과제

변화된 한국인의 특성에 기반을 둔 사회 통합을 지향할 필요가 있다. 사회 신뢰와 사회 통합을 높이기 위한 요소에 주목할 필요가 있다. 첫 번째 요소는 '기회'이다. 양극화와 불평등의 증가 추세를 조정하기 어렵다면 한국 사회의 장래가 그리 밝지 않다. 절대적인 수준에서 경제적 부와 삶의 질을 높이는 것은 당연한 일이 될 것이다. 다만 추가로 사회 구조를 재구성할 시점이 아닌가 싶다. 가장 주목할 분야는 교육, 노동, 복지이다. 지금까지는 이러한 분야의 연계가 단선적이었다고 생각한다. 즉 교육을 받은 인재가 노동시장에 진입하여 직업을 찾게 된다. 만약 노동시장에서 탈락하면 복지 혜택을 받는 것이다. 지금 이러한 연계가 문제가 발생하고 있다. 교육의 경우 저출산에 따라 기존의 공교육 시설이나 인력이 남아도는 상황이 발생하고 있다. 기존의 교육행정이나 교육 관련 단체의 행동을 고려하면 효율성을 높이는 교육체계의 재구조화가 어느 정도 가능할 것인가 의문이다.

노동시장도 마찬가지이다. 기업은 생산과 서비스의 효율을 높이기 위해 고용의 유연화를 추구하고 있고, 노조는 노동시장에서의 퇴출을 막고 기존의 임금과 혜택을 유지하기 위해 다양한 방식의 행동을 펼치고 있다. 이러한 리그에 포함되지 못한 비정규직 근로자는 고용의 불안정과 차별을 당하고 있다. 사실 노동시장에서 대기업 노조를 중심으로 하는 저항은 직장을 잃는 것이 노동시장으로부터 퇴출을 의미하기 때문이다. 연공서열에 기반을 둔 조직체계에서 퇴출당한다는 것은 더는 노동시장에서 기회를 찾지 못하는 것을 말한다. 게다가 인공지능과 로봇화의 확충에 따라 일자리가 감소하고 있으며, 플랫폼 기반 노동이 급증하고 있다. 고정적인 계약관계에 기반한 노동을 대상으로 하는 전통적인 고용정책이 한계점을 드러내고 있다.

여기에 복지제도가 역할을 한다. 노동시장에서 퇴출당하고 낙오된 인력에 기회를 제공한다기보다는 최소한의 삶의 질을 유지하는 것을 목표로 한다. 노동시장에서 퇴출당한 인력이나 고령화로 인한 노령인구의 급증은 복지제도의 부담을 가중하고 있다.

하나의 방안은 이러한 교육, 노동, 복지 부문을 통합하는 방안이다. 즉 노동시장에서 고용의 유연화를 이루기 위해서는 퇴출과 재진입의 유연화를 동시에 가능하게 만들 필요가 있다. 물론 이러한 것이 가능해지려면 무엇보다도 사회 곳곳에 스며있는 연공서열의 원칙을 허물 필요가 있을 것이다. 기존 조직에 있는 근로자가 지나치게 큰 이익이나 권력을 가질 수 없도록 조직 원리를 재정립해야 할 필요가 있다. 여러 부문에서 나타난 한국인의 가치와 태도를 볼 때, 이러한 원리가 적용될 수 있는 환경이 조성되었다고 생각한다. 그리고 근로자의 노동시장 재진입은 교육과 복지를 통해 이룰 필요가 있다고 생각한다. 복지가 최소한 수준의 도움을 제공하는 것에서 머물지 말고, 재교육을 통해 근로자를 노동시장에 투입하는 적극적인 역할을 할 필요가 있다. 이 과정에서 기존 공공교육 시설과 인력을 적극적으로 활용할 필요가 있다. 필요하면 시설과 인력에 대한 재구조화도 필요할 것이다.

두 번째 요소는 '소통'과 '협업'이다. 협력은 일종의 행위적인 측면으로 개인이 만나서 연계를 하여 성과와 결과를 극대화하는 것이다. 개인과 집단은 성공적인 협업을 통해 협업의 가치를 확인할 수 있고, 이를 통해 개인들 사이에 신뢰가 증가하고 소통을 확대할 수 있다. 그렇다면 미디어 융합시대에 협업을 어떻게 확대할 것인가? 가장 중요한 출발점은 전체적인 교육체계에서 협업의 가치를 보다 강조할 필요가 있다. 최근 추세는 경쟁의 확산과 세계화로 인해 시장의 불확실성이 증가하고 있다. 따라서 외부와의 협업과 협력이 더 필요한 추세이다.

아직 교육현장에서는 개인적인 성취가 결정적인 역할을 한다. 무한한 경쟁 속에서 획득한 성취만이 중요한 것으로 평가받는다. 우려스러운 것은 이러한 교육환경은 정보통신기술과 결합하여 자신과 유사한 사람들로만 구성된 집단을 형성하고, 다른 집단이나 개인에게 배타적인 태도를 취하게 한다는 사실이다. 원할한 소통과 사회적 가치 창출도 중요한 요소로 여겨진다면, 협업의 가치가 인정받을 수 있다. 그리고 개인 사이에 소통과 신뢰도 축적할 수 있을 것이다.

물론 각종 기술도 이러한 협업도 원활하게 하는 데 도움을 줄 수도 있을 것이다. 예를 들면, 교육 현장에서 학제적 연구처럼 학제적 교육을 각종 융합 미디어를 통해서 구현할 수 있을 것이다. 또한, 다른 학교, 다른 지역 학생들과의 협업도 바로 이런 융합 미디어를 통해 효과적으로 수행할 수 있을 것이다.

마지막 요소는 사회에서 '보상 원리의 재구성'이다. 다양한 이유로 인해 우리 사회에서 승자독식의 원리가 적용되고 있다. 사회 여러 부문에서 최상위에 속한 사람에게만 대부분의 사회 보상을 보장하는 경향이 크다. 특정한 기준을 세우고 여기에 포함된 사람과 그렇지 못한 사람과 차이와 차별이 너무 크다. 이러한 경향이 결국 기득권이나 텃세로 이어진다. 그리고 그게 선천적인 능력이든 후천적인 노력이든 심지어는 타고난 운이든 그 원인과 상관없다.

물론 이러한 보상의 극대화는 경쟁을 강화하고 결과를 극대화할 수 있다. 그러나 많이 한국인이 개인 이익의 극대화를 지향하고 있으며, 보상 과정과 결과의 불공정성에 대한 불만을 느끼고 있다. 소수의 사회 구성원만이 만족할 뿐이다. 물론 그렇다고 경쟁을 통한 결과의 극대화나 효율성의 증가를 현실적으로 무시하기 어렵다. 다만 금메달이 아니더라도 물질적인 혹은 비물질적인 사회적인 보상이 주어지는 환경을 만들 필요가 있다. 4위나 5위도 심지어는 아래 등수의 성취에 대해서 낮은 수준이지만, 이를 인정하고 보상하는 사회적 분위기를 조성하고 그러한 원리를 여러 부문에 확산시킬 필요가 있다.

참고 문헌

21세기위원회. 1994. 《21세기의 한국》. 서울프레스.

강내희. 2005. 〈식민지시대 영어교육과 영어의 사회적 위상〉. 《안과 밖》 18: 262-293.

경제기획원. 1985. 《중산층 육성대책. 미간행정책보고자료》. 경제기획원.

고영복. 1987. 〈중산층의 개념과 범위 규정〉. 《민족지성》 10.

공보처. 1996. 〈한국인의 의식·가치관〉(조사보고서).

교육부. 2018. 《국내 외국인 유학생 통계》. 교육부.

구교태. 2014. 〈정부 관련 뉴스 신뢰가 정부신뢰에 미치는 영향에 대한 연구〉. 《사회과학연구》 53: 173-190.

구해근. 1991. 〈한국 중간계급 연구의 이론적, 방법론적 문제점〉. 서울대학교 사회연구회 편. 《사회계층》. 다산출판사.

구해근. 2007. 〈세계화 시대의 한국 계급 연구를 위한 이론적 모색〉. 《경제와 사회》 76호: 255-289.

국민고충처리위원회. 2004. 《스웨덴의 옴부즈만제도》.

국민권익위원회. 2013. 《옴부즈만 제도의 기원 및 각국의 현황》.

국민대통합위원회. 2015. 〈[미래창조과학부] 정보격차 해소 지원〉(2015 국민대통합 정책 우수과제).

권순창·김형국·최수만. 2003. 〈기업의 기부금지출 결정요인에 관한 실증분석〉. 《경영연구》 18권 2호: 35-57.

권주안·이유진·최혜경. 2007. 《1인가구 주택수요 전망 및 공급 활성화 방안》. 주택산업연구원.
김경동. 1991. 〈한국 중간계급 연구동향〉. 서울대학교 사회연구회 편. 《사회계층》. 다산출판사.
김규원. 1995. 〈가족의 관계역동성과 문제의식—가족개념의 인식과 가치관〉. 《가족학논집》 7(7), 213−255. 한국가족학회.
김년희·채정숙. 2005. 〈독신가구의 재정상태 분석〉. 《대한가정학회지》 43(1): 85−103.
김문조. 2004. 〈사회불평등 구조의 변화〉. 《IT의 사회 · 문화적 영향 연구》. 정보통신정책연구원.
김문조·김종길. 2002. 〈정보격차(Digital Divide)의 이론적 · 정책적 재고〉. 《한국사회학》 36(4): 123−155.
김문조·박형준. 1996. 〈정보화사회의 부작용과 사회정책의 방향〉. 《정책포럼》 20: 14−53.
김민호. 2015. 〈인터넷접근성 보장 및 국가의 역할〉. 《성균관법학》 27(3): 1−22.
김병규·이곤수. 2009. 〈정치경제적 관점에서 본 정부신뢰의 영향요인—이명박정부에 대한 국민인식을 중심으로〉. 《한국행정논집》 21: 893−915.
김병조. 2000. 〈한국인 주관적 계층의식의 특성과 결정요인〉. 《한국사회학》 34(여름): 241−268.
김상욱 외. 2005. 《한국종합사회조사》. 성균관대학교출판부.
______. 2010. 《한국종합사회조사》. 성균관대학교출판부.
김성근. 2013. 《다문화 사회에서의 사회갈등문제 실태분석 및 효과적인 대응방안 연구》. 한국행정연구원.
______. 2018. 《한국의 민주주의 성숙도 인식 실태조사》. 한국행정연구원.
김성수. 2009. 〈기업의 사회적 책임의 이론적 변천사에 관한 연구〉. 《기업경영연구》 16권 1호: 1−25.
김소연. 2004. 〈24시간화 되어가는 도심에서의 싱글족을 위한 주거와 사무 환경의 새로운 유형 제안〉. 경기대학교 석사학위논문.

김수정·이명진·최샛별. 2017. 〈한국사회 전문가의 권위와 신뢰에 관한 연구〉. 《사회과학연구논총》 제33권 제2호: 177–215.

김수한·이명진. 2014. 〈한국사회의 반기업정서〉. 《한국사회학》 48권 1호: 37–70.

김숙자. 1996. 〈중국의 혼인법〉. 《가족법 연구》 10(10): 151–173. 한국가족법학회.

______. 2001. 〈한·중 이혼법의 비교연구—최근 개정된 중국혼인법상의 이혼을 중심으로〉. 《사회과학논총》 17: 121–143. 명지대학교 사회과학연구소.

김순영. 1993. 〈여성의 지위변화〉. 장경섭 편. 《현대중국사회의 이해》. 사회문화연구소출판부.

김신영. 2010. 〈한국인의 복지의식 결정요인 연구—국가의 공적책임에 대한 태도를 중심으로〉. 《조사연구》 11(1): 87–105.

김영모. 1982. 《한국 사회계층연구》. 일조각.

김영미. 2001. 〈인터넷과 여성, 그리고 정보격차〉. 《한국지역정보화학회지》 4(1): 65–81.

김왕식. 2011. 〈정부신뢰에 미치는 영향요인에 관한 연구〉. 《사회과학연구》 27(2): 141–161.

김용기 외. 2010. 《한국중산층의 변화와 사회경제적 변화》. 삼성경제연구소.

김용철·윤성이. 2000. 〈인터넷의 정치적 활용과 16대 총선〉. 《한국정치학회보》 34(3).

김용학·손재석. 1998. 〈미시적 신뢰와 거시적 위험〉. 《계간사상》 가을호: 115–132.

김우철. 2014. 〈사회적 자본으로서의 신뢰 형성—개인자료에 의한 미시적 접근〉. 《응용경제》 16(1): 191–224.

김은미·정일권·배영. 2010. 〈누구와의 교류인가?—인터넷을 통한 교류의 범위가 사회신뢰에 미치는 영향〉. 《한국방송학보》 26(50): 44–77.

김은정. 2007. 〈가정의 사회경제적 지위, 사교육비, 부모–자녀 관계 그리고 청소년 자녀의 학업성취 간의 관계에 관한 연구—부모–자녀 관계의 매개역할을 중심으로〉. 《한국사회학》 41(5): 134−162.
김은정. 2007. 〈정보격차 해소를 위한 세대통합형 지원정책에 관한 탐색적 연구〉. 《한국정책과학학회보》 11(2): 195−219.
김이선·황정미·이진영. 2007. 《다민족·다문화 사회로의 이행을 위한 정책 패러다임 구축(I)—한국사회의 수용 현실과 정책과제 경제·인문사회연구회 협동연구총서》. 한국여성정책연구원.
김이선·최윤정·윤지소·이재경·문희영·이명진·양계민. 2018. 《국민 다문화수용성 조사연구》. 여성가족부.
김재민. 2017. 〈6월 민주항쟁과 인권〉. 《경제와 사회》 114: 52−78.
김재은. 1987. 《한국인의 의식과 행동양식》. 이화여자대학교출판부.
김정언·노용환·최두진·정부연·김재경. 2007. 〈고령층의 정보격차 현황 분석 및 정책 방안〉. 《KISDI 이슈리포트》. 정보통신정책연구원.
김종엽. 2003. 〈한국 사회의 교육 불평등〉. 《경제와 사회》 59: 55−77.
김주현·송민경·이현주. 2010. 〈기러기 아빠의 분거가족 결정과 유지경험에 관한 연구〉. 《사회복지연구》 41(4): 107−134.
김주희. 2000. 〈미국 가족사 연구의 성과와 쟁점〉. 《가족과 문화》 12(1): 151−170. 한국가족학회.
김지영. 2011. 〈다문화사회를 위한 피해자학 연구의 방향〉. 《피해자학연구》 19권: 33−49.
김진균·조희연. 1985. 〈분단과 사회상황의 상관성에 관하여〉. 변형윤 외. 《분단 시대와 한국 사회》. 까치.
김찬룡. 2013. 〈스포츠참여가 사적·일반 대인신뢰, 사회신뢰, 정부신뢰에 미치는 영향〉. 《한국체육학회지−인문사회과학》 52: 75−89.
김태길. 1997. 《직업윤리와 한국인의 가치관》. 철학과현실사.
김태홍·안상수·박선영·김난주. 2011. 《국격제고를 위한 차별없는 사회 기반 구축》. 한국여성정책연구원.
김현옥. 2002. 〈가족주의 의식의 구성과 변화〉. 《가족과 문화》 14(1): 3−30. 한국가족학회.

김현주. 2001. 〈부부관계〉. 여성한국사회연구회 편. 《가족과 한국사회》. 경문사.

______. 2007. 〈학업성적에 영향을 미치는 가족배경과 사회 · 문화적 자원의 다중상호작용방식〉. 《한국사회학》 41(6): 171-203.

김호기·신기욱·고동현·이승훈. 2011. 〈스마트폰 시대의 모바일 디바이드〉. KT경제경영연구소.

김회성·박기태·이명진. 2009. 〈기업 사회공헌 결정요인의 시기별 변화에 관한 연구—1990년대 초반 이후 기업의 기부금 규모를 중심으로〉. 《한국사회학》 43권 3호: 1-36.

남희용. 2009. 〈주택수요 전망—노인주택과 1인 단독가구를 중심으로〉. 《주택포럼》 13: 22-26.

노대명. 2009. 〈사회통합을 위한 과제 및 추진전략〉. 한국보건사회연구원.

노대명·김태완·요건평·김병철·고이시 노리미치·임완섭. 2013. 《고용·복지 연계정책의 국제비교연구》. 한국보건사회연구원.

류상영·강석훈. 1999. 《중산층의 변화실태와 정책방향》. 삼성경제연구소.

문소정. 1994. 〈한국가족문화의 오늘과 내일—가족 이데올로기〉. 90년대 가족 연구 제4회 심포지움. 여성 한국사회 연구회.

민무숙·안상수·김이선·김금미·류정아·조영기. 2010. 《한국형 다문화수용성 진단도구 개발연구》. 사회통합위원회.

민영. 2011. 〈인터넷 이용과 정보격차—접근, 활용, 참여를 중심으로〉. 《언론정보연구》 48(1): 150-187.

밀러·한재숙(Miller, Jeanette and Han, Jae-Sook). 1995. 〈The American Family; Stable, Yet Changing〉. 《자원문제연구》 14: 109-113. 영남대학교 자원문제연구소.

박경동. 2007. 〈다문화가족 형성과 갈등에 대한 연구—한국의 광주전남지역 사례를 중심으로〉. 《한국사회학회 사회학대회 발표집》. 한국사회학회.

박부진. 2002. 〈문화적 변혁기의 새로운 가족 패러다임〉. 《철학과 현실》 55: 59-69. 철학문화연구소.

박소현·안영민·정규승. 2013. 〈중산층 측정 및 추이 분석—소득 중심으로〉. 통계개발원.
박숙미. 2002. 〈신뢰구조의 동학과 사회자본의 형성: 위험생산-회피구조의 발생론적 접근에 에 기반하여〉. 이화여자대학교 사회학과 박사학위논문.
박순애. 2006. 〈정부에 대한 이해와 정부 신뢰의 관계—우리나라 대학생을 중심으로〉. 《韓國行政學報》 40: 73-97.
박영식·김기혁. 2013. 〈맞춤형 ON-OFF 프로그램을 통한 고령층 정보 활용능력 신장〉. 《한국정보기술학회》 11(7): 165-172.
박용헌. 1982. 《한국인의 의식구조와 가치관》. 서울대학교출판부.
박정훈·신정희. 2010. 〈정부신뢰, 정책효능성, 정책지지간의 연관성 실증연구—주거지역내 CCTV 설치 정책을 중심으로〉. 《行政論叢》 48: 1-24.
박종민·배정현. 2011. 〈정부신뢰의 원인—정책결과, 과정 및 산출〉. 《정부학연구》 17: 117-143.
박주희. 2007. 〈서울시 1인가구의 분포 및 인구사회학적 특성 분석〉. 서울시립대학교 석사학위논문.
박준·김용기·이동원·김선빈. 2009. 《한국의 사회갈등과 경제적 비용》. 삼성경제연구소.
박지현. 2011. 〈초등교사가 경험하는 교육적 권위의 원천 탐색〉. 《初等教育學研究》 18: 137-157.
박찬웅. 1999. 〈신뢰의 위기와 사회적 자본〉. 《한국사회학평론》 5: 6-32.
______. 2000. 〈사회적 자본, 신뢰, 시장—시장에 대한 사회학적 접근〉. 한국사회학회 심포지움 논문집.
박해광. 2003. 〈정보격차의 새로운 경향〉. 《경제와사회》 59: 78-102.
박휴용. 2009. 〈세계화를 향한 21세기 영어교육의 방향 및 과제〉. 《한국교육》 36(1): 143-164.
박희봉·이희창. 2011. 〈신뢰와 정부경쟁력—한, 중, 일 3국의 시민의식 분석〉. 《韓國政策學會報》 20: 289-318.
박희봉·이희창·조연수. 2003. 〈우리나라 정부신뢰 특성 및 영향 요인 분석〉. 《韓國行政學報》 37: 45-66.

반경하·서현아. 2009. 〈취학 전 자녀를 둔 부모의 사회경제적 지위 및 성취 기대에 따른 조기영어교육 인식 및 실태 연구〉. 《인문학논총》 14(1): 121−148.
방하남·김기헌. 2002. 〈기회와 불평등—고등교육 기회에 있어서 사회계층간 불평등의 분석〉.《한국사회학》 36(4): 193−222.
______. 2003. 〈한국 사회의 교육계층화—연령코호트간 변화와 학력단계별 차이〉. 《한국사회학》 37(4): 31−65.
배귀희·임승후. 2009a. 〈정부신뢰의 결정요인에 관한 연구—정책선호 및 대통령의 국정 수행 평가를 중심으로〉. 《한국정책학회지》 18: 61−93.
______. 2009b. 〈정부신뢰가 공식적 시민참여에 미치는 영향에 관한 연구〉. 《한국행정논집》 21: 1421−1449.
배규한. 2000a. 《미래사회학》. 나남출판사.
______. 2000b. 〈새 천년, 새 가치체계의 정립〉. 《교육마당21》 1월: 53−56.
배규한·이태림·이기재. 2000. 《조사방법론과 사회통계》. 고려정보산업.
배일섭·정영숙. 1998. 《SPSS 한글프로그램과 통계분석기법》. 대구: 대구대학교출판부.
변미리. 2011. 〈1인 가구 증가와 도시정책 수요〉. 《도시문제》 5: 34−39.
변용찬. 2001. 〈장애인 정보격차 현황과 해소방안〉. 《보건복지포럼》 55: 39−50.
변종임 외. 2007. 《사회통합을 위한 학습·노동·복지 연계방안 연구》. 한국교육개발원.
삼성경제연구소. 1999. 《중산층의 약화와 정책 대응》. 삼성경제연구소.
______. 2002. 《한국경제 8대 트렌드》. 삼성경제연구소.
______. 2005. 《최근 고용불안의 원인과 시사점》. 삼성경제연구소.
새천년준비위원회. 2000. 〈21세기 세대의 가치관 연구〉(새천년정책연구보고서 I−4).
서관모. 1987. 〈한국 사회의 계급구성의 연구〉. 서울대학교 사회학과 박사학위논문.
서문기. 2001. 〈한국사회의 정부신뢰구조〉. 《한국사회학》 35: 119−146.

서문희·이옥·백화종·박지혜. 2005. 《2004년도 전국 보육·교육 실태조사》. 여성부.
서운석. 2013. 〈경기지역 사회신뢰 현황 변화에 대한 연구〉. 《공공사회연구》 3: 47–73.
서울대학교 사회과학 연구소. 1986. 《해방40년 가치의식의 변화와 전망》. 서울대학교출판부.
______. 1987. 《한국의 중산층—전환기의 한국 사회 조사자료집 II》. 한국일보사.
서이종. 2000. 〈디지털 정보격차의 구조화와 사회문제화〉. 《정보사회와 미디어》 2: 68–87.
서형준. 2014. 〈정보격차 연구에 대한 비판적 논의〉. 《한국콘텐츠학회논문지》 14(11): 657–666.
서형준·명승환. 2015. 〈사회자본과 정부신뢰의 관계 재조명—결속적 사회자본과 교량적 사회자본을 중심으로〉. 《한국정책과학학회보》 19(3): 1–31.
______. 2016. 〈국내 정보격차연구 동향—국내학술지를 중심으로〉. 《한국지역정보화학회지》 19(4): 151–187.
성지미·이윤정. 2001. 〈노인독신가구의 경제상태와 경제적 불평등에 관한 연구〉. 《대한가정학회지》 39(2): 111–130.
손연기. 2008. 〈선진 고령사회를 위한 고령층 정보격차해소 정책방안 고찰〉. 《정보사회와 미디어》 13: 33–58.
송유진. 2007. 〈사별 후 혼자 사는 노인1인가구의 특성〉. 《한국지역사회생활과학회지》 18(1): 147–160.
신광영. 2008. 〈중산층 살리기는 사회양극화 해소의 해법인가?〉. 한국사회학회 편. 《기로에 선 중산층》. 인간사랑.
신상영. 2010. 〈1인 가구 주거지의 공간적 분포에 관한 연구〉. 《국토계획》 45(4): 81–95.
신용하·장경섭. 1996. 《21세기 한국의 가족과 공동체문화》. 지식산업사.
신은진·안건혁. 2010. 〈소득별 1인 가구의 거주지 선택에 영향을 미치는 요인에 대한 연구〉. 《국토계획》 45(4): 69–79.
신창선·배영. 2016. 〈정보의 신뢰와 전달 요인에 대한 연구—정보 이용 경험과 사회 신뢰를 중심으로〉. 《정보사회와 미디어》 17(3): 197–219.
심보선. 2007. 〈온정주의 이주노동자 정책의 형성과 변화—한국의 다문화 정책을 위한 시론적 분석〉. 《담론 201》 10권 2호: 41–76.
심영. 2002. 〈독신가구의 경제생활에 대한 탐색적 연구〉. 《한국가정관리학회지》 20(6): 197–208.
안상수·김이선·마경희·문희영·이명진. 2015. 《국민 다문화수용성 조사연구》. 여성가족부.
안상수·민무숙·김이선·김금미·이명진. 2012. 《국민 다문화수용성 조사연구》. 여성가족부.
안소영·장용성. 2007. 〈공적영역 신뢰에 관한 국가간 비교〉. 《한국사회학회 사회학대회 논문집》 347–373.
안호용·김흥주. 2000. 〈한국 가족 변화의 사회적 의미〉. 《한국사회》 3(1): 82–132. 고려대학교 한국사회연구소.
양건모·박통희. 2007. 〈정책과정 참여와 효능감이 정부신뢰에 미치는 영향〉. 《한국행정학회 학술대회 발표 논문집》 331–358.
양애경·이선주·최훈석. 2007. 《여성결혼이민자에 대한 지역사회의 수용성 연구》. 한국여성정책연구원.
양옥경. 2000. 〈한국 가족개념에 관한 질적 연구〉. 《한국가족복지학》 6: 77–99.
______. 2001a. 〈가족개념에 관한 대학생의 의식 연구〉. 《한국가족복지학》 7: 175–199.
______. 2001b. 〈가족관계 측정을 위한 척도 개발 연구〉. 《한국가족복지학》 8: 119–147.
여윤경. 2003. 〈노인부부가계와 노인독신가계의 소비패턴 비교〉. 《한국가정관리학회지》 21(5): 1–12.
오경수·천명재·김희경. 2013. 〈정책PR이 정책지지, 정부신뢰에 미치는 영향 연구〉. 《한국콘텐츠학회논문지》 13: 190–202.

오승호. 2011. 〈교권의 범위와 한계에 관한 연구—법률유보원칙을 중심으로〉. 《시민교육연구》 43: 75−100.
우경임. 2003. 〈신뢰의 구조: 한국과 미국의 비교 연구—정서 통제 이론을 중심으로〉. 연세대학교 석사학위논문.
유경준·김대일. 2002. 《외환위기 이후 한국의 소득분배구조변화와 재분배정책 효과분석》. 한국개발연구.
유석춘·장미혜·배영. 2002. 〈사회자본과 신뢰—한국, 일본, 덴마크, 스웨덴 비교연구〉. 《동서연구》 14(1): 101−135.
유영주·김순옥·김경신. 1996. 《가족관계학》. 교문사.
유지열. 2002. 〈우리나라의 정보격차에 관한 지수(Index)접근 연구〉. 《한국사회학》 36(1): 223−246.
유한구. 2006. 《사회계층과 교육격차》. 한국직업능력개발원.
유홍준·김월화. 2006. 〈한국 직업지위 지수: 과거와 현재〉. 《한국사회학》 40(6): 153−186.
유희정. 1993. 〈가사노동〉. 《여성과 한국사회》. 사회문화연구소.
______. 2001. 〈부모자녀관계〉. 여성한국사회연구회 편. 《가족과 한국사회》 179−206. 경문사.
윤종건. 1994. 〈한국인의 직업에 대한 인식—직업별 사회적 위신, 경제적 지위 및 도덕성 평가〉. 《한국외대논문집(사회과학·자연과학)》 27: 207−290.
윤지관. 2002. 〈영어의 억압, 그 기원과 구조〉. 《안과 밖》 12: 10−32.
윤호영. 2015. 〈사회자본 연결망으로서의 SNS—SNS 내 인적, 정보 신뢰와 기관 신뢰와의 관계〉. 《 문화와 정치 》 2(1): 105−126.
윤호진·최세경. 2007. 〈디지털 융합 환경에서 방송영상콘텐츠의 공정접근과 보편서비스 연구〉. 방송위원회.
이건. 1999. 〈요인분석〉. 한국사회학회 편. 《SPSS 사회조사분석》. 고려정보산업.
이경원·김정화. 2010. 〈한국 법조의 자율성과 공정성〉. 《경제와 사회》 86: 125−161.

이동연. 2007. 〈한국인의 일상과 문화 아비투스〉. 《문화현실분석》 61: 169-195.
이동원·정갑영. 2009. 《사회적 자본과 신뢰》. 삼성경제연구소.
이명진 외. 2011. 《문화생산과 소비의 사회적 지평》. 다락방.
이명진. 2002. 〈정치지도자들의 이미지 조사—사회정체성 조사자료를 중심으로〉. 한국조사연구학회 추계 논문발표회 발표문.
이명진. 2011. 《사회정체성 평가차원에 국제비교조사》. 집문당.
이명진·문명재. 2010. 〈공공기관의 조직적 특성과 정보공개에 관한 연구〉. 《한국행정학회》 44(1): 121-146.
이명진·심수진. 2003. 〈가족관련정체성에 대한 평가기준 비교〉. 한국조사연구학회 추계 학술 대회 발표문.
이명진·심수진·최샛별. 2006. 〈가족 관련 정체성에 대한 감정적 의미 비교연구—한국, 중국, 미국의 대학생 조사 자료를 중심으로〉. 《사회과학연구》 14(1): 110-147.
이명진·최샛별·최유정. 2010. 〈다문화사회와 외국인에 대한 사회적 거리〉. 《조사연구》 11권 4호: 63-85.
이병기. 2009. 〈사회적 자본의 축적과 경제성장을 위한 정책과제〉. 《한국경제연구원 연구보고서》: 1-152.
이순묵. 2000. 《요인분석의 기초》. 교육과학사.
이승렬. 2004. 〈영어의 제국과 영어교육의 정치성〉. 《비교문학》 33: 323-338.
이승종. 2010. 〈정부신뢰에 대한 종교의 영향〉. 《韓國行政學報》 44: 99-119.
이영호. 1975. 《한국인의 가치관》. 일지사.
이윤정·김순미. 2004. 〈남녀 노인독신가구의 경제상태와 소비지출의 영향요인 분석〉. 《대한가정학회지》 42(12): 93-106.
이윤희. 2008. 《주요국 정보격차해소 정책 동향과 시사점》. 한국정보문화진흥원.
이일세. 2015. 〈공공기관의 정보공개에 관한 판례분석〉. 《강원대학교 비교법학연구소》 45: 145-210.

이장현. 1972. 〈한국법조인의 사회적 배경과 경력과정에 관한 연구〉. 《한국사회학》 8: 91-105.

이재열. 1998. 〈민주주의, 사회적 신뢰, 사회적 자본〉. 《계간사상》. 여름호: 65-93.

______. 2006. 〈지역사회 공동체와 사회적 자본〉. 《지역사회학》 8(1): 33-67.

이재열·남은영. 2008. 〈한국인의 사회적 자본—인맥의 특징과 중간집단 참여 효과를 중심으로〉. 《한국사회학》 42(7): 178-214.

이재협. 2010. 〈한국의 법률직 TV드라마에 나타난 법의식과 법률가의 이미지〉. 《법학》 51(3): 357-410

이정미. 2009. 〈장애인 정보격차 실태와 대처방안에 관한 연구〉. 《한국인간복지실천연구》 2: 243-263.

이종구·조형제·정준영 외. 2006. 《정보사회의 이해》. 미래M&B.

이지순·이현애·박지현·윤정숙. 2002. 〈신수요 계층의 생활에 대응할 수 있는 주거형 오피스텔의 계획 방안 연구〉. 《한국주거학회지》 13(4): 53-60.

이헌수. 1999. 〈국민의 행정 신뢰에 관한 영향요인 분석: 공무원에 대한 신뢰를 중심으로〉. 《韓國行政 學報》 33: 37-56.

이현송. 2003. 〈여성의 개인주의 확대와 가족변화—미국사회를 중심으로〉. 《가족과 문화》 15(3): 111-134.

이형우·양승범. 2012. 〈사회신뢰의 국가 간 비교—한국과 미국의 대학생들 간의 신뢰정도 비교를 중심으로〉. 《사회과학연구》 38: 123-144.

이혜인·홍준형. 2013. 〈정부신뢰와 시민참여—지난 두 정부에 대한 설문조사를 활용한 실증분석〉. 《한국행정논집》 25: 791-822.

이희연·노승철·최은영. 2011. 〈1인 가구의 인구·경제·사회학적 특성에 따른 성장패턴과 공간분포〉. 《대한지리학회지》 46(4): 481-501.

임인숙. 1999. 〈미국 학계의 가족변화 논쟁〉. 《가족과 문화》 11(1): 23-46.

임현진. 1987. 〈참여보다 안주에 치중〉. 《월간조선》.

장경섭. 1991. 〈사회주의와 가족〉. 《가족학논집》 3: 181-205.

______. 2010. 〈'위험회피' 시대의 사회재생산—가족 출산에서 여성출산으

로?〉. 《가족과 문화》 23(3): 1–23.
장미혜. 2002. 〈사회계급의 문화적 재생산—대학간 위계서열에 따른 부모의 계급구성의 차이〉. 《한국사회학》 36(4): 223–251.
장상수. 2004. 〈학력성취의 계급별·성별 차이〉. 《한국사회학》 38(1): 51–75.
______. 2008. 〈가족배경, 문화자본, 성적〉. 《한국사회학》 42(3): 63–85.
장수명. 2006. 〈대학서열의 경제적 수익〉. 《한국교육》 33(2): 75–107.
장수찬. 2008. 〈신생 민주주의의 사회적 함정—엘리트 계급의 부패와 사회 신뢰 구축의 실패〉. 《세계지역연구논총》 26(3): 27–56.
장용석·정장훈·조문석. 2009. 〈한국의 사회적 자본과 갈등—사회적 자본의 다면적 속성에 대한 재조명〉. 《조사연구》 10(2): 45–69.
장현섭. 1993. 〈한국사회는 핵가족화하고 있는가?〉. 《한국근현대가족의 재조명》. 한국사회사연구회 논문집 39: 42–80.
장혜경 외. 2005. 《가족실태조사》. 여성가족부.
전상진. 2006. 〈통합은 사회 갈등과 문제의 해결책?〉. 《한독사회과학논총》 16(2): 229–256.
전상진·정주훈. 2006. 〈한국 후기 청소년 세대의 발달 경로와 성장 유형—서울 지역 대학생을 중심으로〉. 《한국사회학》 40(6): 261–285.
정민우·이나영. 2011a. 〈'가족'의 경계에 선 청년세대〉. 《경제와 사회》 봄(89): 105–145.
______. 2011b. 〈청년 세대, 집의 의미를 묻다—고시원 주거 경험을 중심으로〉. 《한국사회학》 45(2): 130–175.
정선기. 2012. 〈사회적 자본의 정책적 의미〉. 《사회과학연구》 21: 27–44.
정수현·강한솔·황은진·이정주·노승용. 2012. 〈시민참여와 정부신뢰〉. 《사회과학논총》 19: 107–132.
정장엽·정순관. 2014. 〈한국 다문화가족정책의 정향성 분석—동화주의와 다문화주의〉. 《지방정부연구》. 17권 4호.
정준화. 2017. 〈정보격차 해소를 위한 개인의 모바일 인터넷 활용 수준 영향요인 연구〉. 《한국정책학회》 26(1): 151–177.

정지선·장원섭·손연기. 2001. 〈저학력·저능력 계층을 위한 성인 인적자원개발 방안—정보격차해소방안을 중심으로〉. 《평생교육학연구》 7(2): 25–54.
정진환·이영희. 2011. 〈교원의 권리 행사 실태 분석〉. 《韓國教師教育》 18: 5–28.
정회근. 2016. 〈공공기관의 정보공고 대상에 관한 고찰〉. 《한국토지공법학회》 76: 219–237.
조명희. 2001. 〈대학생이 지각하는 부모자녀관계와 가족 응집성 및 적응력〉. 《응용과학연구》 10(1): 219–228.
조주현·김주원. 2010. 〈1인 가구의 주택수요 특성에 관한 연구—서울시를 중심으로〉. 《부동산학연구》 16(4): 33–52.
조혜정. 1985. 〈한국의 사회변동과 가족주의〉. 《한국문화인류학》 17: 79–96.
지종화·정명주·차창훈·김도경. 2009. 〈다문화 정책 이론 확립을 위한 탐색적 연구〉. 《사회복지정책》 제36권 2호: 471–510.
차경욱. 2006. 〈남성 일인가구의 경제구조 분석—연령 및 혼인상태에 따른 비교〉. 《한국가정관리학회지》 24(1): 1–17.
천희영. 2000. 〈실직자의 심리적 특성과 자녀의 부정적 정서 및 행동 변화〉. 《대한가정학회지》 149: 103–116.
최경원·임연옥·윤현숙. 2012. 〈사별 여성노인의 가구유형에 따른 삶의 만족의 차이와 영향요인에 관한 연구〉. 《노인복지연구》 55: 85–105.
최샛별. 2003. 〈한국 사회에서의 영어실력에 대한 문화자본론적 고찰〉. 《사회과학연구논총》 11: 5–21.
최샛별·이명진·김재온. 2003. 〈한국 가족 관련 정체성에 대한 정서적 의미로 살펴본 한국 가족의 구조와 변화 양상〉. 2003 한국사회학회 국제 학술 대회 발표문.
______. 2003. 〈한국의 가족 관련 사회정체성 연구: 감성조절이론(ACT)의 수정 적용을 중심으로〉. 《한국사회학》 37(5): 1–30.
최유정·최샛별. 2011. 〈문화 자본론의 관점에서 본 영어의 한국적 의미와 구조〉. 《문화와 사회》.

최장집. 1985. 〈해방 40년의 국가, 계급구조, 정치변화에 대한 서설〉. 《한국현대사 1, 1945-1950》. 열무사.

최지영·천희주·이명진. 2015. 〈한국사회의 세대별 시민성 비교 연구〉. 《한국인구학》 38집 4호: 113-137.

최한용. 2014. 〈스마트 격차와 정보 격차의 생태계에 관한 연구〉. 《e-비즈니스연구》 15(6): 299-313.

최항섭. 2006. 《인터넷상 네티즌공유 정보에 대한 신뢰행위 연구》. 정보통신정책연구원.

통계청. 2003. 《2003 한국의 사회지표》.

______. 2005. 《인구주택총조사》.

______. 2010. 《인구주택총조사》.

______. 2014. 〈2013년 사교육비·의식조사〉.

______. 2019. http://www.kosis.go.kr

파월, 리처드. 2010. 《아시안 잉글리시》. 김희경 옮김. 아시아네트워크.

한경순. 1999. 〈남녀대학생의 가족주의 가치관과 부모부양의식〉. 《대한가정학회지》 37(9): 13-24.

한경순. 1999. 〈대학생들의 결혼관 및 가족주의 가치에 대한 연구〉. 《교과교육연구》 20권: 255-275.

한국개발연구원(KDI). 2007. 《'반기업정서'의 실체 파악을 위한 조사 연구》. KDI 경제정보센터.

한국교육개발원. 2003. 《사교육비 실태비 및 사교육비 규모 분석 조사》. 한국교육개발원.

한국인터넷진흥원. 2015. 《2015년 인터넷이용실태조사》. 미래창조과학부.

______. 2015. 《2015년 정보격차 실태조사》. 미래창조과학부.

한남제. 1991. 《미국의 가족제도》. 경북대학교출판부.

______. 1994. 〈가족가치관의 변화〉. 《한국가족관계의 문제—방황하는 자녀, 소외된 노인》. 다산출판사.

______. 1997. 《한국가족제도의 변화》. 일지사.

한복용. 2000. 〈현대 미국가족법의 발달과 전망—혼인법을 중심으로〉. 《가족법연구》 14: 425−455.
한상진. 1986. 〈한국 중산층은 보수적인가?〉. 《사상과 정책》 3.
______. 1987. 〈한국 중산층의 개념화를 위한 시도—중산층의 규모와 이데올로기적 성격을 중심으로〉. 《한국사회학》 21: 121−48.
______. 1988. 〈계급이론과 계층이론—그 차이점에 관하여〉. 《사상과 정책》 1(2).
한완상. 1991. 〈한국 중간 계층의 정치의식〉. 《계간사상》 91.
한준. 2014. 〈반기업 정서와 이념, 가치, 경험〉. 후기한국사회학대회.
한형조. 1999. 〈仁義의 문화전통과 신뢰〉. 《신뢰사회와 21세기 한국—한국정신문화연구원 개원 21주년 기념 학술대회(1999. 6. 30. 한국정신문화연구원 대강당) 자료집》 5−17.
현대경제사회연구원. 1998. 《IMF 시대의 중산층 생활과 의식변화》. 현대경제사회연구원.
______. 1999. 《일반 가계의 중산층 의식 관련 설문조사》. 현대경제사회연구원.
현대사회연구소. 1985. 《한국 중산층의 규모와 생활실태조사 연구》. 연구보고 85(13).
홍두승. 1992. 〈중산층의 성장과 사회변동〉. 한국사회학회·한국정치학회 편. 《한국의 국가와 시민사회》. 한울.
______. 2005. 《한국의 중산층》. 서울대학교출판부.
______. 2006. 〈한국 사회발전과 중산층의 역할〉. 한국사회학회 주최 《중산층의 역할과 사회발전》 포럼 주제 발표문.
홍두승·이명진. 2001. 《사회조사분석의 실제》. 다산출판사.
홍두승·구해근. 2002. 《사회계층·계급론》. 다산출판사.
홍두승·김병조. 2008. 〈한국의 사회발전과 중산층의 역할—사회통합을 위한 중산층 육성〉. 한국사회학회 편. 《기로에 선 중산층》. 인간사랑.
홍성운. 2012. 〈사회적 자본의 'antisocial' 측면에 대한 연구〉. 《한국거버넌스학회보》 19(2): 125–146.
홍승직. 1969. 《한국인의 가치관 연구》. 고려대학교 아세아문제연구소.
______. 1989. 〈산업화에 따른 한국인 정체성의 변화〉. 《한국사회개발연구》 11–44. 고려대학교 아세아문제연구소.
홍은화. 1996. 〈한국인의 정체성 연구—민족정체성에 대한 태도를 중심으로〉. 고려대학교 박사학위논문.
황정미·김이선·이명진·최현·이동주. 2007. 《한국사회의 다민족·다문화 지향성에 대한 조사연구》. 한국여성정책연구원.
황주성·유지연. 2004. 〈제2세대 인터넷에 대응하는 정보격차해소의 정책의 방향과 과제〉. 《KISCI 이슈리포트》. 정보통신연구원.
황준성. 2005. 〈사회적 자본으로서의 신뢰와 한국경제〉. 《신뢰연구》 15(2): 1–43.
EAI–중앙일보. 2009. 〈중산층 계층인식 조사〉. EAI.
e–나라지표. 2019. https://www.index.go.kr
KB금융지주경영연구소. 2013. 《솔로 이코노미(Solo Economy) 성장과 금융산업》. KB금융지주경영연구소.

〈중산층 몰락, 갈수록 사회 양극화〉. 《조선일보》, 2003년 9월 3일.
〈정부, 국가 상대 소송 패소 비용 연간800억원 '예산낭비심각'〉. 《뉴시스》, 2006년 6월 27일.
〈[Book in Book] "영어유학 멀리 갈 필요 있나요"〉. 《매경이코노미》, 2007년 9월 5일(제1421호).
〈[영유아 사교육 광풍](상) 출생부터 시작되는 사교육〉. 《세계일보》, 2013년 8월 5일.
〈동네 의원 vs 서울대병원, 어디가 더 중요한가?〉. 《프레시안》, 2013년 11월 4일.
〈[착한 사회를 위하여–학교 떠난 아이들을 품자] (5) 더 좋은 환경 찾아 자퇴하는 아이들〉. 《쿠키뉴스》, 2014년 2월 3일.

〈과잉진료시대, 병원도 의사도 믿지 마라… '반의학서' 출간붐 어떠세요〉. 《경향신문》, 2014년 4월 11일.
〈[차관칼럼] 차별 없는 정보접근성〉. 《파이낸셜뉴스》, 2016년 2월 14일.

Abascal, Julio, Simone D. J. Barbosa, Colette Nicolle, and Panayiotis Zaphiris. 2016. "Rethinking universal accessibility: a broader approach considering the digital gap." *Universal Access in the information Society* 15(2): 179–182.

Abrams, D., M. Wetherell, S. Cochrane, M. A. Hogg, and J. C. Turner. 1990. "Knowing what to think by knowing who you are: Self-categorization and the nature of norm formation, conformity and group polarization." *British Journal of Social Psychology* 29: 97–119.

Acemoglu, D., and F. Zilibotti. 1997. "What Prometheus Unbound by Chance? Risk, Diversification, and Growth." *The Journal of Political Economy* 105(4): 709–751.

Adams, M., and P. Hardwick. 1998. "An Analysis of Corporate Donations: United Kingdom evidence." *Journal of Management Studies* 35(5): 641–654.

Ahlerup, P., O. Olsson, and D. Yanagizawa. 2009, "Social capital vs institutions in the growth process." *European Journal of Political Economy* 25(1): 1–14.

Allen, V. L., and D. A. Wilder. 1975. "Categorization, belief similarity, and intergroup discrimination." *Journal of Personality and Social Psychology* 32: 971–977.

______. 1979. "Group categorization and attribution of belief similarity." *Small Group Behavior* 10: 73–80.

Anderson, C. W., and G. E. McMaster. 1982. "Computer assitedmodeling of affective tone in written documents." *Computers and the Humanities* 16: 1–9.

Azar, Edward E., and Steve Lerner. 1981. "The use of semanticdimensions in the scaling of international events." *International Interactions* 7: 361–378.

Babbie, 2000. *Survey Research Methods*. Wadsworth Publishing.

Back, K. W. 1951. "Influence through social communication." *Journal of Abnormal and*

Social Psychology 46: 9–23.

Baechler, Jean. 2000. *Nature et histoire*. Paris: Presse Universitare de France.

Bajoit, Guy. 1992. *Pour une sociologie relationnelle*. Paris: Presse Universitaire de France.

Banerjee, A., and E. Duflo. 2008. "What Is Middle Class about the Middle Classes around the World." *Journal of Economic Perspectives* 22(2): 3–28.

Banks, L., P. Haynes, and M. Hill. 2009. "Living in single person households and the risk of isolation in later life." *International Journal of Aging and Later Life* 4(1): 55–86.

Barzilai–Nahon, K. 2006. "Gaps and bits: Conceptualizing measurements for digital divides." *The information society* 22(5): 269–278.

Beck, Ulich. 1999. *World Risk Society*. Cambridge: Polity.

Bennelt, J., and S. Dixon. 2006. *Single Person Households and Social Policy: Looking Forwards*. Work: Joseph Rowntree Foundation.

Bennett, J., and M. Bennett. 2004. "Developing Intercultural Sensitivity: An Integrative Approach to Global and Domestic Diversity." In *Handbook of Intercultural Training*. 3rd ed. Edited by D. Landis, J. Bennett & M. Bennett. Thousand Oaks, CA: Sage.

Bennett, Milton J. 1993. "Towards a Developmental Model of Intercultural Sensitivity." In *Education for the Intercultural Experience*. Edited by R. Michael Paige. Yarmouth, ME: Intercultural Press.

Berbrier, Mitch. 1998. "'Half the Battle': Cultural Resonance, Framing Processes, and Ethnic Affectations in Contemporary White Separatist Rhetorics." *Social Problems* 45: 431–450.

Blau, Peter M. 1964. *Exchange and Power in Social Life*. Transaction Publishers.

Blau, Peter M., and Otis Dudley Duncan. 1967. *The American Occupational Structure*. New York: John Wiley & Sons.

Blau, Peter. M., and O. D. Duncan. 1967. *The American Occupational Structure*. New York: The Free Press.

Bloomberg. 2015. *Bloomberg Impact Report*.

Boudon Raymond. 1983. *La logique du social*. Paris: Hachette.

______. 1984. *La place du désordre*. Paris: Presse Universitaire de France.

Bourdieu, Pierre. 1980. *Le sens pratique*. Paris: Les Editions de Minuit.

Breazeal, C. 2002. *Designing Social Robots*. MA: MITPRess, Cambridge.

Britt, Lory, and D. Heise. 2000. "From Shame to Pride in Identity Politics." In *Self, Identity, and Social Movements*. Edited by Sheldon Stryker, Timothy Owens, and Robert White. Minneapolis: University of Minnesota Press.

Brock, T. C. 1965. "Communicator–recipient similarity and decision change." *Journal of Personality and Social Psychology* 1: 650–654.

Buchhloltz, A. K., A. C. Amason, and M. A. Rhtherfold. 1999. "Beyond Resources: The mediating Effect of Top management discretion and Values on Corporate Philanthropy." *Business and Society* 38(2): 168–187.

Burnet, Jean. 1975. "Multiculturalism, Immigration and Racism." *Canadian Ethnic Studies*. 7(1): 35–39.

Byron, Ellen. 2011. "As Middle Class Shrinks, P&G Aims High and Low." *Wall Street Journal*, September 12.

Castells, Manuel. 1989. "The Informational City: Information Technology." *Economic Restructuring and Urban-Regional Process*. Oxford Blackwell.

Chandler, J., M. Williams, M. Maconachie, T. Collet, and B. Dodgeon. 2004. "Living alone: its place in household formation and change." *Sociological Research Online* 9(3).

Chapman, R. M., J. W. McCrary, J. A. Chapman, and J. K. Martin. 1980. "Behavioral and neural analyses of connotative meaning: Word Classes and rating scales." *Brain and Language* 11: 319–339.

Clore, G. L., A. Ortony, and M. Foss. 1987. "The psychological foundations of the affective lexicon." *Journal of Personality and Social Psychology* 53: 751–566.

Coleman, J. S. 1988. "Social Capital in the Creation of Human Capital." *American Journal of Sociology* 94: 95–121.

______. 1990. *Foundations of Social Theory*. Cambridge.

Coleman, James. 1990. *Foundations of Social Theory*. The Belknap Press of Harvard University Press.

Copper, Michael. 2010. *From Access to Success: Closing the Knowledge Divide*. Stockholm: Södertörn University.

Croissant, Aurel. 2015. "Quo Vadis Korean Democracy?" *EAP Policy Debates* 22: 1–6.

Davis, Deborah, and Stevan Harrell. 1993. *Chinese Families in the Post-Mao Era*. University of California Press. (김혜진 역. 2001. 《현대 중국의 가족제도》. 동방미디어)

Deutsch, M., and H. B. Gerard. 1955. "A study of normative and information social influences upon individual judgement." *Journal of Abnormal and Social Psychology* 51: 629–636.

Diamond, Larry. 2013. "Introduction." In *Democracy in Easr Asia: A New Century*. Edited by Larry Diamond, Marc F. Plattner, and Yun–han Chu. Baltimore, MD: Johns Hopkins University Press.

DiMaggio, Paul, and Eszter Hargittai. 2001. "From the 'Digital Divide' to 'Digital Inequality': Studying Internet Use As Penetration Increase." *Center for Arts and Cultural Policy Studies*. Working Paper Series 15. Princeton University.

DiMaggio, Paul., Eszter Hargittai, W. R. Neuman, and John. P. Robinson. 2001. "Social implications of the Internet." *Annual review of sociology* 27: 307–336.

DiVesta, F. J. 1966. "A developmental model of the semantic structures of children." *Journal of Verbal Learning and Verbal Behavior* 5: 249–259.

Dunphy, Tara, and Neil MacKinnon. 2002. "A Proposal for Integrating Folklore and Affect Control Theory." *Electric Journal of Sociology* 6: 3.

Easterly, W., J. Ritzen, and M. Woolcook. 2006. "Social Cohesion, Institutions, and Growth." *Economics and Politics* 18(2): 103–120.

Eikenberry, Angela M., and Jodie Drapal Kluver. 2004. "The Marketization of the Non-profit Sector: Civil Society at Risk?" *Public Administration Review* 64(2): 132–140.

Elliott, Lois L., and P. H. Tannenbaum. 1963. "Factor structure of semantic differential reponses to visual forms and prediction of factor–scores from structural characteristics of the stimulus–shapes." *American Journal of Psychology* 76: 589–597.

European Social Survey. 2014. *European Social Survey 2014.*

European Union. 2018. *Eurobarometer 89.*

Fellbaum, Christine, ed. 1999. *World Net: An Electronic Lexical Database.* Cambridge, MA: MIT Press.

Fields, Karl J. 1995. *Enterprise and the State in Korea and Taiwan.* Cornell University Press.

Forrester. 2015. *Forrester Wave Report.*

Francis, Linda. 1997a. "Ideology and interpersonal emotion management: Redefining identity in two support groups." *Social Psychology Quarterly* 60: 153–171.

______. 1997b. "Emotion, coping, and therapeutic ideologies." *Social Perspectives on Emotion* 4: 71–101.

French, J. R. P., and B. H. Raven. 1959. "The bases of social power." In *Studies in social power.* Edited by D. Cartwright. Ann Arbor: University of Michigan.

Fry, L., W. K. Gerald, and E. M. Roger. 1982. "Corporate Contributions: Altruistic or for Profit." *Academy of Management Journal* 25(1): 94–106.

Fukuyama, Francis. 1995. *Trust.* New York: Free Press.

Gage, M. Geraldine. 1975. "Economic Roles of Wives and Family Economic Development." *Journal of Marriage and The Family* 37: 121–128.

Gallup. 2014. *Gallup World Poll 2014.*

Gartner. 2015. *Top 10 Strategic Technology.*

Giddens, Anthony. 1990. *The Consequences of Modernity.* Stanford University Press.

______. 1991. *Modernity and Self-Identity: Self and Society in the Late Modern Age.* Cambridge: Polity.

Gittins, Diana. 1985. *The Family in Question: Changing Households and Familiar Ideologies.* London: Macmillan. (안호용·김홍주·배선희 역. 1997. 《가족은 없다—가족이데올로기의 해부》. 일신사)

Glazer, N. 1997. *We Are All Multiculturalists Now.* Cambridge, MA: Harvard University Press.

Gordon, Robert A., F. Short Jr. James, S. Cartwright Desmond, and L. Strodtbeck

Fred. 1963. "Values and gang delinquency: A Study of street corner groups." *American Journal of Sociology* 69: 109–128.

Gunkel. 2003. "Second thought: toward a critique of the digital divide." *New mediia & Society* 5(4): 499–522.

Hall, R., and P. Ogden. 2003. "The Rise of Living Alone in Inner London Trends among the Population of Working Age." *Environment and Planning A* 35(5): 871–888.

Hall, R., P. Ogden, and C. Hill. 1997. "The Pattern and Structure of One-person Households in England Wales and French." *International Journal of Population Geography* 3(2): 161–181.

Hargittai, Eszter, and Amanda Hinnant. 2008. "Digital inequality: Differences in young adult's use of the internet." *Communication Research* 35(5): 602–621.

Heise, D. R. 1965. "Semantic Differential Profiles for 1,000 Most Frequent English Words." *Psychological Monographs* 79: No. 8.

______. 1966. "Social status, attitudes, and word connotations." *Sociological Inquiry* 36: 227–239.

______. 1969. "Some methodological issues in semantic differential research." *Psychological Bulletin* 72: 406–422.

______. 1970. "The semantic differential and attitude research." In *Attitude Measurement*. Edited by G. Summers. Chicago: Rand McNally.

______. 1978. *Computer-Assisted Analysis of Social Action*. Chapel Hill, N.C.: Institute for Research in Social Science.

______. 1979. *Understanding Events: Affect and Construction of Social Action*. New York: Cambridge University Press.

______. 1982. "Measuring attitudes with a PET. BYTE." *The Small Systems Journal* 7(7): 208–246.

______. 1985. "Affect control theory: Respecification, estimation, and tests of the formal model." *Journal of Mathematical Sociology* 11: 191–222.

______. 1987a. "Affect Control Theory: Concepts and model." *Journal of Mathematical*

Sociology 13: 1–33.

Heise, D. R. 1987b. "Sociocultural determination of mental aging." In *Cognitive Functioning and Social Structure Over the Life Course* 1987. Edited by C. Schooler and K. W. Schaie. Norwood, NJ: Ablex.

______. 1988a. *Programs INTERACT and ATTITUDE*. Dubuque, Iowa: Wm. C. Brown Publishers.

______. 1988b. "Conditions for Empathic Solidarity." In *The Problem of Solidarity: Theories and Models*. Edited by Patrick Doreian and Thomas Farano. Amsterdam: Gordon and Breach.

______. 1989. "Effects of emotion displays on social identification." *Social Psychology Quarterly* 52: 10–21.

______. 1990. "Affect control model technical appendix." In *Research Agendas in the Sociology of Emotions*. Edited by T. D. Kemper. Albany: State University of New York Press.

______. 1992a. "Affect control theory and impression formation." In *Encyclopedia of Sociology*. Edited by E. Borgatta and M. Borgatta. New York: Macmillan.

______. 1992b. *Affect control theory's mathematical model, with a list of testable hypotheses: A working paper for ATC researchers*. Bloomington: Department of Sociology, Indiana University.

______. 2000a. "Affect Control Theory Across Cultures." Presented at Theory Section Annual Meetings of the American Sociological Association.

______. 2000b. "Thinking sociologically with mathematics." *Sociological Theory* 18: 498–504.

______. 2001. "Project Magellan: Collecting Cross–cultural Affective Meanings Via The Internet." *Electric Journal of Sociology* 5(3): 1–33.

______. 2002. "Understanding social interaction with Affect Control Theory." In *New Directions in Contemporary Sociological theory*. Edited by Joseph Berger and Morris Zelditch. Boulder CO: Rowman and Littlefield.

Heise, D. R., and Neil MacKinnon. 1987. "Affective bases of likelihood judgements."

Journal of Mathematical Sociology 13: 133–151.

Helliwell, J. F., and R. D. Putnam. 1995. "Economic growth and social capital in Italy." *Eastern Economic Journal*: 295–307.

Hodge, Ian D. 1985. "Employment Expectations and the Costs of Migration." *Journal of Rural Studies* 1(1): 45–57.

Hoffman, Donna. L, and P. Novak Thomas. 1998. "Bridging the Racial Divide on the Internet." *Science* 280(5362): 390–391.

Hong, Joonyoo, and Sang Woo Shin. 2016. "Comparison of Occupational Structure and Job Prestige Rankings in China, Japan, and Korea." *International Journal of Management and Applied Science* 2(11): 112–120.

Hoopes. 1979. In *Multicultural Education: A Cross-Cultural Training Approach*. Edited by Margaret D. Pusch. Yarmouth, MA: Intercultural Press.

Hutter, Mark. 1981. *The Changing Family: Comparative Perspective*. Canada: John Wiley & Sons, Inc.

Inglehart, Ronald. 1997. *Modernization and postmodernization: Cultural, economic, and political change in 43 societies*. Princeton University Press.

International Social Science Program. 2013. *International Social Science Program 2013: National Identity III*.

Jones, Sydney, and Susanaah Fox. 2009. "Generations online in 2009." *Pew/Internet & American Life Project*.

Kahn, Richard, and Kellner, Douglas. 2004. "New Media and Internet Activism: From the 'Battle of Seattle' to Blogging." *New Media Society* 6: 87–95.

Kalkhoff, Will. 2002. "Delinquency and Violence as Affect–Control: Reviving the Subcultural Approach in Criminology." *Electric Journal of Sociology* 6: 3.

Kaufman, J. 1994. "One Person Households in Europe." *Population* 49(4–5): 935–938.

Kemper, T. David, and Randall Collins. 1990. "Dimensions of Microinteraction." *American Journal of Sociology* 96: 32–68.

Kemper, Theodore D. 1978. *A Social interactional Theory of Emotions*. New York: Wiley.

Kerbo, Harold. 2011. *Social Stratification and Inequality*. New York: McGraw–Hill.

Kim, Jae–On, and Charles Mueller. 1978. *Introduction to Factor Analysis: What It Is and How To Do It*. Sage Publications.

Kim, Jung. 2016. "South Korean Democratization: A Comprehensive Empirical Appraisal." *EAI Working Paper*.

King, Adam B. 2001. "Affective dimensions of internet culture." *Social Science Computer Review* 19: 414–430.

Kirby, D. M., and R. C. Gardner. 1972. "Ethnic stereotypes: norms on 208 words typically used in their assessment." *Canadian Journal of Psychology* 26: 140–154.

Knack, S., and Philip Keefer. 1997. "Does Social Capital Have an Economic Payoff? A Cross–Country Investigation." *Quarterly Journal of Economics* 112(4): 1251–1288.

Koesoebjono, S. 1984. "Trends of one–person households in Netherlands, 1960–1981: a demographic analysis." *Population and Family in the Low Countries* IV. Voorburg, Netherlands: 101–133.

Krishna, Aniruth. 2000. "Creating and Harnessing Social Capital." In *Social Capital: A Multifaceted Perspective*. Edited by P. Dasgupta and I. Serageldin. Washington DC: World Bank.

Kroska, Amy. 1997. "The division of labor in the home: A review and reconceptualization." *Social Psychology Quarterly* 60: 304–322.

______. 2001. "Do we have consensus? Examining the relationship between gender ideology and role meanings." *Social Psychology Quarterly* 64: 18–40.

La Porta, R. et al. 1997. "Trust in Large Organizations." *The American Economic Review*. Papers and Proceedings of the Hundred and Fourth Annual Meeting of the American Economic Association, May 1997: 333–338.

Langford, Tom, and Neil J. MacKinnon. 2000. "The affective basis for the gendering of traits: Comparing the United States and Canada." *Social Psychology Quarterly* 63: 34–48.

Lareau, Annette, and Dalton Conley. 2008. *Social Class: How Does It Work?* Russell Sage Foundation: New York.

Lau, Siu-Kai. 1981. "Chinese Familism in an Urban-Industrial Setting: The Case of Hong Kong." *Journal of Marriage and The Family* 43(4): 977-992.

Lee, Hong Yung. 2008. *A Comparative Study of Korean, Chinese, and Japanese Traditional Family and Contemporary Business Organizations*. EAI Working Paper Series 14.

Lerner, Steven J. 1983. *Affective Dynamics of International Relations*. PhD. Dissertation. University of North Carolina, Chapel Hill, NC.

Liang, Jiayin, Takashi Yamashita, and J. Scott Brown. 2013. "Leisure Satisfaction and Quality of Life in China, Japan, and South Korea: A Comparative Study Using Asia-Barometer 2006." *Journal of Happiness Studies* 14(3): 753-769.

Lim, Timothy. 2017. "The Road to Multiculturalism in South Korea." *Georgetown Journal of International Affairs,* October 10.

Lipset, M. S. 1959. "Some Social Requisites of Democracy." *American Political Science Review* 53(1): 69-105.

Mackie, D. M. 1986. "Social identification effects in group polarization." *Journal of Personality and Social Psychology* 50: 720-728.

Mackie, D. M., L. T. Worth, and A. G. Asuncion. 1990. "Processing of persuasive in-group messages." *Journal of Personality and Social Psychology* 58: 812-822.

Mackie, D. M., M. C. Gastardo-Conaco, and J. J. Skelly. 1992. "Knowledge of the advocated position and the processing of in-group and out-group persuasive messages." *Personality and Social Psychology Bulletin* 18: 145-151.

MacKinnon, Neil J. 1994. *Symbolic Interactionism as Affect Control*. Albany: State University of New York Press.

MacKinnon, Neil J., and Tom Langford. 1994. "The Meaning of Occupational Prestige Scores: A Social Psychological Analysis and Interpretation." *Sociological Quarterly* 35(2): 215-245.

MacKinnon, Neil J., and D. R. Heise. 1993. "Affect control theory: Delineation and Development." In *Theoretical Research Programs: Studies in the Growth of Theory*. Edited by Joseph Berger and morris Zelditch, Jr. Stanford: Stanford University Press.

MacKinnon, Neil J., and Jeffrey W. Bowlby. 2000. "The affective dynamics of stereotyping and intergroup relations." *Advances in Group Processes* 17: 37–76.

MacKinnon, Neil J., and Tom Langford. 1994. "The Meaning of occupational prestige scores: A social psychological analysis and interpretation." *Sociological Quarterly* 35: 215–245.

Marks, I. M. 1965. *Patterns of Meaning in Psychiatric Patients: Semantic Differential Responses in Obsessives and Psychopaths*. London: Oxford University Press.

______. 1966. "Semantic differential uses in psychiatric patients: A study of obsessive, psychopaths, and control inpatients." *British Journal of Psychiatry* 112: 945–951.

NOKIA. 2015. "LTE–M–Optimizing LTE for the Internet of Thing." *White Paper*.

Norris, Pippa. 2001. *Digital Divide: Civic Engagement, Information Poverty, and the Internet Worldwide*. New York: Cambridge University Press.

Ogden, P., and R. Hall. 2000. "Households, reurbanization and the rise of living alone in the principal French cities, 1975–90." *Urban Studies* 37(2): 367–390.

Olphert, Wendy, and Leela Damodaran. 2013. "Older People and Digital Disengagement: A Fourth Digital Divide?" *Gerontology* 59: 564–570.

Orru, Marco, Nicole Woolsey Biggart, and Gary G. Hamilton. 1997. "Market, Culture, and Authority: A Comparative Analysis of Management and Organization in the Far East." In *The Economic Organization of East Asian Capitalism*. Edited by Marco Orru, Nicole Woolsey Biggart, and Gary G. Hamilton: Sage Publication.

Osgood, Charles E. 1962. "Studies on the generality of affective meaning systems." *American Psychologist* 17: 10–28.

Osgood, Charles E., and Oliver C. Tzeng, eds. 1990. *Language, Meaning, and Culture: The Selected Papers of C. E. Osgood*. New York: Praeger Publishers.

Osgood, Charles E., G. J. Suci, and P. H. Tannenbaum. 1957. *The measurement of Meaning*. Urbana: University of Illinois Press.

Osgood, Charles E., W. H. May, and M. S. Miron. 1975. *Cross-Cultural Universals of Affective Meaning*. Urbana: University of Illinois Press.

Parekh, Bhikhu C. 2000. *Rethinking Multiculturalsim: Cultural Diversity and Political Theory*. Harvard University Press.

Peirce, B. N. 1995. "Social identity, investment, and language learning." *TESOL Quarterly* 29(1): 9–31.

Porter, M. E., and M. R. Kramer. 2002. "The Competitive Advantage of Corporate Philanthropy." *Harvard Business Review* 80(12): 56–59.

______. 2006. "Strategy and Society: The Link between Competitive Advantage and Corporate Social Responsibility." *Harvard Business Review* 84(12): 78–92.

Putnam, Robert D. 1993. *Making Democracy Work: Civic traditions in modern Italy*. Princeton University Press.

______. 1995. "Bowling Alone: America's Declining Social Capital." *Journal of Democracy* 6: 65–78.

Quintano, C., and A. D'Agostino. 2006. "Studying inequality in income distribution of single-person households in four developed countries." *Review of Income and Wealth* 52(4): 525–546.

Rice, T. M., and A. F. Sumberg. 1997. "Civic culture and government performance in the American States." *Publius: The Journal of Federalism* 27(1): 99–114.

Robinson, Down T. 1996. "Identity and friendship: Affective Dynamics and network formation." *Advances In Group Processes* 13: 91–111.

Robinson, Down T., and Lynn Smith-Lovin. 1992. "Selective interaction as a strategy for identity maintenance: An affective control model." *Social Psychology Quarterly* 55: 12–28.

Robinson, Down T., Lynn Smith-Lovin, and Olga Tsoudis. 1994 "Heinous crime or unfortunate accident? The effects of remorse on responses to mock criminal confessions." *Social Forces* 73: 175–190.

Romney, A. Kimball, Carmella C. Moore, and Craig D. Rusch. 1997. "Cultural Universals: Measuring the Semantic Structure of Emotion Terms in English and Japanese." *The National Academy of Sciences of The USA* 94: 5489–5494.

Romney, A. Kimball, Susan C. Weller, and William H. Batchelder. 1986. "Culture as consensus: A theory of culture and informant accuracy." *American Anthropologist* 88: 313–338.

Scher, Steven J., and D. R. Heise. 1993. "Affect and the perception of injustice." *Advances in Group Processes* 10: 223–252.

Schiller, Herbert. 1996. *Information Inequality: the Deeping Social Crisis in America*. New York: Routledge.

Schneider, Andreas, and D. R. Heise. 1995. "Simulating Symbolic Interaction." *Journal of Mathematical Sociology* 20: 271–287.

Schneider, Andreas. 1996. "Sexual–Erotique Emotions in the U.S. in Cross–cultural Comparison." *International Journal of Sociology and Social Policy* 16: 123–143.

______. 1997. *New Techniques in Cross-Cultural Comparison*. Dissertation. Indiana University.

______. 1999a. "Emergent clusters of denotative meaning." *Electric Journal of Sociology* 4: 2.

______. 1999b. "The violent character of sexual–erotism in cross–cultural comparison." *International Journal of Sociology and Social Policy* 18: 81–100.

______. 1999c. "US neo–conservatism: Cohort and cross–cultural perspective." *International Journal of Sociology and Social policy* 19: 56–86.

______. 2002a. "Computer simulation of behavior prescriptions in multi–cultural corporations." *Organization Studies* 23: 105–131.

______. 2002b. "Probing Unknown Cultures." *Electric Journal of Sociology* 6: 3.

Seifert, B., S. A. Morris, and B. R. Bartkus. 2004. "Having, giving, and getting: Slack resources, corporate philanthropy and firm financial performance." *Business and Society* 43(2): 135–161.

Shapiro, Carl, and Hal R. Varian. 1999. *Information Rules: A Strategic Guide to Network Economy*. Harvard Business School Press.

Smith, Herman W. 1995. "Predicting stress in American–Japanese business relations." *Journal of Asian Business* 12: 79–89.

______. 2002. "The Dynamics of Japanese and American Interpersonal Events: Behavioral Settings versus Personality Traits." *Journal of Mathematical Sociology* 26: 1–21.

Smith, Herman W., Shuuichirou Ike, and Yang Li. 2002. "Project Magellan Redux: Problems and Solutions with Collecting Cross–cultural Affective Meanings Via the Internet." *Electric Journal of Sociology* 6: 3.

Smith, Herman W., Takanori Matsuno, and Michio Umino. 1994. "How similar are impression–formaion processes among Japanese and Americans?" *Social Psychology Quarterly* 57: 124–139.

Smith–Lovin, Lynn, and D. R. Heise. 1988. *Analyzing Social Interaction: Advanced in Affect Control Theory*. New York: Gordon and Breach Science Publishers.

Smith–Lovin, Lynn, and Down T. Robinson. 1991. "Gender and Conversational dynamics." In *Gender, interaction, and Inequality*. Edited by Cecilia Ridgeway. Springer–Verlag.

Smith–Lovin, Lynn, and William Douglass. 1992. "An affect control analysis of two religious subcultures." In *Social Perspective in Emotions* Vol.1. Edited by V. Gecas and D. Franks. JAI Press.

Smith–Lovin, Lynn. 1987. "Affect control theory: An assessment." *Journal of Mathematical Sociology* 13: 171–192.

______. 1991. "An affect control view of cognition and emotion." In *The Self-Society Dynamic: Cognition, Emotion, and Action*. Edited by Judith A. Howard and Peter L. Callero. New York: Cambridge University Press.

Snider, J. G., and Charles E. Osgood, eds. 1969. *Semantic Differential Technique: A Sourcebook*. Chicago: Aldine.

Stolle, D. 2001. "Clubs and Congregations: The Benefits of Joining an Association." In *Trust in Society*. Edited by Karen Cook. Russell Sage Foundation.

Sung–Tai Hong, Heejoo Cheon, and Myoung–Jin Lee. 2018. "Social Conditions of Village Democracy in South Korea." *Development and Society* 47(1): 85–117.

Sweet, James A., and Larry L. Bumpass. 1987. *American Families and Households*. New

York: Russell Sage Foundation.

Tajfel, H. & J. C. Turner. 1979. "An Integrative Theory of Intergroup Conflict." In *The Social Psychology of Intergroup Relations*. Edited by W. G. Austin & S. Worchel. Monterey, CA: Brooks–Cole.

Teachman, J. D., L. M. Tedrow, and K. D. Crowder. 2000. "The Changing demography of America's families." *Journal of Marriage and The Family* 62: 1234–1246.

Thomas, Lisa, and D. R. Heise. 1995. "Mining Error Variance and Hitting Pay–Dirt: Discovering Systematic Variation in Social Sentiments." *The Sociological Quarterly* 36: 425–439.

Thomassen, Lisa. 2002. "An Alcoholic is Good and Sober: Sentiment Change in AA." *Deviant Behavior: An Interdisciplinary Journal* 23: 177–200.

Thompson, J. K., Smith, H. L., and Hood, J. N. 1993. "Charitable Contribution by Small Businesses." *Journal of Small Business Management* 31(3): 35–51.

Transparent International(TI). 2007. "Global Corruption Report 2007." *Corruption in Judicial Systems*.

______. 2017. *Global Corruption Barometer*. 9th ed.

Treiman, Donald J. 1977. *Occupational Prestige in Comparative Perspective*. New York: Academic Press.

Tsoudis, Olga, and Lynn Smith–Lovin. 1998. "How bad was it? The effects of victim and perpetrator emotion on responses to criminal court vignettes." *Social Forces* 77: 695–722.

______. 2001. "Criminal identity: The key to situational constructs in mock criminal court cases." *Sociological Spectrum* 21: 3–31.

Tsoudis, Olga. 2000a. "Relation of affect control theory to the sentencing of criminals." *Journal of Social Psychology* 140: 473–485.

______. 2000b. "The likelihood of victim restitution in mock cases: Are the 'rules of the game' different from prison and probation?" *Social Behavior and Personality* 28: 483–500.

Turner, J. C., M. A. Hogg, P. J. Oakes, S. D. Reicher, and M. S. Wetherell. 1987.

Rediscovering the social group: A self-categorization theory. Oxford: Blackwell.

UNESCO. 2017. http://en.unesco.org/iduai2016

Universal Postal Union(UPU). 2017. http://www.upu.int

Walkey, Frank H., and Roger Boshier. 1969. "Changes in semantic differential responses over two years." *Psychological Reports* 24: 1008–1010.

Wang, J., and B. S. Coffey. 1992. "Board composition and Corporate Philanthropy." *Journal of Business Ethics* 11(1): 771–778.

Wessels, B. 2010. "E–inclusion: European Perspectives Beyond the Digital Divide." In *The Encyclopedia of E-Business Development and Management in the Global Economy* Vol III. Edited by In Lee. Hershey, PA: Business Science Reference: 1068–1075.

Wiggins, Beverly, and D. R. Heise. 1987. "Expectations, intentions, and behavior: Some tests of affect control theory." *Journal of Mathematical Sociology* 13: 153–169.

Wilder, D. A. 1990. "Some determinants of the persuasive power of in–group and out–groups: Organization of information and attribution of Independence." *Journal of Personality and Social Psychology* 59: 1202–1213.

Wilder, D. A., and P. N. Shapiro. 1984. "Roles of out–group cues in determining social identity." *Journal of Personality and Social Psychology* 47(2): 342–348.

Williams, J. A. 2003. "Women on corporate boards of directors and their influence on Corporate Philanthropy." *Journal of Business Ethics* 42(1): 1–10.

Witte, J., and Lahmann. 1988. "Formation and dissolution of one–person households in the United States and West Germany." *Sociology and Social Research* 73(1): 31–42.

Wolf, Margery. 1985. *The Revolution Postponed: Women in Contemporary China*. Stanford: Stanford University Press.

World Value Survey. 1990–2018. *World Value Survey*.

Wulff, M. 2001. "Growth and change in one person households: implications for the housing market." *Urban Policy and Research* 19(4): 467–489.

Yamashita, Takashi, Anthony R. Bardo, and Darren Liu. 2016. "Are East Asians Happy to Work More or Less? Associations between Working Hours, Relative Income and

Happiness in China, Japan, South Korea and Taiwan." *Asia Journal of Social Psychology* 19(3): 264–274.

Yun, Seongyi, and Hee Min. 2012. "Democracy in South Korea: Consolidated but in Deficit." *Korea Observer* 43(1): 145–174.

Zadek, S. 2001. *The Civil Corporation: The New Economy of Corporate Citizenship*. London: Earthscan Publication.

Zak, Paul J., and Stephen Knack. 2001. "Trust and Growth." *The Economic Journal* 111: 295–321.

Zhangling, Wei. 1983. "Chinese Family Problem: Research and Trends." *Journal of Marriage and The Family* 45(4): 943–948.

USA TODAY. 2011. http://www.usatoday.com/money/perfi/housing/2011-08-02-retirement-no-home-equity_n.htm

한국인의 사회 정체성

초판 발행 2021년 8월 30일
초판 2쇄 2022년 10월 25일

지은이 이명진
펴낸곳 고려대학교출판문화원
www.kupress.com
kupress@korea.ac.kr
(02841) 서울특별시 성북구 안암로 145
Tel 02-3290-4230, 4232
Fax 02-923-6311
찍은곳 네오프린텍(주)

ISBN 979-11-91161-72-4 93330

값 21,000원
※ 잘못 만들어진 책은 바꿔 드립니다.